国际关系中的情感与身份

季玲 著

中国社会科学出版社

图书在版编目(CIP)数据

国际关系中的情感与身份/季玲著.—北京：中国社会科学出版社，2015. 11

ISBN 978-7-5161-6054-1

Ⅰ.①国… Ⅱ.①季… Ⅲ.①国际关系—情感—研究 ②国际关系—身份—研究 Ⅳ.①D81

中国版本图书馆 CIP 数据核字(2015)第 084876 号

出 版 人 赵剑英
责任编辑 朱华彬
责任校对 任晓晓
责任印制 张雪娇

出 版 中国社会科学出版社
社 址 北京鼓楼西大街甲 158 号
邮 编 100720
网 址 http://www.csspw.cn
发 行 部 010-84083685
门 市 部 010-84029450
经 销 新华书店及其他书店

印 刷 北京君升印刷有限公司
装 订 廊坊市广阳区广增装订厂
版 次 2015 年 11 月第 1 版
印 次 2015 年 11 月第 1 次印刷

开 本 710×1000 1/16
印 张 14.75
插 页 2
字 数 228 千字
定 价 56.00 元

凡购买中国社会科学出版社图书,如有质量问题请与本社营销中心联系调换
电话:010-84083683

目　录

导论　为什么以及如何研究身份 …………………………… (1)
　第一节　体系建构主义身份理论的不足 ……………………… (2)
　第二节　本体性批判与身份概念的重构 ……………………… (4)
　第三节　作为身份符号的“东亚共同体” …………………… (7)
　第四节　理论框架与研究方法 ……………………………… (13)

第一章　体系建构主义的身份理论 ………………………… (21)
　第一节　体系建构主义的身份概念 ………………………… (22)
　第二节　身份的形成和进化 ………………………………… (27)
　第三节　本体性批判与身份理论的困境 …………………… (33)
　本章小结…………………………………………………… (47)

第二章　关系本位与身份概念的重构 ……………………… (49)
　第一节　角色身份理论与社会身份理论 …………………… (50)
　第二节　关系本位思想 ……………………………………… (59)
　第三节　关系导向身份 ……………………………………… (66)
　本章小结…………………………………………………… (76)

第三章　情感、行为倾向与认知 …………………………… (78)
　第一节　从情绪到情感 ……………………………………… (78)
　第二节　情感与行为倾向 …………………………………… (88)
　第二节　情感与认知 ………………………………………… (96)
　本章小结 ………………………………………………… (103)

第四章　关系导向身份建构的情感动力框架 ……………………（104）
第一节　情感与身份建构研究 ……………………………（104）
第二节　关系导向身份建构的情感动力框架 ………………（113）
第三节　情感研究的方法论问题 …………………………（126）
本章小结 …………………………………………………（131）

第五章　东亚合作与东盟互动身份 ……………………………（133）
第一节　东亚合作与东亚共同体 …………………………（134）
第二节　历史互动、情感与东盟互动身份 …………………（139）
第三节　互动身份与行为规范 ……………………………（151）
本章小结 …………………………………………………（155）

第六章　情感与“东亚共同体”的兴起 ………………………（157）
第一节　东盟身份危机与10+3机制的建立 ………………（158）
第二节　东盟身份确认与“东亚共同体”符号的兴起 ……（163）
第三节　积极情感、外向性合作倾向与积极认知 …………（167）
本章小结 …………………………………………………（175）

第七章　情感与“东亚共同体”的弱化 ………………………（177）
第一节　大国的挑战与东盟身份确认危机 …………………（178）
第二节　东亚合作功能化与“东亚共同体”的弱化 ………（182）
第三节　消极情感、内向性合作倾向与消极认知 …………（188）
本章小结 …………………………………………………（201）

结　语 ………………………………………………………（202）

参考文献 ……………………………………………………（209）

后　记 ………………………………………………………（232）

导　论

为什么以及如何研究身份

进入 21 世纪以来，体系结构的调整与变化成为国际关系中最大的现实。“世界进入了一个国际观念发生变化、国际规范新旧交替的时代。”① 体系层次的物质结构、制度结构和观念结构均呈现复杂化、模糊化的发展态势，而微观层次的互动更加活跃，行为体的施动性、微观层次的互动进程对国际关系现实的构造能力日益显现。国际关系现象变得更加复杂，更具流动性，传统的体系国际关系理论难以适应国际关系现实的快速发展，表现为理论与实际的严重脱钩。②

国际关系主流理论深受西方结构主义和理性主义思维的影响，对国际关系的描述常常是静态的、冷冰冰的。使得国际关系研究最贴近于人类活动特殊性的学派要数 20 世纪末兴起的建构主义，建构主义将“社会”这一人类活动的创造物和场域带入了国际关系研究，国际关系学者开始关注将人与社会联系起来的桥梁——“身份”。这对于国际关系研究来说无疑是一个重要的突破。但是建构主义将身份带入国际关系研究所迈出的步伐究竟有多大？建构主义身份理论在多大程度上揭示了国际关系中人类活动的特殊性，又在多大程度上反映和解释了国际关系复杂多变的现实？回答这些问题是本书的研究起点，解决国际关系身份研究中的不足是本书努力的目标，而考察体系建构主义身份理论的概念适用性和逻辑自洽性是本书研究的切入点。

---

① 秦亚青：《国际体系的延续与变革》，《外交评论》2010 年第 1 期，第 1 页。

② ［美］鲁德拉·希尔、彼得·卡赞斯坦：《超越范式：世界政治研究中的分析折中主义》，秦亚青、季玲译，上海人民出版社 2013 年版，第 1 页。

第一节　体系建构主义身份理论的不足

最先将身份概念带入国际关系理论研究的是建构主义学者，温特的体系建构主义理论建构最为系统。在温特的体系建构主义理论中，最重要的社会性因素就是行为体的“身份”[①]。现实主义和自由主义预设国家利益是不变的，国家利益成为国际关系理论研究中著名的黑匣子，也是现实主义和自由主义研究的起点。建构主义则以现实主义和自由主义的研究起点为研究终点，通过引入身份的概念，打开国家利益的黑匣子。建构主义告诉人们，国家利益不是预先设定、一成不变的，而是由国家的身份所决定的。身份成为“连接环境结构和国家利益的一个关键点”[②]。不过，纵观建构主义理论的发展历史，身份这个重要的社会性因素却没有得到充分而系统的研究。尽管温特的体系建构主义理论大厦是以身份建构为基石，但是温特的身份概念却很狭隘和僵化，身份建构的逻辑也难以自洽。

温特的身份理论依赖于两个身份概念，即角色身份与集体身份。[③]在西方社会学的分类中，角色身份与集体身份都属于社会身份的范畴，与团体和类属身份相对应。根据温特的定义，角色身份指的是行为体关于自身在社会角色功能结构中所处位置的认知。[④] 集体身份等同于认同，是一个认知过程，“在这一过程中自我—他者的界限变得

---

① 对于英文“identity”一词，中国国际关系理论界至少有两种比较常见的翻译，即身份和认同。在本书中，作者将“identity”一词统一翻译为身份，以与具有动作意义的名词认同（identification）相区分。

② 罗纳德·杰普森、亚历山大·温特、彼得·卡赞斯坦：《规范、认同和国家安全文化》，载［美］彼得·卡赞斯坦主编《国家安全的文化：世界政治中的规范与认同》，宋伟、刘铁娃译，北京大学出版社2009年版，第61页。

③ 温特早期的身份理论使用的是“社会身份”与“认同”这两个概念，其含义分别与“角色身份”与“集体身份”大致对应，具体论述参见本书第一章第一节。

④ Alexander Wendt, “Collective Identity Formation and the International State”, *The American Political Science Review*, Vol. 88, No. 2, 1994, p. 385.

模糊起来，并在交界处完全地超越”。[①] 角色身份与集体身份虽然都属于社会身份的范畴，但是这两个概念的范畴并不相同。两者虽然都涉及自我和他者的区分，但是区分的基础不同。角色身份区分的基础是社会结构中行为体所承担的角色与功能，而集体身份区分的基础是自我与他者的类别差异。

在温特的理论框架中，国际社会的文化结构用角色身份结构标识，温特借用微观社会学的符号互动论解释角色身份的形成逻辑；而温特在论证国际社会文化结构的转变时，用的却是集体身份的概念，即论证自我和他者的界限是如何在体系进程与心理进程的影响下被超越的。这就造成一种结果：用一个范畴的身份概念来描述其状态，而用另一个范畴的概念来推演其进化。尽管，为了使基本概念与理论逻辑保持一致，温特多次试图在角色身份与集体身份之间建立联系，但是，由于这两个概念的范畴与含义截然不同，他的这个努力并不成功。

除了依赖于两个不同范畴的社会身份概念外，温特分别论述角色身份与集体身份的形成时，其逻辑也不自洽，集中表现为身份进化的“方向性困境”，其根源在于缺乏有效的动力机制。[②] 温特借用符号互动论的基本机制论述角色身份形成过程，但是在温特的理论预设中，关于身份的共有知识是以一方的身份预设被接受，而另一方的身份预设被同化为终点的。当互动双方的预设身份不同时，谁的身份预设能上升为共有知识，这就是方向性问题。为解决这个问题，温特不得不依赖权力因素。在论述集体身份形成的时候，温特也同样面临着方向性问题。温特假设当行为体采取“亲社会行为”的时候，符号互动可以最终导致集体身份的形成。但是行为体为什么愿意首先采取亲社会行为？出现这个方向性问题的根本原因是温特不能为行为体的身份习得与进化提供一个有效的动力机制。带来这些问题的是温特关于国际社会的结构主义和认知主义本体性假定。

---

① ［美］亚历山大·温特：《国际政治的社会理论》，秦亚青译，上海人民出版社2000年版，第287页。

② 秦亚青：《世界政治的文化理论：文化结构、文化单位与文化力》，载秦亚青《权力·制度·文化》，北京大学出版社2007年版，第168—179页。

第二节 本体性批判与身份概念的重构

突破西方结构主义和理性认知主义知识体系的束缚，构建更贴近人类社会特性的身份概念和身份建构模式是本书的核心任务。因此，在对体系建构主义本体性假定进行批判的基础上，引入国际关系理论的关系本位思想，借鉴比较社会心理学研究的成果，对身份概念进行重构，提出了关系导向身份概念的内涵与特征，用以描述和解释西方主流话语体系所不能涵盖、无法解释的复杂多变的国际社会微观身份建构进程。

一 体系建构主义的本体性批判

为了考察体系建构主义理论的本体性假定，笔者对结构现实主义与体系建构主义的相关本体性假定进行了比较，同时也对不同时期温特的本体性立场进行了分析。结果发现，温特早期的文章对结构现实主义的本体性批判取得了重要的成就，但是随着理论建构的努力走向体系化，温特的本体性批判立场逐渐松动，对结构现实主义的本体性假定作出了三个重大的妥协，接受了物化结构、结构与单位二元分立以及行为体认知施动这三个重要的结构现实主义本体性立场。温特在批判结构现实主义物化结构的同时，又保持了观念结构相对于互动进程的独立性；在否认行为体属性完全独立于结构的个体主义方法论的同时，又认为结构与单位行为体的某些方面具有相互独立且独立于互动实践的特性；在行为体施动性的问题上，温特和结构现实主义一样，坚持理性认知主义，与结构现实主义的区别仅仅在于是基于“工具性推理”的工具理性还是基于“规范性推理”的社会理性。①

随着冷战的结束，世界政治经济进入变化发展的快速轨道。国际政治在微观互动层次呈现出多样化、多层次的运行态势，而国际关系

① Vincent Pouliot, “The Logic of Practicality: A Theory of Practice of Security Communities”, *International Organization*, Vol. 62, Spring 2008, p. 271.

主流理论所致力于研究的宏观结构，不论是物质结构还是观念结构却日益模糊。国际关系研究者试图从多种角度抓住这些微妙却迅速发展的变化，行为体多样化、国际政治多层化、国际互动复杂化等等，这些研究都是在结构话语之外重新审视国际关系现实的结果。同时，在微观互动层次重要性日益提升之际，国际政治也进入了后“9·11”时代，随着恐怖主义和反恐斗争成为主要的国际冲突来源，灾害频发及人道主义援助成为重要的国际关系主题，仇恨、羞辱以及同情等词汇成为国际关系事件的重要检索词。国际关系现实中的这些发展和变化清楚地指出一点：温特所难以突破的二元分立物化结构观以及行为体的理性认知施动性已经不足以把握并解释微观互动层次上的这些深深烙印着人类情感特征的复杂国际关系现象。

早在20世纪80年代末，建构主义学者大卫·戴斯勒（David Dessler）就对结构现实主义二元分立的本体性假定提出了挑战，提出了比温特更具革命性的本体假定，即结构与单位关系的转变模型（transformational model）。转变模型中结构和行为的关系就像语言和演讲之间的关系：结构既制约行为体的行为又使其成为可能；结构既是行为的结果又是行为的介质。[①] 不过，对结构主义更激烈的批评来自于结构主义内部的后结构主义。

20世纪70年代在法国兴起了改造结构主义的政治思潮，其代表人物大多数是原来的结构主义者，如雅克·德里达（Jacques Derrida）、米歇尔·福柯（Michel Foucault）、吉尔·德勒兹（Gilles Deleuze）以及让·弗朗西斯·利奥塔（Jean Francis Lyotard）等。结构主义和后结构主义都源于语言学研究，后结构主义被视为是从内部掀起的对结构主义的批判。虽然不同的后结构主义者批判与修正结构主义的视角各不相同，但是他们有一个共同的主题，就是拒绝结构的自足性，批判结构与过程的二元对立。[②] 实际上，后结构主义的主要使命就是“去中心”，去结构这个中心。后结构主义者认为结构主义虽

① David Dessler, “What's at stake in the agent-structure debate”, *International Organization*, Vol. 43, No. 3, Summer 1989, p. 452.

② Edward Craig (ed.), *Routledge Encyclopaedia of Philosophy*, Vol. 7 (Nihilism to Quantum mechanics), London and New York: Routledge, 1998, p. 597.

然引入了关系、系统、差异等概念，但是仍然抱定一个中心，就是结构。一切都是结构调节、组织的结果，一切都可以用结构来解释，只有结构本身是例外。从后结构主义观点看，不管中心概念如何牢固，如何深入人的无意识之中，其历史如何悠久，它毕竟只是一种虚拟的存在、关系的产物、无限结构网中的一项。[①]

二　关系本位与身份概念的重构

国际关系研究中的后结构主义过于强调甚至是夸大了语言本体的地位[②]，忽略了行为体的施动性以及行为体置身于其中的社会与历史环境，这就走到了另一个极端，其解释力和说服力都颇受质疑。实际上，后结构主义的最大贡献并不是来源于它对理论的建树，而是在于它消解了结构主义思维方式的禁锢，而只有消解了结构主义的禁锢，我们的思想才能得到解放。所以，后结构主义的重要意义在于启发我们进一步思考一个问题：结构的概念的确简化了国际关系的现实，禁锢了学术思维，如果语言本体论对于解释国际关系现实力有不逮，那么，我们应该从什么样的视角去理解和描述我们所要研究的国际关系现实呢？对此，关系本位的思想颇具启发意义。

本书的本体性假定建立在关系本位的基本思想之上，根据关系本位的基本假定，笔者对来自社会学的角色身份概念与来自社会心理学的社会身份（等同于集体身份）进行了重构，提出了关系导向身份的概念。关系导向身份是本书理论框架的主要因变量，也是整个理论建构的基石。关于关系导向身份概念的内涵，还有待于更深入地探讨、更精确地界定，本书仅提供一个操作性的概念框架，其主要内容有三：其一，行为体的社会身份是行为体关于自我与他者关系的情感附着与认知图式；其二，行为体在互动中的行为表现出与该情感附着相一致的或趋或避的行为倾向；其三，关系中的互动不断塑造和改变着行为体社会身份的情感与认知心理进程，从而塑造和改变着行为体的社会身份。与角色身份和集体身份不同的是，关系导向身份概念强调

---

① 马海良：《后结构主义》，《外国文学》2003 年第 6 期，第 60 页。

② 孙吉胜：《话语、身份与对外政策——语言与国际关系的后结构主义》，《国际政治研究》2008 年第 3 期，第 41—56 页。

情境性、变动性以及互动对情感心理与认知心理的整体性作用等特征。关系导向身份概念不仅解决了体系建构主义在角色身份与集体身份之间勉强建立联系的困境，也通过情感施动性因素的引入而解决了身份进化的动力问题，从而化解了体系建构主义身份习得与进化的方向性困境。更为重要的是，关系导向身份概念对于研究国际关系舞台上不断变化着的身份政治具有重要的意义，身份的研究可以不再局限于具有某种结构的、具有一定稳定性的“集体身份”的形成与变化，身份研究的议程与范畴大大拓展。

第三节　作为身份符号的“东亚共同体”

21 世纪初，东亚地区国际关系中最引人注目的现象就是东亚地区主义的快速发展，“吸引了全世界的兴趣，成为严肃对话的核心议题”①。东亚地区主义引人注目之处，在于其发展之快，也在于相关国家热情之高，一个重要的表现就是“东亚共同体”概念在短时间内的兴起。从 1997 年亚洲金融危机爆发，到 2001 年东亚展望小组（East Asian Vision Group，EAVG）提出建立“东亚共同体”，才不过短短三四年时间。2004 年召开的东盟与中国、日本、韩国领导人会议正式确认了以建立“东亚共同体”为东亚地区主义的长远目标，决定召开“东亚峰会”，作为迈向“东亚共同体”的重要一步。“东亚共同体”不仅仅具有地区一体化的功能性意义，还蕴含着显而易见的地区身份建构含义。

“东亚共同体”作为本书分析的案例，还在于这个概念在很短的时间内又遭到了质疑，并逐渐退出了历史舞台。2005 年东亚峰会召开前后，东亚地区主义的发展出人意料地遇到了拐点，开始步入迷茫

① Hitoshi Tanaka with Adam P. Life, “The Strategic Rationale for East Asia Community Building”, in Jusuf Wanadi and Tadashi Ymamoto (eds.), *East Asia at a Crossroad*, Tokyo: Japan Center for International Exchange, 2008, p. 90.

和不确定的“十字路口”。[①] 东盟国家开始冷遇“东亚共同体”的建设进程。直到2012年，东亚展望小组向10+3领导人提交了第二份研究报告，报告中以建立“东亚经济共同体”替代了10年前所提出的“东亚共同体”，该报告可以作为“东亚共同体”概念在东亚合作进程中弱化的标志性文件。

作为地区身份符号的“东亚共同体”在短短10年内的兴起与弱化，充分揭示了国际关系现象走向复杂与变动的趋势，也展示了非结构性的“身份”在国际关系中的存在。这些非结构性的“身份”在一定时期内对国家行为与认知确实发生了重要的影响，是值得也必须要进一步加强研究的课题。

一　“东亚共同体”符号的兴起与弱化

“东亚共同体”最早是由东亚展望小组在其研究报告中提出来的。2001年，EAVG向10+3领导人会议提交了题为《走向东亚共同体：一个和平、繁荣和进步的地区》的研究报告，正式提出了建立一个“东亚共同体”的地区一体化设想。[②] 该报告为东亚合作描绘了一幅相对清晰的图景：从10+3对话机制开始，逐步沿着几个路径发展：一是东亚自贸区建设，二是地区金融合作机制，三是社会、政治的合作框架，最后的目标是建立东亚共同体。[③] 这个东亚共同体建设道路的重要制度保障是东亚峰会。为建设与实现东亚共同体，东盟+3会议机制要逐步向东亚峰会转变。很快，由各国官员组成的东亚研究小组（East Asian Studies Group，EASG）对EAVG的报告给予了肯定的评价，向各国领导人提出了推进东亚共同建设的26项具体措施，包

---

① Jusuf Wanandi, and Tadashi Yamamoto, eds., *East Asia at a Crossroads*, Tokyo: Japan Center for International Exchange, 2008；外交学院东亚研究中心：《“东亚合作：进展、前景与对策”研讨会简报》，2007年10月27日（http://www.neat.org.cn/chinese/hzdt/contentshow.php?content_id=68）；韩锋：《东亚合作与中国对东盟政策》，《当代亚太》2009年第1期，第39页。

② “Towards an East Asian Community: Region of Peace, Prosperity and Progress”, *East Asia Vision Group Report*, 2001 (http://www.mofa.go.jp/region/asia-paci/report2001.pdf).

③ 张蕴岭：《东亚区域合作的新趋势》，《当代亚太》2009年第4期，第4—16页。

括 17 个短期措施和 9 个中长期措施。[①] 2004 年于老挝万象召开的东盟+3 会议上，各国领导人一致同意将东亚共同体确定为东亚合作的远景目标，并且决定提前于 2005 年召开 EASG 报告中提出的作为中长期措施之一的东亚峰会。[②]

从 2001 年东亚共同体符号正式进入东亚区域合作官方文件开始，东亚地区关于东亚共同体前景的讨论快速升温，短短的几年时间内，东亚共同体的愿景似乎越来越清晰。2003 年 8 月，马哈蒂尔在第一届“东亚大会”开幕式上发表了题为《建设东亚共同体：前方的路》的长篇主题演讲，提出“东亚共同体”建设的五项原则：互利、互敬、平等、一致和民主；东亚共同体的目标是缔造“东亚共有、共治、共享的治理”；[③] 2004 年 12 月 5—6 日，在马来西亚吉隆坡召开的“第二届东亚论坛”上，马哈蒂尔的继任者巴达维在开幕式发言中进一步提出了建设东亚共同体的 7 点路线图，内容包括东亚峰会、东亚一体化宪章、东亚自由贸易区、东亚货币和金融合作条约、东亚友好合作区、东亚交通和通信网络，以及有关人权与责任的东亚宣言。[④] 在马来西亚的大力倡导下，东亚共同体愿景更加深入人心。

就在对于东亚峰会的召开充满期待之际，关于东亚峰会参加成员、性质、中日韩在其中的作用等问题，相关国家开始出现争议。及至东亚峰会正式召开之后，东亚地区舆论中出现一片失望、挫折的论调。根据 EAVG 的设想，东亚峰会是东亚共同体建设的主要制度，由东亚 13 个国家以平等身份参与，中日韩在其中发挥更大的作用。可见，东亚峰会被视为东亚共同体建设推进的标志，也是最终实现东亚共同体的途径。但是，2005 年东亚峰会召开的最终形式仍然是东盟+模式，东盟在其中占据绝对的主导地位。更令一些国家失望的是，东

---

① “Final Report of East Asia Study Group”, 4 November 2002, Phnom Penh, Cambodia (http://www.mofa.go.jp/region/asia-paci/asean/pmv0211/report.pdf).

② “Chairman's Statement of the 8th ASEAN+3 Summit”, Vientiane, 29 November 2004, ASEAN Secretariat (http://www.aseansec.org/16847.htm).

③ Datuk Seri Dr. Mahathir Mohamad, “Building the East Asian Community: The Way Forward”, *New Straits Times*, Malaysia, August 5, 2003.

④ 季玲：《东亚合作新局面——第八次 10+3 领导人会议后东亚合作形势评析》，《外交学院学报》2005 年第 2 期，第 51 页。

亚峰会被定性为东亚国家与区域外大国开展政治安全对话的论坛，10+3仍然是东亚共同体建设的主渠道。相对于东亚峰会召开前围绕东亚共同体建设出现的地区团结与认同感来看，这种转折反映了“东亚共同体”符号在某种程度上的弱化，东亚合作面临路径之争、东盟推动乏力、方向迷失等等困境。

从东盟角度来看，东盟国家对于东亚共同体建设的热情明显减退，从行为上表现为对东亚合作进程推动不力，甚至是有意模糊东亚共同体的边界，只强调东亚合作对于东盟一体化建设的贡献与作用，对东亚合作的下一步发展没有什么想法和倡议；与之形成鲜明对比的是，在2004年决定召开东亚峰会之后，东盟推动自身一体化的动力大大加强，东盟共同体建设提速，《东盟宪章》起草并获得通过。

“东亚共同体”为什么会在这么快的时间内经历这么大的起落？为什么东盟一开始对建设东亚共同体充满热情、大力推动，而很快又失去兴趣，转而关注于东盟内部一体化建设？

二 经济利益的驱动与现实政治的阴霾

东亚合作进程在21世纪初的快速发展，学者与官员们大多将其归结为经济利益的驱动，“关于地区合作的热情具有许多动机，但是其核心动机是东亚不断增强的经济一体化”①。首先是亚洲金融危机使得东亚各国意识到命运的紧密联系，需要加强合作共同抵御经济领域的风险；而其后的经济贸易合作使得东亚国家能够团结起来，抵御来自发达国家和地区集团的经济挑战。②

经济联系的加强、抵御风险的需要以及经贸合作的收益确实是东亚合作启动和快速发展的直接原因，但是仅仅用经济利益来解释东亚共同体这个地区身份符号的快速兴起是不充分的。首先，经济联系的加强不是必定会导致地区身份感的孕育与发展，更何况是在短短的几年内的快速兴起。世界上其他地区的经济合作也在蓬勃发展，但是却

① Nick Bisley, “East Asia's Changing Regional Architecture: Towards an East Asian Economic Community?”, *Pacific Affairs*, Vol. 80, No. 4, Winter 2007, pp. 603-625.

② Richard Stubbs, “ASEAN Plus Three: Emerging East Asian Regionlism?”, *Asian Survey*, Vol. 42, No. 3, 2002.

少有共同体建设的远景设想，也很少有诸如“北美人”之类标示地区身份的符号出现。就是在欧洲，自1951年启动区域一体化进程之后，经过16年的时间才提出并建立了“欧洲共同体”。而东亚可以说是区域一体化合作中的后来者，却在短短的几年时间内提出建立综合性共同体的设想。与欧洲不同的是，东亚共同体的设想是建立在相关国家并未就实质性问题达成一致，甚至是分歧众多的情况下。其次，经济利益驱动的观点更难以解释东亚共同体和地区身份的弱化。随着东亚地区金融合作的快速推进、自贸区网络的建成，区内国家间的贸易、投资上的相互依赖在2004年以后更加紧密，但是，东亚地区身份感却并没有随之增加，东亚一体化的前景反而变得暗淡起来。

正因为经济利益驱动的观点不能解释东亚共同体的兴起与弱化，一些学者遂指出，尽管东亚合作主要是以经济为中心，但是主要动机一直是外交和战略收益。① 自金融危机以来，东亚地区贸易与金融合作发展迅速，但是并没有导致地区主义的不断加强。② 相反，东亚共同体建设的转向揭示了东亚地区主义是一种“挫败了的地区主义”③，现实政治的考虑击碎了经济合作成功所带来的激情，“转变10+3机制的愿望落空了，因为经济和金融地区主义自身并不能够缓解扎根于亚洲现实主义安全观的焦虑和安全困境”④。在东亚合作进程中，常常被提及的现实政治考虑就是中国力量的崛起⑤以及由此引发的日本防止中国影响力的增加而展开的中日竞争。⑥

对中国力量崛起的现实政治考虑，一直是东亚地区国际关系中的重要影响因素，也是影响东盟国家总体战略的关键变量。经过多年高达两位数增速的经济增长，到了20世纪90年代，中国崛起已经成为

① John Ravenhill, “East Asian Regionalism: Much Ado about Nothing?”, *Review of International Studies*, Vol. 35, 2009, p. 215.

② Ibid., p. 231.

③ Deepak Nair, “Regionalism in the Asia Pacific/East Asia: A Frustrated Regionalism?”, *Contemporary Southeast Asia*, Vol. 31, No. 1, 2008, pp. 110-142.

④ Ibid., p. 112.

⑤ Evelyn Goh, “Southeast Asia on the China Challenge”, *The Journal of Strategic Studies*, Vol. 30, No. 4-5, 2007, pp. 817-818.

⑥ 参见王玉主《中日之争与东亚合作——以“10+3”、“10+6”为主的分析》，《创新》2010年第3期，第8页。

东亚地区最重要的现实。由于领土纠纷、历史上朝贡体系、当代的输出革命以及东南亚华人华侨的经济实力，东盟各国对崛起后中国的战略意图抱有疑虑和担心。[①] 尤其是在20世纪90年代中期，在西方国家主导话语的影响下，加上美济礁事件的爆发，“中国威胁论”在东南亚地区相当有市场。在东盟国家眼里，中国在1997年亚洲金融危机中几乎没有受到损失，中国的力量更加强大。但是所有这些对中国崛起的担心并没有阻止21世纪初东盟国家大力支持与推动东亚共同体建设，相反，中国威胁论被中国机遇论所取代。因此，东盟国家关于中国崛起的现实政治考虑本身并不足以解释东亚共同体的兴起与弱化，东盟关于中国崛起是威胁、是竞争还是机遇的认知要受到其他因素的调节。本书提出，这个影响现实认知偏向的因素就是来源于身份确认与否的情感感受。

在东亚峰会以及其他东亚共同体建设相关问题上，中日之间的确存在着一些竞争，但是，中日竞争并不是导致东亚合作进展受阻的充分原因。这是因为，在东亚合作进程起步时日本就有意识地与中国在东南亚进行“争夺人心的战争”。2005年东亚峰会召开之前，中日竞相与东盟加强合作的结果是加速了地区一体化进程，催生了东亚共同体符号的兴起，而东亚峰会召开前后的中日竞争却产生了相反的效果，其原因在于，中日竞争的方式对于东盟社会身份确认的意义不同。2005年前，中日竞争都是以承认东盟主导国身份为前提的。而在东亚峰会问题上，日本赤裸裸地显示出要争当主导国的意愿，东盟的主导地位受到威胁，对东亚多重机制的驾驭能力失去了足够的信心，开始转向内部一体化建设，对东亚合作缺乏推动的意愿和热情。所以，中日竞争即使是导致东亚共同体建设转向的重要原因，也不是充分原因，中日竞争对于地区合作是促进还是阻碍主要取决于中日竞争是否挑战东盟地区主导国的身份。东盟维护与追求其身份确认而采取的有意识行为是不可忽略的。

总之，无论是经济利益驱动还是中国威胁、中日竞争等现实政治

---

① 魏玲：《国内进程、不对称互动与体系变化——中国、东盟与东亚合作》，《当代亚太》2010年第6期，第61页。

因素都不能充分解释东亚共同体的高调兴起和快速弱化。经济利益与现实政治逻辑在情感身份政治的调节下，才能为这一现象提供更为可信的解释。与此同时，东亚共同体作为一种身份符号，在较短时间内的兴起与弱化在体系建构主义的话语和理论框架下是不可理解、不能解释的。不过，这种快速兴起和弱化的现象正好反映了关系本位对国际社会关系流动性的总体描述。国家身份的习得与进化总是发生于互动进程中，在关系互动中不断地生产与再生产。虽然关系本位并不否认社会身份会获得一定的稳定性，但是这个稳定性总是具有相对意义的，是在一定的条件下，在互动进程中获得某种平衡性从而获得一定程度的稳定性。所以，关系导向身份概念更加适合用来理解和解释东亚共同体作为一种身份符号的兴起与弱化。

第四节　理论框架与研究方法

本书提出了关系导向身份建构的情感动力框架，该框架建立在两组重要假定之上。第一组假定来源于关系本位和关系导向身份的概念，涉及身份变量：①行为体在进入具体国际互动之前就具有预设身份；②国际互动情境涉及的多重身份具有不同的凸显程度；③身份是情感充予的社会现象，由情感附着与认知内容共同构成。第二组假定来源于心理学和神经科学中情绪研究的成果，涉及情感变量：①情感激发、储存和记忆进程独立于高级认知进程，可独立作用于行为体的行为；②情感是人类行为动机的最终根源；③情感具有组织认知活动的功能。

一　概念与理论框架

本书的理论框架涉及三个重要概念：情感、身份凸显和身份确认。这些概念是作者在综合汲取心理学、社会学以及社会心理学相关学科的最新研究成果，在关系本位思想的指导下作出的界定。

情感（affective feeling）：本书中的情感概念与常用的情绪（emotion）概念有所区别。情感是一种被体验为好或不好、唤醒和沉睡的简单非反思性感觉状态。从神经生物学角度讲，情感是一种神经生理活动状态，是能够意识到的最基础的情感体验。[①] 与传统的情绪概念不同的是，情感不涉及任何高级认知（反思性认知）的内容，也不表现为某种具体的离散情绪（discrete emotion）。情感具有两个分析维度，一是表现为愉悦与不愉悦的效价维度（valence dimension），可以用积极情感与消极情感来表述；二是表现为唤醒与沉睡的强度或能量维度（energy dimension）。

身份凸显（identity salience）：人的自我界定即身份是一个复杂的层级体系，这一层级中位置较高的身份与行为的联系更为紧密。在不同的情境中，身份被激活从而对行为产生影响的可能性就被称为身份凸显。[②] 身份的凸显程度是由承诺决定的，承诺包括互动承诺和情感承诺。互动承诺越高，即一个身份所涉及的他者数量越多，该身份的凸显程度就越高；情感承诺越强，即附着于一个身份的情感水平越强，该身份的凸显程度就越高。

身份确认（identity verification）：指的是人们采取行动，以使感知到的某种情境下的自我意义符合其身份标准中所包含的意义。[③] 在自我确认过程中，行为体经常通过观察互动对象的反应和观点来寻求自我确认，因此，身份确认的过程也可以被理解为互动中的他者对自我身份表现（identity performance）的支持。[④]

本书的理论框架包含以下三个主要假设：

（1）行为体历史互动形成的附着于身份之上的情感效价和强度决定了不同社会身份的凸显等级和激活的可能性。

（2）互动情境中，行为体凸显等级高的社会身份能否得到确认将激发行为体积极或消极的情感。

---

① James A. Russell, "Core Affect and Psychological Construction of Emotion", *Psychological Review*, Vol. 110, No. 1, 2003, pp. 145-172.

② Kay Deaux, "Social Identification", in E. T. Higgins & A. Kruglanski (eds.), *Social Psychology: Handbook of Basic Principles*, New York: Guilford, 1996, p. 778.

③ Peter J. Burke, Jan E. Stets, "Trust and Commitment through Self-Verification", *Social Psychology Quarterly*, Vol. 62, No. 4, 1999, p. 349.

④ Sheldon Stryker, "Integrating Emotion into Identity Theory", in Jonathan H. Turner (eds.), *Theory and Research on Human Emotions*, Oxford, UK: Elsevier Ltd., 2004, p. 19.

（3）身份互动过程中产生的情感效价为身份建构提供趋避的动力与积极或消极认知的倾向。

总体上说来，该理论框架为身份建构提供了一个具有历史维度的情感动力框架。在该框架中，体系建构主义身份建构理论中的不足能得到纠正与补充。情感为行为体互动提供了是趋还是避的行为动力，情感也影响着行为体对互动进程倾向做出积极评估还是消极评估。情感体验以及与情感体验密切相关的行为倾向与认知偏向共同决定了行为体相对于他者的身份界定。身份具有历史维度，与历史互动中的情感记忆的效价与强度密切相关；情感具有互动维度，来自于关系中他者对行为体凸显程度高的社会身份的确认与否。

二　研究方法

对于本书的经验研究来说，方法论问题可能是最为棘手的难题，这也是目前阻碍情感研究在国际关系理论界繁兴的最大障碍。默瑟大力倡导在国际关系研究中关注情感的作用，但同时也表示担心“情绪难以界定、难以操作化、难以测量，并且难以与其他因素分离开来”①。总体上看，在案例分析中甄别、确定情感因素对团体行为体的作用面临着两个主要的困难：其一是在经验研究中，如何观察和确定情感的存在与影响；其二是在国际关系中，个体情感如何与国家团体联系起来，即分析层次如何实现从个体心理到群体心理的转变问题。这两个问题都与情感作为个体感受的心理特性相关。要解决这两个情感分析的方法论难题，首先要对社会科学经验研究的评估标准提出一定的修正。

（一）情感研究有效性的标准

在传统知识观念的影响下，主流的国际关系学者，包括建构主义学者在内，都试图寻找客观知识，至少是要寻找系统的、可测量和可证伪的知识。但是正是这些传统的关于知识的观念阻碍和限制了对情感问题的研究，因为情感首先是一种内部感觉，是不能被轻易观察和

① Roland Bleiker and Emma Hutchison, “Fear No More: Emotions and World Politics”, *Review of International Studies*, Vol. 34, 2008, p. 117.

真实表达的。传统的社会科学研究方法，诸如定量、问卷调查等方法不能抓住情感的本质。[①] 为了促进情感研究在国际政治中的开展，传统科学知识的评价标准需要接受一定的修正，其中最重要的一条修正原则就是社会科学研究需要接受模糊性和不确定性。学者要摆脱传统社会科学研究方法的影响，承认科学研究不一定就要产生确定性的、客观的和可测量的知识。但是这种模糊性和不确定性并不是说情感研究的成果不可评估，只是评估的标准有所不同。情感研究有效性的评估标准可以是能否为理解国际政治难题提供有价值的新思路。比如，如果对于恐惧情绪的研究能够对一些通过其他途径不能很好解释的政治行为提供解释，这就是有意义的，尽管这种解释会具有争议，也可能最终无法得到证实。[②]

（二）情感的表征倾向

前述两个情感分析的方法论难题都是与情感作为内在的个体心理状态的特性相关。这两个难题实际上就是作为个体心理的情感现象如何获得可以观察的集体形式。个体心理现象一旦突破了私有的形式，获得了集体意义，就成为一种可以观察和诠释的现象了。

情感具有获得集体形式的可能和倾向也正是由于情感的私有和内在特性。布莱克等人指出，情感私有、内在的特性常常导致人们具有将其表达出来并与别人交流的强制性冲动。[③] 正因为个体所体验到的情感对于个体来说是难以准确表达的，而情感体验一方面促动行为体采取行为去追逐愉快和消除不愉快的体验，一方面促使行为体去寻找原因，赋予该情感以意义。社会上的各种表征方式所传达的情感与意义正好为个体行为体提供了一个认同的对象。[④] 不论用什么样的语言和符号来表征这些情感，其所传达的情感效价都是一样的，个体经历者很容易就在情感上与这些再现形成认同，一个共享的集体情感和意

---

① Roland Bleiker and Emma Hutchison, "Fear No More: Emotions and World Politics", *Review of International Studies*, Vol. 34, 2008, pp. 125-126.

② Ibid., p. 128.

③ Ibid., p. 130.

④ Emma Hutchison, "Trauma and the Politics of Emotions: Constituting Identity, Security and Community after the Bali Bombing", *International Relations*, Vol. 24, No. 1, 2010, p. 72.

义就能形成。情感的这种强制表征倾向不仅为观察情感充予的社会现象提供了可能，个体性情感通过集体形式所进行的交流与表征也可成为集体情感分析的依据。本书案例涉及情感分析所关注的正是这些具有集体意义的情感表征。

（三）过程追踪与话语分析

在具体案例分析过程中，本书对身份建构进程采用过程追踪的研究方法，对其支持性证据进行话语分析。

“所谓过程追踪，就是研究者通过考察案例的初始条件如何转化为案例结果来探究系列实践的过程。研究者将连接自变量与结果的因果联系的环节分解开，分成更小的步骤，然后探寻每一环节的可观察证据。”[①] 比如，要验证小行星导致大规模灭绝的假设，可以将这个假设从自变量到因变量转化的过程分解成不同的环节：小行星撞击地球—岩浆喷射—全球森林火灾—烟尘笼罩遮蔽阳光—地球冰冻—大规模生物灭绝，然后再寻找事实证据对每一步推理进行验证，例如全球性的岩浆喷射遗迹、烟灰层、物种大规模死亡的化石等。[②] 如前所述，根据关系本位的本体性假定，关系导向身份具有历史维度，是一个不断变动的发展过程。在分析东亚合作案例的过程中，笔者从历史视角出发，依次考察了历史互动形成的情感附着对东盟身份凸显等级的影响、凸显等级高的身份确认与积极情感体验、积极情感体验与推动东亚共同体身份符号的快速兴起。本书的历史维度为过程追踪研究方法的运用提供了基础。

为过程追踪提供支持性证据，本书采用话语分析的方法。话语分析（Discourse Analysis）是通过对行为体用以描述和理解社会现象的语言进行定性的、诠释性的意义恢复。[③] 其主要方法是运用研究者所掌握的背景知识及诠释技巧，在研究者与文本，以及文本与实践之间进行沟通。本书框架中最重要的变量是情感，情感具有强制性表征的

---

① ［美］斯蒂芬·范埃弗拉：《政治学研究方法指南》，陈琪译，北京大学出版社2006年版，第61页。

② 同上。

③ Rawi Abdelal, Yoshiko M. Herrera, and Johnston, Alastair Iain, (eds.), *Measuring Identity: A Guide for Social Scientists*, Cambridge University Press, 2009, p. 6.

需要，因此最适合研究情感的切入点就是情感被表征和交流的方式。情感交流和表征的方式多种多样，所形成的文本材料也很多，比如政府宣言、媒体报道和评论、政治演讲甚至学者的著作和文章等等。尽管对表征进行解释的方法具有一定的局限性，比如不可避免带有解释者本身的偏见，但是对这些表征材料的研究是我们所能获得的最接近理解情感问题的方式。[①] 本书案例分析的材料也主要来源于这些互动中形成交流与表征的材料，包括东亚系列峰会的主席声明、新闻声明、联合宣言；相关国家的新闻媒体报道和评论、国家领导人的讲话和访谈；学者与二轨参与者的著作和文章等等。

三　全书结构与各章内容

本书以理论演绎为主，辅之以案例说明。在全书主体部分的结构安排中，前四章着重通过理论批评与演绎重构关系导向身份的概念，提出身份建构的情感动力框架。后三章着重通过观察东亚合作进程中“东亚共同体”兴起与弱化的现象，来说明本书的身份理论与情感动力框架对于理解与解释复杂多变的国际关系现实的适用性，并初步验证本书理论框架的解释力。

第一章讨论了体系建构主义的身份理论。通过对以温特为代表的体系建构主义身份理论进行评析，笔者提出体系建构主义身份理论存在两个问题：一是温特所依赖的角色身份概念与集体身份概念在分异基础、形成机制等方面不具有相容性。温特在解释身份形成时依赖于角色概念，在解释身份进化时依赖于集体身份概念，因此这两个概念间的相容性是温特身份理论逻辑完整的必要条件。二是温特在构建身份习得和进化机制时面临着方向性困境，这种方向性困境是身份建构缺乏动力机制的表现。为了理解温特身份理论中出现的概念问题与动力困境，笔者对体系建构主义的本体性假定进行了分析和批评。

第二章引入了关系本位思想，提出了与角色身份和集体身份相对的关系导向身份的概念。笔者考察了来自于社会学的角色身份理论和

① Roland Bleiker and Emma Hutchison, “Fear No More: Emotions and World Politics”, *Review of International Studies*, Vol. 34, 2008, pp. 131-132.

来自社会心理学的社会身份（即集体身份概念的来源）理论，指出了这两个概念各自的缺陷：角色身份理论重视互动却忽视心理进程，而社会身份理论依赖心理进程却不考虑互动，对两个身份概念进行机械综合会导致身份概念的狭隘与僵化。为了破除结构主义和认知施动的本体性假定对身份研究的束缚，笔者引入关系本位思想，吸取比较社会心理学关于社会身份的研究成果，对角色身份理论与社会身份理论进行改造，提出关系导向身份概念，指出关系导向身份概念包含情感心理与认知心理进程，这两个进程在不同情境的互动中不断被塑造和再塑造，社会身份也因此实现着生产与再生产。

第三章论述了情感与行为倾向、情感与认知之间的互动关系。情感作为身份的重要构成要素是身份建构与转化的动力基础，为行为体的行为倾向和认知偏好提供了方向。笔者首先借鉴心理学情感研究的最新论争与共识，对情感概念进行了界定，并探讨了情感的特征、分析维度以及情感与意识的关系；接着笔者借鉴神经科学情绪研究的成果论证了情感要素相对于反思性意识即认知的独立性以及对于理智和社会行为的必要性；最后，笔者论证了情感的动机性与行为体趋避行为的关系，以及情感的效价对认知进程中行为体的积极或消极偏好的影响。

第四章提出了关系导向身份建构的情感动力框架。笔者首先回顾了国际关系中情感研究的现状，重点梳理了情感与身份建构的研究，指出了这些研究的不足以及与本书的区别所在，提出了本书的核心理论框架。在本章中，笔者还讨论了国际关系中情感研究的方法论问题，提出了转换传统社会科学关于知识与理论评价标准的原则，以容忍不确定性和不可验证性，并指出了对情感充予现象进行观察和诠释的可能性和具体操作方法。

第五章、第六章和第七章中，笔者尝试利用东亚共同体这个地区身份符号的兴起与弱化过程，来说明关系导向身份概念以及身份建构的情感动力机制对于理解国际关系现实的适用性和解释力。第五章介绍了东亚共同体兴起与弱化的历程，以及东亚共同体所蕴含的地区身份意义，指出仅仅从理性认知要素，比如经济利益和现实政治等等考虑都不能充分理解“东亚共同体”在短期内兴起与弱化的完整过程。

同时，笔者还通过追踪东盟在东亚地区的历史互动及其情感体验，来说明东盟在东亚合作互动中具有高度凸显的自我预设身份——地区秩序主导者身份，以及与这样的预设身份相联系的行为规范与行为预期。

第六章与第七章，笔者分别分析了东盟在东亚合作进程中身份确认与否所带来的不同效价的情感体验，以及这些情感体验对东盟在东亚合作中的趋避行为和认知评估的不同影响。不同效价的情感体验，以及与之相应的行为倾向和认知评估共同构成了东盟的地区认同内容。第六章中，笔者重点指出2000年后，中日韩通过加大与东盟国家合作力度，对东盟国家地区秩序主导国社会身份形成竞相确认的局面，导致在积极情感的驱动下，东盟的外向性身份确认行为倾向和对互动关系的积极认知评估，推动了东亚共同体的快速兴起。在第七章中，笔者追踪了东亚峰会召开前后，地区大国东盟地区主导身份的挑战以及东盟维护主导身份的努力，最终导致东亚峰会的转向和东亚合作向务实功能化的回归。笔者重点分析了消极的情感体验，使得东盟国家转向内向性的身份确认，即专注于加快东盟内部一体化建设；不自信、疑虑等消极情感影响东盟对自身发展前景和在地区合作中的主导地位做出相对消极的判断。

第一章

体系建构主义的身份理论

自冷战结束后国际关系领域“社会学转向”兴起，到温特所创建的体系建构主义成为国际关系三大主流理论之一，建构主义为国际关系领域带来了全新的研究理念并开创了新的研究议程，可以说是国际关系学科创建以来最大的一次范式转向。从整个国际关系理论发展历程来看，建构主义对国际关系研究最大的贡献是将社会性因素明确地带入了国际关系研究，而温特的体系建构主义由于其在本体论批评、社会理论建构方面最为系统，不仅成为建构主义的集大成之作，也是后来学者批判性继承和发展的对象和基础。

体系建构主义理论中最重要的社会性概念就是行为体的社会身份。社会身份是“联结环境结构和国家利益的一个关键点”①。正是引入了身份的概念，才打开现实主义和自由主义国家利益概念的黑匣子，提出行为体的身份界定行为体利益的论断，并以此作为建构主义整个理论大厦的基点。不过，从整体上看，恰恰是在这个最重要的社会性因素问题上，建构主义研究缺乏有说服力的系统研究。至今，建构主义学者对于身份概念、其构成要素以及社会身份的形成和转变等基本问题缺乏系统的研究，理论化程度颇低。尤其是反观以规范及其社会化为主要内容的另一支建构主义研究队伍，建构主义学者对身份研究的忽略本身就是一个值得探究的问题。

本章将首先以温特的体系建构主义为蓝本，分析建构主义的身份概念以及身份习得和进化等核心理论问题，提出本书的核心批判：体

---

① 罗纳德·杰普森、亚历山大·温特、彼得·卡赞斯坦：《规范、认同和国家安全文化》，载［美］彼得·卡赞斯坦主编《国家安全的文化：世界政治中的规范与认同》，宋伟、刘铁娃译，北京大学出版社2009年版，第61页。

系建构主义的身份理论在概念与逻辑上存在重要缺失，不能解释微观层次上行为体身份的建构与变化。最后，本章还将分析导致这些问题出现的本体性原因。

第一节　体系建构主义的身份概念

不仅是在国际关系领域内，在整个相关的社会科学范畴之内，学者们都是根据自身的学科需要和理论偏好来界定身份。身份概念的争议之大，模糊性之高，以致有的学者认为身份完全是一个没用的概念，应该完全放弃并予以超越。[①] 对于身份概念的模糊性和不确定性，温特在《国际政治的社会理论》中也相当坦诚地予以承认。比如，在对身份进行了简单分类之后，温特表示，“乍看上去，这些概念之间有着重要的差别”，但是，“越是仔细地考虑，越是发现他们之间的区别变得模糊起来”。[②] 对于理论中核心概念如此拿捏不准，确实令人惊异。除了对身份概念存在诸多争议之外，学者们对身份的构成要素也少有探讨。迟至 2009 年，江伊恩（Iain Johnston）联合哈佛大学的一些社会学家编写了《测量身份》（*Measuring Identity*）一书，尝试对包括国际关系在内的社会学科中出现的身份概念进行总结和综合，最后将身份的内涵分为四个方面，包括构成性规范、社会目标、关系比较以及认知模式。[③] 这对于国际关系理论的身份研究是一个重要的总结和推动，但是，这些总结出来的内涵仍然是描述性的，并没有进一步探讨社会身份的基本构成要素，以及这些构成要素之间的相互关系。对于身份概念界定及其根本构成要素探讨上的不足，直接影响到建构主义理论对身份建构逻辑的阐释，从而在根本上削弱了建构主义

① Rogers Brubaker and Frederick Cooper, “Beyond Identity”, *Theory and Society*, Vol. 29, No. 1, February 2000, pp. 1-47.

② ［美］亚历山大·温特：《国际政治的社会理论》，秦亚青译，上海人民出版社 2000 年版，第 282 页。

③ Rawi Abdelal, Yoshiko M. Herrera and Alastair Iain Johnston (eds.), *Measuring Identity: A Guide for Social Scientists*, Cambridge University Press, 2009.

理论的解释力。

如前所述，温特所提出的身份理论可以认为是建构主义阵营中理论化程度最高的身份理论。但是，笔者将要论证的是，虽然在不断修正和完善，但温特并没能令人信服地解释身份建构进程，其中一个重要的原因就是温特所依赖的两个主要身份概念的内涵缺乏一致性，温特在两个内涵不同的概念之间的机械转换带来了严重的逻辑自洽问题。

一　团体身份与社会身份

在建构主义的研究文献中，关于身份，不同的学者倾向于使用不同的表述，比如“社会身份”（social identity）、“角色身份”（role identity）、“集体身份”（collective identity）乃至“认同”（identification）。有的学者在不同的概念之间转换，比如将集体身份定义为行为体所感知到的与他者相似程度的大小，即与他者认同程度的强弱，或称为“集体认同感”。① 也有的学者在不同的时期倾向于使用不同的概念，温特本人就在不同的写作时期着重使用过不同的概念。温特身份概念的表述集中于《集体身份的形成与国际国家》一文以及其代表作《国际政治的社会理论》一书中。

温特一直避免在社会性上走极端，希望在维持国际政治物质性的基础上，温和地恢复国际政治的社会性，这也反映在温特对身份概念的处理上。温特将国家的身份区分为团体身份和社会身份，这相当于符号互动论中“主我”和“宾我”的区别，即一个是非社会性的，一个是社会性的。这两种身份所涉及的因果机制也不一样，一个是动机性的，一个是认知和结构的，两者在解释行为体行为时发挥着不同的作用。温特在 1994 年的《集体身份的形成和国际国家》一文中对

① Christopher Hemmer and Peter J. Katzenstein, “Why is There No NATO in Asia? Collective Identity, Regionalism, and the Origins of Multilateralism”, *International Organization*, Vol. 56, No. 3, Summer 2002, pp. 575–607; David Rousseau and A. Maurits Van Der Veen, “The Emergence of a Shared Identity: An Agent-based Computer Simulation of Idea Diffusion”, *Journal of Confict Resolution*, Vol. 49, No. 5, October 2005, pp. 686–712. 前者是分析集体身份（笔者有时也称集体身份感）的强弱对行为体政策的影响，后者是说明行为体特质以及环境对行为体感知与他者相似性程度——共有身份（即集体身份）形成——的关系。

行为体的这两个身份概念及其对行为的意义进行了详细的阐述。[①]

团体身份指的是构成行为体个体性的内在的、自组织的性质。对于人类来说，团体身份指的就是身体和意识体验；对于组织来说，指的是构成组织的个人、物质资源以及个体得以“我们”来行事的共享信念和制度。团体身份产生四种基本的利益，即物质安全、本体安全、被他者承认以及发展，这些利益在某种程度上讲是先于互动而存在的。但是行为体如何满足其团体需求有赖于他如何界定自我和他者的关系，这就是社会身份的功能了。社会身份是行为体从他者的视角出发赋予自身的一组意义，也就是将自己当作一个社会性客体。行为体通常有多个凸显性（salience）不同的社会身份。社会身份同时还可以有个体特性和社会结构特性，首先社会身份是个体关于“我是谁”和“我们是谁”的认知图式；其次这个认知图式是决定于并承担着共有理解和期望的社会角色结构。简单地说，社会身份就是行为体关于自身在社会角色结构中所处位置的认知。

根据温特的理论，社会身份的主体间基础可以是合作性的也可以是冲突性的。是合作还是冲突，也就是社会身份产生自我利益还是集体利益，要看社会身份包含与他者命运认同（identification）的程度和方式。这里就涉及认同的概念。认同被温特定义为一个从消极到积极的连续统一体，即对他人深恶痛绝到将他人看作自我的延伸。认同的性质决定了如何划定自我的边界。集体身份（collective identity）指的是与他者福利的正向认同关系，在集体身份中，他者被看作自身的认知延伸。因为行为体的团体身份要求分异，所以，正向认同很少是完全的。但是只要这种认同在一定程度上存在，自我和他者之间就会存在一种移情性相互依赖（empathetic interdependence），而不是工具性（instrumental）或情境性（situational）相互依赖。

从温特对行为体身份尤其是社会身份的定义，我们可以看到有两点值得进一步探讨。首先，社会身份与集体身份（认同）概念的联系。从广义上来看，社会身份依赖于对自我和他者关系的界定，由于

① Alexander Wendt, “Collective Identity Formation and the International State”, *The American Political Science Review*, Vol. 88, No. 2, 1994, p. 385.

受到符号互动论的影响，温特将社会身份局限于对自我和他者角色位置关系的认知。不过，为了说明社会身份对集体行为的影响，同时表明社会身份变化的范畴，温特又借助于认同的概念，即社会身份包含了对他者利益的包容程度。这样，角色关系和认同这两个虽然都属于社会身份范畴但是具有不同意义的概念被联系起来，成为温特理论中连接社会与社会行为、互动与身份变化的重要逻辑连接点。但是，正如我们发现的，温特并没有说明角色关系与认同之间是如何联系在一起，又为什么能够联系在一起，即对角色位置关系的认知在何种情况下才能使得“将他人看成是自我的延伸”。温特必须要进一步说明根据角色关系界定的社会身份与以正向认同界定的集体身份之间的区别、联系和相互关系，否则温特的整个理论假设在逻辑上就无法成立。问题在于，角色身份建立在社会功能分异的基础上，从根本上拒绝统一的可能性。这就成为温特身份概念运用上的一个无法解决的悖论。其次，温特指出了认同是一个连续体，从仇视到将他者看成是自我的延伸；同时，一旦形成正向认同，即集体身份一旦在某种程度上形成，就会产生一种移情性相互依赖，并区别于工具性和情境性相互依赖。虽然这些相互依赖的概念来自于基欧汉①，但是充分说明温特关于认同和集体身份的定义考虑到情感因素的作用。遗憾的是，这只是在温特早期的这篇文章中有所反映，随着温特结构主义和认知主义思想的发展，到了《国际政治的社会理论》成书之时，这个思想的火花被完全剔除了。

二　角色身份与集体身份

在1999年出版的《国际政治的社会理论》中，温特对身份概念做了修正和进一步发展。行为体的身份被进一步区分为“不完全可比”的四类：个人或团体、类属、角色和集体。后两种身份属于温特所界定的社会身份（social identity）范畴，社会身份被明确区分为角色身份和集体身份。本书所讨论的身份，在范畴上是与社会身份概念

---

① Robert Keohane, “Empathy and International Regimes”, in Jane J. Mansbridge (ed.), *Beyond Self-Interest*, Chicago: Chicago University of Chicago Press, 1990, pp. 227-236.

一致。

温特指出，角色身份“只能存在于和他者的关系之中”，“他们只有在社会结构中占据一个位置，并且以符合行为规范的方式与具有反向身份的人互动，才能具有这种身份”。[①] 可见，角色身份所标识的首先是自我与他者之间的关系，而这种关系又被认定是社会结构中的位置关系，不同的角色身份之间区分的原则是行为体在社会结构中的位置和功能。

集体身份被温特界定为“把自我和他者关系引向其逻辑得出的结论，即认同（identification）”，“认同是一个认知过程，在这一过程中自我—他者的界限变得模糊起来，并在交界处完全地超越”。[②] 这里，认同已经等同于集体身份，而不再是一个双向的概念。与此同时，为了在角色身份和集体身份之间建立联系，温特引入了类属身份的概念。类属身份用来指一种社会类别，这样的类别具有各种相同的特征，当然，这些相同的特征是具有社会内容或意义的。[③] 认同过程“利用角色和类属身份，但又超越了角色和类属身份”。它依赖角色身份，“因为它同样依赖一种机制，这种机制把他者融入以社会建构的宾我形式出现的自我”，但是，“角色身份依赖这种机制是为了使自我和他者担任不同的角色，而集体身份这样做则是为了把自我和他者合为同一种身份”；“它依赖类属身份，因为集体身份涉及共有特征”，所以，“集体身份是角色身份和类属身份的独特结合”。[④]

但是，笔者认为，温特并没有很好地解释集体身份是如何成为“角色身份和类属身份的独特结合”的。如前所述，角色身份和类属身份都涉及自我和他者之间的区分，但是区分的基础是不同的。角色身份区分的基础是社会结构中所承担的角色和功能，而类属身份所区分的基础是类别差异性。[⑤] 集体身份即认同涉及的是自我和他者类别

① ［美］亚历山大·温特：《国际政治的社会理论》，秦亚青译，上海人民出版社2000年版，第285页。

② 同上书，第287页。

③ 同上书，第283页。

④ 同上书，第287页。

⑤ K. Deaux, “Social Identification”, in E. T. Higgins & A. Kruglanski (eds.), *Social Psychology: Handbook of Basic Principles*, New York: Guilford, 1996, pp. 777-798.

差异性的模糊，他可能涉及功能和角色的统一，但是反过来情况却不是如此。功能和角色的统一并不能导致类别差异性的模糊。在民族国家的政治体系中，所有国家的功能和角色可能都是相同的，但是并不能认为在集体身份的意义上差别模糊化了，所以这两种分类方式不是完全兼容的。因此，我们可以说集体身份充其量是类属身份逻辑的延伸，而与角色身份没有直接的逻辑关系。

总之，无论是早期的社会身份与认同，还是理论成熟之时的角色身份与集体身份，温特在两者之间所做的沟通努力都不能说是成功的。角色身份反映的是行为体在国际社会角色结构中的位置关系，不同角色之间区分的原则是角色和功能；集体身份或认同反映行为体所处的不同的群体间关系，即自我与他者是内群体还是外群体的差别，其分异的标准是“共有特征”。在这样两个分异基础和社会功能完全不同的概念间建立逻辑关系，温特注定不会成功。接下来的问题是，温特为什么要选取这样两个不同的概念作为其理论的主要概念？并且为什么硬要在两个内涵不同的概念之间建立逻辑联系呢？回答这个问题之前可以先考察一下温特身份理论的核心环节，即身份的形成与进化逻辑。

第二节　身份的形成和进化

温特对身份形成与进化的理论探讨也经历了一个发展和修正的过程。20世纪90年代初，温特试图以理性战略互动理论为起点，运用符号互动论的主要观点和机制来说明集体身份的形成。到了其社会理论成熟之际，温特借鉴社会学和社会心理学中的身份形成理论，分别阐述了角色身份与集体身份形成的机制。不过，尽管其身份理论得到改进，但是其逻辑始终存在着方向性困境，而方向性困境产生的根源是身份理论建构缺乏动力机制。

一　理性战略互动与集体身份的形成

在《集体身份的形成与国际国家》一文中，温特重点分析了集体身份作为一个正向认同形成的机制。在论述了结构背景和体系进程的间接因果作用之后，温特指出，形成集体身份的关键还是在于“不断变化的互动情境中行为体如何对待他者”[①]。因此，温特重点对互动进程即战略实践对身份形成的作用进行了探讨。

温特集体身份理论的起点是理性战略互动理论，在承认战略互动影响了行为体对对方行为的预期，从而导致合作行为的基础上，温特进一步论证了合作行为如何影响了行为体身份和利益的界定。这里主要有两个机制，一是符号互动论的“反射评价”。互动论的基本假定是身份及其相应的利益是习得的。“反射评价”的含义是，行为体在互动中通过习得他者眼中的自己来形成身份，也就是说，行为体对自己的看法是他们所认为的他者对自己评价的反映，是以他者为镜再现自我，所以又称作“镜中我”。“通过合作行为向他者传达出对他者成为一个合作者的期望，行为体就改变了界定他们身份的主体间知识。”[②] 第二个机制是通过互动，行为体试图投射和维持关于自我的再现。因此通过从事合作行为，行为体会逐渐改变其关于自身的信念，从而有助于内化自我身份。

但是，温特以合作进化论的研究成果为起点的论证方式为身份理论的效用带来了问题。温特借用合作进化论的研究成果，将分析起点假定为行为体已经开始从事合作互动。但是理性的合作进化理论本身是没有身份的理论，进入互动情境的行为体的总体特征就是私利和从事理性计算。如果建构主义将自私行为体作为起点的话，就忽略了进入互动情境的行为体的身份属性。这样，他所论证的完整的集体身份逻辑就是：自私行为体通过理性博弈实现合作，合作互动又进一步促进集体身份的形成。这样，合作行为本身是行为体根据自我利益通过理性计算而形成的，而这个过程中身份并没有发挥作用。如果不需要身份的介入，行为体自身就可以实现行为偏好的改变，那么论证集体身份对行为体合作行为的影响就失去了绝大部分的理论和现实意义。所以，为了要证明集体身份的形成对行为体行为产生了重要作用，研究

① Alexander Wendt, “Collective Identity Formation and International State”, *The American Political Science Review*, Vol. 88, No. 2, 1994, p. 390.

② Ibid..

者必须证明互动如何首先改变自私行为体的身份界定，从而产生新的利益界定并带来合作的行为，而不是预先认定行为体已经从事合作行为。

必须首先假定行为体已经采取了合作行为才能论证集体身份的形成机制，实际上反映的是身份构建的方向性问题，而方向性困境的背后则是动力缺乏。温特依赖微观社会学的符号互动论机制来解释集体身份的形成，而符合互动论的“投射评价”是微观社会学特定情境中角色身份形成的机制，解释的是一种没有方向性的角色身份获取过程。在这个微观互动过程中，没有一种动力指引着这种互动进程发展的方向，这在微观社会学情境中也许是可以容忍的。但是当温特用来解释具有正向认同性质的集体身份形成时，尤其是集体身份在某种程度上还具有“移情性相互依赖”的特性，方向性和动力问题的出现就是必然的了。

二　角色身份、亲社会行为与集体身份

在《国际政治的社会理论》一书中，温特提出了更为系统的身份形成理论。温特认为身份形成具有自然选择和文化选择机制，其中文化选择机制包括模仿和习得。习得机制（复杂习得）对于温特身份形成理论具有最为重要的意义。复杂习得的理论基石仍然是符号互动论的“投射评价”机制。这次，温特首先运用符号互动论论述角色身份的形成，然后运用体系进程的发展为集体身份的形成提供方向和动力。

温特将符号互动论的“投射评价”机制分解为两项内容，即行为体在开始互动的时候具有什么特征以及一旦开始互动行为体又是怎样习得身份的。所以，温特互动的起点不再是合作性互动，而是一个“没有共有观念的世界”。① 其基本的逻辑过程可以表述为：行为体带着关于自我身份的预设和相应的对他者角色的预设（暂时的角色身份）开始第一次相遇，在第一次相遇的时候，行为体双方对自己和他者的角色预设出现吻合的可能性不大。行为体双方对自我和他者关系

① ［美］亚历山大·温特：《国际政治中的社会理论》，秦亚青译，上海人民出版社2000年版，第413页。

再现的吻合基于双方对互动情境的一致理解，这就需要交流。在交流过程中，一方由于他者的行为而修正了原先的观念，这就出现了习得现象。但是，决定哪一方要放弃自己原先的假设而习得他者的再现，却要取决于互动双方的权力关系。“权力关系在决定进化发展方向方面起着至关重要的作用”①；习得的一方会根据对情境的重新定义来采取行动，这种行动也向另一方发出了角色设定的信号；被习得的一方解读习得一方的行为，并据此作出回应。这样，互动双方就相互认知，把原先各自单独占有的知识分配状态变为一种共有的知识分配状态，于是行为体就在互动过程中习得了新的身份。温特用一个简单例子来说明这个看上去很复杂的身份习得过程：在哥伦布与印第安人初次相遇的时候，哥伦布对印第安人的定位是“野蛮人”，哥伦布自己则是“基督教拯救者”。哥伦布这种暂时的角色定位与印第安人关于双方的自我再现方式是相冲突的。但是，哥伦布采取暴力胁迫，即运用权力关系迫使印第安人采用哥伦布的再现方式，从而确定了双方各自的身份。

在运用符号互动论解释角色身份习得的过程中，温特遇到的最大难题仍然是方向性和动力问题，也就是当相互的预设身份发生冲突后，习得过程如何得以继续并向什么方向继续的问题。显然，温特求助于权力因素。从这一点来看，认为温特的理论完全忽略权力因素的批评是站不住脚的。只是，这样一来，符号互动论对身份形成的解释力度也就大打折扣了。另外，在温特关于身份内化的三个层次中，武力胁迫只是其中之一，而且是内化程度最低的一个层次。因此，依靠权力因素为身份习得提供动力和方向是不完全和不充分的。

在温特的身份形成理论体系中，角色身份的形成过程并不足以解释身份的转化或进化。对于温特来说，身份的进化就是行为体之间集体身份的形成。正如温特自己所言，角色身份涉及的是采用他者的视角来看待自己，而“采用敌人的视角和采用朋友的视角都属于采用他者视角之列”②。那么，结构变化，即角色身份的转化（比如从敌人

① ［美］亚历山大·温特：《国际政治中的社会理论》，秦亚青译，上海人民出版社2000年版，第416页。

② 同上书，第419页。

到朋友）到底是如何发生的呢？从逻辑上说，解释身份形成的过程也应该能够解释身份变化。

鉴于温特的观念结构是以角色结构为核心的，于是，关于文化变化（温特主要探讨了洛克文化向康德文化的转化）的讨论就可以变为“体系中的主导角色是怎么样从竞争对手转化为朋友的”[①]。不过，温特对身份进化的解释并没有基于角色身份的这种转化，而是转向集体身份是如何形成的。温特论证道：如果行为体在互动过程中施行“亲社会”的政策，互动中的行为体通过“反射评价”的作用就会将彼此的角色身份确定为朋友，一旦确定为朋友，集体身份就形成了。“亲社会”活动指的是“造就朋友的再现活动”[②]，包括在对待他者的方式上不仅仅考虑到他们的个人安全，而且还关心他们，即便在没有狭隘私利的情况下也愿意帮助他们。至于行为体为什么会愿意采取亲社会的活动，温特给出了四个“主变量”：相互依存、共同命运、同质性以及自我约束。前三个变量为行为体采取亲社会行为提供了动力，而“自我约束”则由于解决了互动过程中的“信任”困境而成为亲社会活动成功促成集体身份形成的关键。[③]

仅仅依靠相互依存、共同命运和同质性三个变量，无法保证亲社会行为的出现和维持。比如，现实主义学者就论证了随着相互依存程度的加强，行为体的脆弱性提高，反而更加有可能加剧国家的不安全感，从而决心采取措施减少对他国的依赖。[④] 与相互依存一样，具有共同命运和同质性的行为体也不一定能实现合作。中外历史上，面对共同敌人的行为体，由于相互之间充满敌意和不信任而无法合作，最终被消灭或侵略的例子不胜枚举；同质性的国家比如民主国家之间也会成为竞争对手，难以开展合作；等等。所以，这三个变量本身要促进集体身份的产生，还必须要消除国家间的恐惧和不信任。为了解决

① ［美］亚历山大·温特：《国际政治中的社会理论》，秦亚青译，上海人民出版社2000年版，第425页。

② 同上书，第428页。

③ 同上书，第429—454页。

④ Joseph Grieco, “Anarchy and the Limits of Cooperation: A Realist Critique of the Newest Liberal institutionalism”, *International Organization*, Vol. 42, 1988, pp. 485-508.

这个难题，温特借助于“自我约束”的概念。

在温特看来，通过自我约束可以“克服被他者所吞没的恐惧”[①]，从而建立信任。与另外三个主变量或其中一个共同作用下，集体身份就得以形成。根据温特的理解，自我约束是一种信念，即相信他者会在自我要求方面施行自制。自我约束是如何消除恐惧感并建立信任的呢？温特诉诸习惯性逻辑。其论证过程可以表述为：A国不断地服从规范，使得服从成为一种习惯，而B国通过观察A国的习惯性服从行为，发现A国的外交政策中并没有抱怨，这样就可以相信A国会自我约束，尊重B国的需求。[②] 但是在笔者看来，习惯性逻辑更像是对信任存在现象进行描述，并没有为其提供有效解释。问题在于，B国对A国行为的观察仍然是在恐惧或者信任的心理条件下进行的，观察是否能沿着温特所描述的这种习惯性逻辑进行还需要一个前提条件，即首先要消除这种恐惧心理。如现实主义所论证的，在恐惧的心理状态下，防御性的行动也会被解读为进攻性行为，因此，恐惧才是安全困境产生的真正原因。[③] 所以，如何消除恐惧心理应该是一个需要事先解决的问题，仅仅依靠习惯性逻辑并不足以消除恐惧、建立信任等情感信念。[④] 要消除恐惧，建立信任，仅仅具有相互依存、共同命运、同质性和自我约束等影响行为体心理认知的要素是困难的，解决问题的关键仍然是要在行为体的互动实践中寻求行为体情感心理转变的原因。

从温特对身份形成与进化的理论解释，我们已经看出，温特没有能够令人信服地解释身份形成与转化的方向性问题，而同时又不削弱身份理论对行为的解释力。方向性困境反映的是动力机制的缺乏。无论是借助于理性战略合作理论，还是权力，或者是体系进程因素对心

① ［美］亚历山大·温特：《国际政治的社会理论》，秦亚青译，上海人民出版社2000年版，第431页。

② 同上。

③ Neta C. Crawford, “The Passion of World Politics: Propositions on Emotions and Emotional Relationships”, *International Security*, Vol. 24, No. 4, Spring 2000, p. 116.

④ 默瑟将信任界定为一种情绪性信念（emotional belief），有着不同于理性认知进程的逻辑。参见 Jonathan Mercer, “Emotional Beliefs”, *International Organization*, Vol. 64, No. 1, January 2010, pp. 1-31.

理认知的影响，都不足以最终解决这个方向性和动力的问题。

出现这两个问题有一个共同的前提条件，就是温特试图用角色身份的概念来解释身份建构，而用集体身份来表示身份的进化，所以才会出现这种棘手的概念不相容和逻辑动力缺乏的问题。那接下来的问题是：温特为何要用两个不同的概念来解释应该具有相同逻辑的同一进程呢？如何才能避免这些困境，为国际关系中行为体的身份建构提供一个完整的理论解释？为回答上面这些问题，下一节将从温特体系建构主义的本体性假定入手，探讨出现这些概念和逻辑问题的深层次原因。

第三节　本体性批判与身份理论的困境

通过上文的分析，笔者发现温特的身份理论存在着一些基本问题，主要表现为两个核心概念角色身份与集体身份之间的机械联系，以及身份形成和进化的逻辑缺陷。这些问题的存在与整个社会科学领域内身份研究的跨学科性、多样性和争议性相关，但更重要的原因还是在于温特在建构理论时所持有的一些重要本体论假定。这些假定常常不被质疑，使得发现问题和解决问题变得尤其困难。本节着重探讨体系建构主义的这些重要本体性假定，并分析这些假定是如何导致温特身份理论中的概念和逻辑问题的。

一　理论的本体性假定

本体论（ontology）是一个哲学概念，最初由德国哲学家郭克兰纽（Goclenius，1547—1628）在其著作中首先使用的。它是关于存在（on）和存在物（ontos）及其本质和规律的学说，是研究最普遍、最一般、最根本、最高的本质和基础的学问。[①] 针对国际关系学科来说，本体论就是指研究国际社会的本质和存在基础的学说。

大多数国际关系理论都不会开展专门和直接的本体论研究，因为

① 《中国大百科全书·哲学卷》，中国大百科全书出版社 1987 年版，第 35 页。

这不是国际关系学者的任务，而是哲学家的任务。不过虽然如此，但是对于国际关系学者来说，本体论（ontology）是一个不可回避的问题，不论哪种理论，都直接或间接涉及国际关系是什么样的存在以及如何存在这样的本体性问题。虽然这些问题不是学者们的理论所要解决的，但却是建立理论的基础。这些关于国际社会存在和性质的本体性假定都是或明示或暗含于每个国际关系理论中。对于任何一个国际关系理论来说，这些重要假定都是其研究的起点，没有这样的假定，研究者甚至无法确认研究的中心问题，无论研究者是否承认或者是否意识到这种本体性假定的存在。“即便是最具经验主义思想的国际政治学者也必须‘做一下’本体论，因为为了解释国际体系的运行方式，他们必须作出一些关于国际体系是由什么构成的，是怎样形成结构等形而上的假定。”[①] 所以，国际关系学者可以不从哲学高度研究国际关系本体论的问题，但是却不能无视理论的本体性假定。

那么，所谓理论的本体性假定到底指什么？什么样的假定可以称之为“本体性假定”呢？戴斯勒（David Dessler）阐述了理论的本体论（ontology of theories）的含义及本体论对理论解释力的重要影响。戴斯勒从科学实在论原则出发，认为理论的本体论指一个解释性话语（即理论——笔者注）的具体指涉对象。理论的本体论“不仅仅包括一些指定的事物，还包括这些事物之间的联系或关系”[②]。根据科学实在论的观点，理论就是通过显示现象是如何作为某一个潜在本体的结果或方面的存在来解释事物的。[③] 换句话说，就是理论的解释力来源于显示一些表面看来互不相关的现象，实际上是一个共同本体的产物。所以，不难理解，在戴斯勒看来，潜在的本体论不仅决定了理论的解释力，也决定了该理论的研究议程。这也是我们为什么讨论建构主义理论本体论假定的原因。

---

① ［美］亚历山大·温特：《国际政治的社会理论》，秦亚青译，上海人民出版社2000年版，第446页。

② David Dessler, “What's at stake in the agent-structure debate”, *International Organization*, Vol. 43, No. 3, Summer 1989, p. 445.

③ 原文为：“theories explain by showing how phenomena are products or aspects of an underlying ontology,” David Dessler, “What's at stake in the agent-structure debate”, *International Organization*, Vol. 43, No. 3, Summer 1989, p. 445.

根据上述关于本体论的讨论，具体到国际关系领域，理论本体论就包括两大类相互联系的假定：一类假定是关于国际关系现实的组成要素是什么，以及这些要素分别是如何界定的；另一类涉及这些要素间的关系，也即由这些要素构成的国际关系是如何运作的。对这些本体性问题的回答，在很大程度上决定了理论所关注的研究对象、选择的研究议程以及采用的研究方法。值得注意的是，理论的本体论并不是理论本身，而是理论假设得以成立所隐含的无须证明的假定。下面就从上述两个方面来考察一下体系建构主义的相关本体论假定。笔者将从体系建构主义对结构现实主义本体性假定的批判入手，进而分析体系建构主义在本体性批评上对结构现实主义所做的妥协。因为，正是这些重要的妥协造成了建构主义在研究身份相关问题上的困难局面。①

二　体系建构主义的本体性假定

关于国际体系的基本构成要素，温特基本接受了华尔兹结构现实主义的观点。华尔兹认为："一个体系是由结构和互动着的单位构成的。"② 不过，结构现实主义眼中的"互动"在国际体系中不具有本体性地位，只是表示单位的一种存在状态而已。而温特则将"互动"这一要素提到微观结构的层次，并对结构和单位这两个基本构成要素的内涵和特征以及两者之间的相互关系做出新的假定，对结构现实主义理论的本体论提出了挑战。温特宣称要"从概念上重组国际体系研究工程"③，为此，温特要做三件事情：一是重新概念化国际结构的构成；二是阐明国家的身份和利益是国际体系建构而成的；三是将互动带入体系研究的范畴。这三件事情概括了温特在本体性假定方面向结构现实主义发起挑战的主要内容。正是基于这些本体性批判，温特

① 罗斯也批判了温特建构主义认知主义施动性，认为正是由于局限于认知主义的施动性，才使得建构主义无法开展对情感问题的研究。Andrew A. G. Ross, "Coming in from the Cold: Constructivism and Emotions", *European Journal of International Relations*, Vol. 12, No. 2, 2006, pp. 197-222.

② ［美］肯尼思·华尔兹：《国际政治理论》，信强译，上海人民出版社 2008 年版。

③ ［美］亚历山大·温特：《国际政治的社会理论》，秦亚青译，上海人民出版社 2000 年版，第 23 页。

发展出了与结构现实主义为代表的工具理性主义理论分庭抗礼的建构主义理论假设。不过，同样是在这三个方面，温特对结构现实主义做出了程度不同的妥协，这些重要妥协最终使得温特的建构主义成为结构主义与认知主义知识体系中的一部分，而不是彻底的改革者，也使得温特缺少了深入研究身份问题的必要工具。

（一）互动进程与结构的物化

华尔兹对结构的界定是以让结构成为一个理论上有意义的概念为目标的，也就是让结构成为一个独立、自在的要素。因此，华尔兹不仅将单位特性、单位行为等单位层次的内容彻底剥离出去，还不能让结构依赖互动进程。华尔兹指出，普通语言模糊了“关系”（relation）一词的双重含义，“关系”不仅指单位之间的互动，还指他们相对于彼此所处的位置。根据华尔兹对“关系”的理解，单位相对于彼此所处的位置是属于体系层面的内容，而单位之间的互动则属于单位层次。为了要定义结构，“要求忽略单位是如何相互联系的（他们如何互动），而要集中于他们相对于彼此所处的位置（他们是如何排列和安置的）”。[①] 这样，华尔兹的结构就成为一个高高在上、脱离行为体和互动进程的物化存在。

温特对华尔兹结构观的主要批评有两个方面，分别涉及结构的本质和结构与互动进程的关系。首先，温特认为国际结构在本质上不是物质现象，而是观念现象。国际关系在本质上是社会性的，“国际生活的特征取决于国家与国家之间相互存有的信念和期望，这些信念和期望在很大程度上是由社会结构而不是物质结构造就的”[②]。这种观念现象也是一种结构，即观念结构。观念结构是一种社会共有知识，即文化。“知识”是指施动者认为属真的信念。社会共有知识则是个体之间共同的和相互关联的知识。[③] 这样，温特否定了结构的物质主

① 英文原文为：“To define a structure requires ignoring how units relate with one another (how they interact) and concentrating on how they stand in relation to one another (how they are arranged or positioned).”

② ［美］亚历山大·温特：《国际政治的社会理论》，秦亚青译，上海人民出版社2000年版，第24页。

③ 同上书，第157—181页。

义本体性，重构了结构的理念主义本体。不过，温特的理念主义仍然维护一种弱势的物质主义，观念结构的重要性并没有代替物质因素的重要性，物质因素仍然重要，只是要通过观念结构才能具有意义，才能对国际行为发挥作用。因此，在结构的内涵上，温特对结构现实主义的批判是温和的也是适度的。

其次，温特努力将互动进程带进结构概念，试图在结构与单位之间架起沟通的桥梁。温特首先阐明互动理论关心的也是体系的逻辑，是参照体系部分之间的互动关系来解释结果的，不同于参照单位内部因素来解释结果的单位层次理论，因而也是体系层次的理论；但是互动层次又不同于宏观结构上的理论，因为互动层次理论是从施动者的角度来描述世界的，具有主观性质，并且它解释的目标是具体施动者的行为，所以这种结构又不同于客观的宏观结构。这样，施动者之间的互动是介于宏观结构和单位属性之间的一个分析层次，因为它对于宏观结构建构的意义，应该包含在体系层次的理论之中。

因此，温特的观念结构即文化有着两个层次的含义，即“社会共有知识”存在于两个层次之上，一个是被定义为“共同知识”的微观结构，另一个是被定义为“集体知识”的宏观结构。微观结构即行为体的互动进程，具体涉及“行为体相互之间关于对方理性程度、战略、偏好、信念以及外部世界状态的认知”①。这种共同知识具有主体间性，因此不是单位层次上的现象，但是共同知识与行为体个体信念之间的关系又具有可还原性质，是主观的，所以又不同于以“集体知识”为内容的宏观结构。“集体知识”具有客观性质，它附着于共同知识之上，但是它的作用不可以还原为共同知识和个体信念，也不会因为个体信念的不同而改变。这种附着关系就像思维附着于大脑一样。这样，通过引进微观结构的概念，温特在宏观结构和施动者之间建立起联系。微观结构具有多样性、动态性，与行为体互动实践密切相连。不过，我们需要进一步了解的是，温特到底在何种程度上克服了华尔兹结构观的物化特征。

---

① ［美］亚历山大·温特：《国际政治的社会理论》，秦亚青译，上海人民出版社2000年版，第201页。

温特将互动进程带进体系研究的任务正是为了纠正华尔兹“物化结构”的错误。温特批评华尔兹在处理结构的概念时犯了“物化结构”的错误，使结构脱离了造就和再造结构的施动者和实践活动。①物化就是“把人活动的产品理解为似乎不是人生产的物体，比如理解为自然因素、宇宙规律的结果或是天意的表现等。物化的世界……被人经历为陌生的实在物体，成为他无法控制的外生事物（opus alienum），而不是他自己的生产活动创造的内生事物（opus proprium）”②。对于物化概念进行分解具有重要的意义。这个概念有两个根本观点，一个是将人的活动的产品理解为某种客观规律的产物；另一个是将人活动的产品看作是人无法控制的外生事物。根据这两个标准，我们可以看到温特自己的解决方案在何种程度上避免了这种“物化现象”。

温特将微观结构带入其理论研究的范畴，的确避免了“物化”的第一个标准，即将人活动的产品理解为某种客观规律的表现，明确指出了观念结构是互动实践的结果。但是他为了让宏观结构呈现出独立性与自在性，让宏观结构能够相对脱离动态的互动进程的做法仍然没能避免“物化”结构的第二项标准：温特依旧将宏观结构这个“人活动的产品”假定为不受人自己的生产活动控制的存在，至少在某种程度上脱离了互动进程并不随着互动进程的变化而变化。宏观结构也不是不可变的，但是其变化相对独立于行为体的具体互动活动。所以，温特的宏观结构并没有完全避免物化主义的错误。接下来的问题是，温特为什么要坚持为宏观结构保留自在性与独立性，让它在某种程度上脱离行为体的互动进程呢？这与温特在结构—单位二元分立的本体性假定上对结构主义所做的妥协有关。

① Douglas Maynard and Thomas Wilson，“On the reification of Social Structure”，in S. McNall and G. Howe（eds.），*Current Perspectives in Social Theory*，Vol. I，Greenwich：JAI Press，1980，pp. 287-322. 转引自亚历山大·温特《国际政治的社会理论》，秦亚青译，上海人民出版社 2000 年版，第 186 页。

② Peter Berger and Thomas Luckmann，*The social Construction of Reality*，New York：Anchor Books，1966，p. 89. 转引自亚历山大·温特《国际政治的社会理论》，秦亚青译，上海人民出版社 2000 年版，第 94 页。

（二）结构—单位本体性关系与二元分立

1. 结构现实主义的结构与单位的本体性关系

结构现实主义理论关于结构和单位之间关系的本体性假定体现在结构的形成和结构的作用这两个问题论述中。一方面，国际政治结构的形成类似于微观经济学理论中市场的形成。“市场在其起源上是个人主义的，是自发形成的，是无意识的结果。”① 相互分离的单位行为体通过各自的行动导致了市场的产生，但是这些行为的目的只是为了追逐各自的利益而不是有意识地要建立某种秩序。同时，这些利益只是在各行为体内部形成的，并不与任何其他外部因素有关。市场一旦产生，就拥有了自己的力量，这种力量是单独的或少量的单位行为体所不能控制的。这个过程中值得关注的是，市场或国际关系结构是行为体行为的无意识产物。这种无意识的意义表现为两个方面：首先，因为无意识性，市场或结构的形成过程就独立于个体行为体的意愿，超出行为体的认知能力之外，从而也就不随行为体的有意图行为的改变而改变。其次，无意识性进一步限制了行为体的施动能力。也就是说，虽然结构是行为体创造出来，但是并不意味着行为体就“拥有”创造和再造结构的施动能力。另一方面，华尔兹认为“结构影响他们（行为体）的计算、行为和互动”②，结构像市场一样，根据是否符合其要求来奖励和惩罚行为体的某些行为，从而达到限制某些行为和鼓励另外一些行为的作用。对于行为体来说，结构是一种已设定的范围、条件，其作用可以概括为对行为体行为进行“限制和预设”（constraint and dispose），以使得结构本身得以维持。③ 这就是结构现实主义的“结构选择”，这种结构选择的一个重要结果就是结构本身的自我维持，对变化表现出一种排斥和惰性。

从华尔兹对结构的形成和作用论述可以回答两个有关结构与行为体本体性关系的问题。其一是在这种相互作用中，单位和结构是互为

---

① Kenneth N. Waltz, *Theory of International Politics Reading*, Mass.: Addison - Wesly, 1979, p. 90.

② Ibid..

③ David Dessler, “What's at the stake in the agent-structure debate?”, *International Organization*, Vol. 43, No. 3, Summer 1989, pp. 460-461.

前提还是一方具有本体优先性？答案是明显的。在这种相互作用中，个体具有本体优先性。个体先于结构而存在，结构是在个体存在的前提下，由个体互动产生的。个体先于国际体系而存在，个体的属性、利益都是先于国际体系而存在。其二，结构和施动者的相互作用是相互“建构”吗？一方面，行为体的行为创造了结构，毫无疑问，这种作用是一种建构作用，即单位互动建构了结构本身，虽然只是无意识的建构。另一方面，结构对行为体的作用是制约、限制，虽然其途径是社会化，可是这种社会化的对象并不是行为体的属性、特征或者功能，而仅仅是行为体的行为选择。所以，个体的本体优先性不仅反映在其属性、利益先于结构而存在，而且其属性和利益在结构形成之后也不会被结构重新建构。总之，虽然结构与个体存在某种程度的相互作用，但是由于单位具有本体优先性，而结构又是独立自在的，因此，从本体上看，结构与单位是二元分立的存在。

2. 体系建构主义的结构与单位

温特 1987 年发表的《国际关系理论中的施动者—结构问题》一文专门对施动者（单位）—结构的本体性关系做了探讨。在这篇文章中，温特批判了结构现实主义和世界体系论关于施动者—结构之间关系的个体主义和整体主义倾向，试图在这两者之间寻找一个中间道路，来避免两者各自的缺陷，温特的理论工具就是吉登斯的“结构的二元性”理论。

在这篇文章中，温特提出处理结构与单位本体论关系的三种解决方案。第一种是方法论个体主义，即施动者在本体上先于结构；第二种是结构主义，或方法论整体主义，即结构在本体上先于单位，单位只是结构繁衍的副产品；第三种是吉登斯的结构化理论所提供的，即“结构的二元性”，结构和单位同时具有本体性，双方都是不可以还原到对方的，两者的关系是相互建构，互为前提的。

在温特看来，华尔兹确实避免了解释性还原主义（这是华尔兹主要的批评对象），但在结构与施动者的本体性关系问题上却犯了还原主义的错误：他将结构定义为单位行为体的特性（物质特性）和互动。[①] 世界体系理论则走向了另外一个极端，否认行为体——国家的能动性，将其作为资本主义世界组织原则的生成品。就本体立场来说，对结构的这两种处理方法要么认为行为体个体是本源，要么认为体系是本源，而理论本身则无法解释这些本源性要素的属性、形成过程及其解释力，从而削弱了这两种理论解释国家行为的能力。建立在吉登斯二元性“结构化理论”的基础之上，温特认为结构和行为体虽然相互区别，但却是相互依存的实体，他们之间是互为条件、相互建构的关系，没有先后之分。社会结构是行为体行为有意或者无意的结果，结构不仅是行为体实践的结果，也建构行为体本身并协调其行为。总之，结构和施动者具有同等的本体性地位，都是不可以还原到对方的。因此，要从根本上解释一个国际行为，我们必须要认真研究这两个要素的根本特性和相互作用的方式。结构与单位的这种二元性关系实际上要求打破二元分立的物化结构的传统，将结构从高高在上的物化静态存在重新纳入到单位的互动实践中去，转变为一种不能离开互动实践的动态进程。

不过，出于建构理论体系的需要，温特《国际政治的社会理论》中关于施动者—结构本体性关系的立场较之二元性理论有所后退。在某种程度上，温特承认了单位行为体具有一定的本体优先地位，即国家是自行组织的，很大一部分是由其内部因素建构而成。温特所坚持的是，国际结构对国家的社会属性仍然具有重要的建构性作用，即国际结构建构国家的社会身份，也从而建构了国家的利益，这一点是与结构现实主义的重要分水岭。实际上，温特所坚持的仍然是一种介于个体主义和整体主义之间的本体性关系，“个体主义要使我们相信，国家的任何属性都不是由国际体系建构的，整体主义则要使我们相信，国家的一切属性都是由国际体系建构的，介于两者之间的某一点才是真实的表述”。[②] 只是这个“某一点”之前是两者具有平等的主

---

① David Dessler, “What's at the stake in the agent-structure debate?”, *International Organization*, Vol. 43, No. 3, Summer 1989, p. 342.

② ［美］亚历山大·温特：《国际政治的社会理论》，秦亚青译，上海人民出版社2000年版，第305—306页。

体地位，而现在两者的主体地位虽然是不平等的，但又不是完全一边倒的。

在处理结构与行为体的本体地位时，温特极力批判结构现实主义的个体主义方法论，因为个体主义方法论预设了个体先于国际体系而存在，导致个体自身的属性和解释力得到忽略，为了构建最具解释力的理论必须要坚持个体和结构的相互建构作用。但是如前所述，温特在构建国际政治的社会理论时，从这个立场上有所退却，承认了个体在本体地位上的优先性，同时又强调了结构的本体地位及其高于单位互动的特性，这就等于承认了个体和结构在一定程度上具有相互分立、彼此独立的本体地位。

结构和行为体具有二元分立的本体地位，使得温特和华尔兹不约而同地采取了同样的原则与方法去描述结构和行为的生成性关系。因为二元分立的立场要求在对结构与施动者的关系进行描述的同时，还要保证结构独立于创造出它的互动进程。为了解决这个有点矛盾的任务，两大主流理论都运用了社会学中“本体性依赖不等于本体性还原”的原理①，即结构的产生依赖于单位的互动实践，但是结构一旦产生后，就不能还原到单位。实际上，这种本体性依赖不同于本体性还原的逻辑等于在单位和结构之间设立一个认知“黑匣子”。华尔兹的结构形成假定清楚地显示了这一点。华尔兹借用市场形成的比喻，说明结构是被个体的行为无意识地创造出来的。温特则在共有知识的基础上，设立了一个微观结构扩散的临界点（tipping point），跨过这个临界点，共有知识就变成了具有自在独立性的集体知识。温特引入微观结构的概念，试图打开这个黑匣子，可是囿于结构与单位的相互独立的二元分立本体假定，他必须要让宏观结构独立于其产生的互动进程，所以他不能真正打开这个黑匣子。

（三）单位行为体与认知能动性

1. 结构现实主义与行为体的工具理性认知

关于国际关系中的行为体，华尔兹的结构现实主义也有一整套相

① Karsten R. Stueber, “How to structure a social theory”, *Philosophy of the Social Sciences*, Vol. 36, No. 1, March 2006, p. 100.

互关联的假定：国际体系中最主要的行为体是国家；国家是单一的；国家是理性的。这三个假定中，前两个得到主流建构主义理论的认可和继承。对于本书来说，关于行为体最为关键的假定是理性人假定，即假定国家行为体在某一给定环境中，能够根据手段—目标的理性计算，考虑和比较多种政策方案，然后选择能最大限度地实现国家目标的政策方案。① 这个过程是在工具理性的原则下，行为体动用感知、信息处理和判断等认知手段实现的，因此反映的是行为体工具理性的认知施动性。

行为体的认知施动性对于结构现实主义的"结构选择"发挥了关键性的作用。国家是理性人，能够根据环境设定目标，并选取实现目标的手段。在国际无政府状态下，理性国家的最低目标也是最重要的目标就是维持生存。表面上看，国家的利益似乎是"结构选择"的结果，即无政府状态这个结构原则所决定的。但是实际上，生存是外生于国际体系的国家固有利益，必须通过行为体的这种认知施动，才能将无政府状态的存在与国家行为联系起来。这种理性认知能力，使得行为体对环境（无政府状态）按照工具理性原则进行评估，并将生存确立为国家利益的最根本和最紧迫的利益，才能选择通过自助政策来实现这一利益。

2. 体系建构主义与行为体的社会理性认知

同结构现实主义一样，温特也假定国家是国际关系中的最主要的行为体，也假定国家为"单一行为体"，具有团体施动性。但是，温特认为国家单位不再是具有既定利益的工具理性人，而是具有社会身份的社会理性人。温特认为，国家是社会人，它的利益不是事先给定的，而是由社会建构的，是根据其社会建构的身份来界定的。身份指的是"行为体是谁或者是什么"这样的内容，表示社会类别或存在状态。利益指的是行为体的需求，是以身份为先决条件的，"因为行为体在知道自己是谁之前是不可能知道自己需要什么的"②。国家行为

① 秦亚青：《西方国际关系学的现实主义和新现实主义理论》，《外交学院学报》1996年第2期，第42页。

② ［美］亚历山大·温特：《国际政治的社会理论》，秦亚青译，上海人民出版社2000年版，第290页。

体具有多种类型的身份，每种身份都有与之相关的需求和客观利益。但是真正对行为体行为产生影响的并不是这些需求或客观利益，如物质结构一样，“身份本身并不能解释行动，因为存在和需要毕竟不是一回事”，这些客观需求只是“间接地解释行动”，直接解释行动的是主观利益，是“行为体对于怎样实现自我身份需求（即客观利益）所实际持有的信念”①。这些信念不仅包括关于目标与外部环境关系的信念，还包括建构国家身份和相关需求的信念（即意愿也是信念建构的）以及关于有助于实现这些需求的目标的信念。因此，在国际关系中，国家不再只是追求既定利益的工具理性行为体，而是根据社会身份的不同追求从独立、经济财富到集体自尊等多种利益的社会行为体。

这些信念是如何获得的呢？换句话说，国家是如何获得承载着这些信念的身份的呢？温特指出了“三个等级的内化”及其形成基石，即武力、代价和合法性。前两者所依靠的自然是行为体的理性认知能力。至于合法性是如何产生的，温特并没有清楚地予以解释。温特之后的一些建构主义学者试图为这个问题提供答案，比如切克尔（Jeffrey T. Checkle）提出了理性计算、角色扮演和规范劝服三种社会化机制。但他的“规范说服”机制得以运行的机制还是行为体的包括感知、判断、理智等在内的理性认知能力。② 所以，说到底，体系建构主义理论的基石仍然是行为体的理性认知施动能力，其区别仅在于其理智是基于“工具性理由”（instrumental reasons）还是“规范性理由”（normative reasons）。③ 对于这一倾向，秦亚青教授作出了精辟的总结，“西方学者的研究重心是考虑过程如何通过理性使行为体内化体系规范并在利益和规范趋同的情况下产生集体认同”④。

---

① ［美］亚历山大·温特：《国际政治的社会理论》，秦亚青译，上海人民出版社2000年版，第290页。

② Jeffrey T. Checkle, “International institutions and Socialization in Europe: Introduction and Framework”, *International Organization*, Vol. 59, No. 4, 2005, pp. 801-826.

③ Vincent Pouliot, “The Logic of Practicality: A Theory of Practice of Security Communities”, *International Organization*, Vol. 62, Spring 2008, p. 271.

④ 秦亚青：《关系本位与过程建构：将中国理念植入国际关系理论》，《中国社会科学》2009年第3期，第80页。

三　本体性假定与身份理论的困境

通过上述分析，笔者认为温特在关于国际社会的本体性假定上并没能彻底摆脱华尔兹结构主义所限定的大方向。在二元分立的物化结构观和单位行为体的理性认知施动这两个方面，温特虽然都对华尔兹做出了有力的批判和修正，但是这些批判和修正又不是很彻底，处处体现了对结构现实主义本体性假定的妥协。正是这些妥协制约了体系建构主义进一步探索并发现身份问题的本质及其发展动力的可能性。

（一）物化的结构与身份理论的概念困境

温特批判了结构现实主义将结构的形成过程置于一个无意识的黑箱中，从而对结构予以"物化"的本体性假定。不过虽然温特承认宏观结构离不开具体实践，是微观互动的结果，但是温特依旧认为宏观观念结构不同于微观观念结构，一旦形成就可以脱离具体生产实践而存在，也就是将宏观观念结构这个"人活动的产品"假定为不受人自己的生产活动控制的存在。虽然宏观结构可以变化，其变化可以通过微观结构上的"多种可实现性"路径而产生，其变化却相对独立于行为体的具体互动活动。

与这种物化的结构观相对应的是，温特将国际社会结构看成是由各种角色位置及其承载的观念所构成。如上所述，这种角色位置一旦建立，似乎就获得了一定的自我实现性和稳定性，因为行为体就会按照各自在位置结构中所占据的角色期望来采取行动，成为国际政治中角色位置结构或观念结构的自觉维护者。这种物化的结构观一开始就使得观念结构或角色位置结构处于一种缺乏活力的状态下，对变化有着自发的抗拒力量，表现出拒绝变化的特性，即变化惰性。这种关于国际社会物化结构的本体性假定以及由此催生的相关概念界定（比如权力结构、角色结构）已经不能充分描述当前国际政治快速发展而又复杂多变的现实。国际政治中的行为体在多个维度、多种层次上开展全面的互动，没有一个清晰可辨的物质性或观念性的呈物化状态的宏观结构，国际政治现实呈现出多种微观互动进程复杂交错的局面。微观互动的多样性和流动性可以说是当前国际政治最重要的特征和趋势之一。而温特囿于物化的结构主义本体性假定，必须要将国际社会界定为一种角色结构，行为体的身份界定为表现和组成这种角色结构的角色身份。但是，物化的角色结构却具有不可避免的变化惰性，为了解释国际政治中微观结构上的多变性和流动性，温特不得不去寻找其他概念来解释身份的变化。这就是造成温特在角色身份与集体身份两个概念之间机械转换的本体性原因。

（二）二元分立与集体身份形成的逻辑困境

对二元分立结构主义本体假定超越的不彻底，是温特对微观互动在身份形成/转变进程中发挥的作用认识不充分的重要原因。如果结构与行为体都在某种程度上独立于互动实践，具有本体上的自在性与优先性，互动实践对行为体的社会身份的建构作用必然会受到限制。

首先，角色身份作为宏观结构在行为体属性上的反映，一旦形成也就在一定程度上与具体的实践互动相脱节，具有自我实现性和变化惰性。所以当温特要对微观层次上的对身份进化提供解释时，就不得不借助于另一个概念即集体身份，这是由于结构具有相对于互动进程的本体自在性所决定的。

其次，集体身份反映的是行为体之间对于自我与他者边界的认知，当自我与他者的边界变得模糊，自我表现出对他者和他者利益的关心的时候，集体身份就形成了。集体身份能得以形成的关键因素是“亲社会行为”的出现。在解释亲社会行为出现的过程中，温特依赖的几个主变量影响的都是行为体的心理认知，比如相互依存、共同命运、同质性与自我约束都是如此。由于个体心理认知独立于互动进程的本体自在性，温特不能通过微观互动对行为体心理进程的影响来解释行为体克服恐惧等心理问题并采取“亲社会行为”的原因。所以，结构与单位的二元分立本体性假定是温特不能在逻辑上解释身份变化的根本原因。

（三）理性认知施动性与集体身份形成的逻辑困境

温特坚持行为体的认知施动性，是他将身份界定为行为体的认知，并且用理性认知过程来演绎身份的形成和进化的根本原因。角色身份被界定为行为体关于自身在国际政治角色结构中所占据的角色位置的认知，将集体身份/认同也定义为一个认知过程，一个关于自我和他者边界的心理认知过程。但是，在集体身份形成即从敌人到朋友的角色身份转变过程中，一个需要解决的关键性变量就是恐惧的消除和信任的建立。如果行为体不具备情感特性，恐惧或信任等情感信念就不会发生作用；相反，如果承认在集体身份形成过程中，恐惧和信任等情感信念发生作用，那么要消除和改变这些情感心理状态，就不能不承认行为体具有情感感受和施动的特征，也就不能不涉及情感性进程及其与身份的关系。实际上，在其早期的思想中，温特也注意到集体身份中的情感性因素，所以借用了基欧汉的移情性相互依赖的概念。只是，在认知施动性的整体框架下，温特不得不放弃对身份现象中情感因素的探究。

人类的认知施动性在哲学上与对"表象知识"（representative knowledge）的追求相联系，而"表象知识"压倒"实践知识"成为社会科学主导知识体系也只是在近代才开始的。随着启蒙运动的推进，理性被认为是人类的本质特征，坚信通过理性追求和积累"表象知识"，人类可以揭示世界的真实存在。[①] 这种观念使得人类的知识体系离行为实践越来越远，这种高高在上的、脱离具体实践的知识观体现在国际关系领域内，就是试图依靠行为体的认知能力来理解复杂的行为互动过程和行为体的心理进程。不过，20 世纪 80 年代之后，在社会科学如心理学、社会学以及神经生物科学中掀起了情绪研究的热潮，这些研究充分说明，人类不存在纯粹的认知施动性。相反，人类的认知能力不仅不与情感格格不入，而且还要受到情感因素的支持和影响。

本章小结

随着冷战的结束，世界政治经济进入变化发展的快速轨道。国际政治在微观互动层次呈现出多样化、多层次的运行态势，而国际关系主流理论所致力于研究的宏观结构，不论是物质结构还是观念结构却

---

① Vincent Pouliot, "The Logic of Practicality: A Theory of Practice of Security Communities", *International Organization*, Vol. 62, Spring 2008, pp. 257-264.

日益消散和模糊。国际关系研究者试图从多种角度抓住这些微妙却迅速发展的变化，行为体的多样化、国际政治的多层化、国际政治的复杂性等等，这些研究都是在结构话语之外重新审视国际关系现实的结果。从本体论上来讲，结构主义内部兴起的后结构主义也对结构的中心地位进行了解构，认为结构“只是一种虚拟的存在，是关系的产物，是无限结构网中的一项”①。国际关系中的后结构主义学者也开始将语言当作国际关系的本体存在，认为身份的形成在本质上是一种话语建构过程；身份又通过话语表达建构了对外政策的合法性，使得对外政策得以可能。② 这种语言本体最大功能是对结构，尤其是二元分立的结构观进行了消解，为进一步思考国际政治中发生在微观互动层次上日益复杂的事件提供了启示。

微观互动层次的重要性日益提升之际，国际政治也进入了后“9·11”时代，随着恐怖主义和反恐斗争成为主要的国际冲突来源，灾害频发及人道主义援助成为重要的国际关系主题，仇恨、羞辱以及同情等词汇成为国际关系事件的重要检索词，这些情感性词汇背后，都深藏着行为体的身份及附着于其上的情感关系问题。这些情感问题的突出为国际政治研究者提出了更具有冲击性的挑战，那就是如何看待自启蒙运动以来理性主义影响下的人类认知施动性问题。

温特所难以突破的二元分立物化结构观以及行为体的认知施动性已经不足以把握并解释微观互动层次上情感充予的复杂国际关系现象。下一章，笔者将吸收和借鉴社会学与社会心理学中身份研究的成果，并在关系本体的基础上重新建立关系导向身份的概念，恢复行为体的情感性施动，为解决体系建构主义身份理论中的概念与逻辑难题做出努力。

---

① 马海良：《后结构主义》，《外国文学》2003年第6期，第60页。

② 孙吉胜：《话语、身份与对外政策——语言与国际关系的后结构主义》，《国际政治研究》2008年第3期，第41—56页。

第二章

关系本位与身份概念的重构

身份（identity）和社会身份（social identity）是心理学、社会学以及两者的交叉学科社会心理学中最核心的概念之一。[①] 但是，各个学科领域之间，甚至是各个学科内部不同的理论派别之间都没有一个统一的身份概念，不同的理论文献中使用的身份概念都甚至较少存在交叉引用的现象。[②] 为了对众多身份概念进行整理，促进身份研究的跨学科和跨理论交流，自20世纪90年代中后期，有一批拥有不同学科背景的学者对身份概念按照各种标准进行了分类和比较。

有的学者按照理论派别对身份概念进行比较，比如社会心理学学者迈克尔·霍格（Michael A. Hogg）及其同事，比较了泰菲尔和特纳创立的社会身份理论（Social Identity Theory）及以符号互动主义为基础的身份理论（Identity Theory）的相似性和不同，指出这两大理论的社会身份概念在分析层次、对待团体间行为的方式以及社会环境因素的影响等方面具有不同的倾向。[③] 有的学者则根据学科领域对身份概念进行了整理和评价，比如凯·杜加斯（Kay Deaux）对来自心理学的心理发展理论、来自社会学的身份理论和角色身份模型以及来自社会心理学的社会身份理论与自我归类理论（Self-categorization Theory）所涉及的"认同"（Identification）概念进行了比较，并在这个基础之

---

① 周晓虹：《认同理论：社会学与心理学的分析路径》，《社会科学》2008年第4期，第46页。

② Marilynn B. Brewer, "The Many Faces of Social Identity: Implications for Political Psychology", *Political Psychology*, Vol. 22, No. 1, 2001, p. 115.

③ Michael A. Hogg, Deborah J. Terry and Katherine M. White, "A Tale of Two Theories: A Critical Comparison of Identity Theory with Social Identity Theory", *Social Psychology Quarterly*, Vol. 58, No. 4, December 1995, pp. 255-269.

上对认同产生的机制、行为结果、动机以及变化进行了详细的整理。[①]在这些工作之后，美国俄亥俄州立大学学者布鲁尔（Marilynn B. Brewer）将各学科、各理论所涉及的身份概念根据其含义所涉及的分析层次区分为：以个人为基础的社会身份、关系性社会身份（主要指角色身份）、以团体为基础的社会身份以及集体身份。[②]经过这样的分类整理，虽然对于身份概念仍然没有一个统一的界定，但是对于不同理论中、不同情境下所使用的身份概念有了相对清楚的把握。当然，最近也有学者尝试将所有领域内的社会身份概念的不同含义统合到一个概念框架下，这是一个很有贡献的尝试。[③]

这些分类、整理与比较的工作为笔者重新审视社会学和社会心理学界有关身份的概念奠定了基础。本章中，笔者将在上述分类整理文章的基础上，重点对社会学的角色身份理论和社会心理学的社会身份理论的研究成果进行批评与借鉴，并从关系本位思想出发，重构国际关系研究中的身份概念，提出并界定关系导向身份概念的内涵、特性与构成要素。

第一节　角色身份理论与社会身份理论

温特的身份概念主要来源于社会学的符号互动主义传统，文化/观念结构体现为角色结构。同时，在论述身份进化时温特则更多倚重于集体身份/认同的概念，大多数学者都认为集体身份的概念来源于社会心理学。[④]温特自己本人也曾声称其身份理论来源于社会心理学。的确，社会学传统的角色身份理论与社会心理学传统的社会身份理论

① Kay Deaux, "Social Identification", in E. T. Higgins & A. Kruglanski (eds.), *Social Psychology: Handbook of Basic Principles*, New York: Guildford, 1996, pp. 777-798.

② Marilynn B. Brewer, "The Many Faces of Social Identity: Implications for Political Psychology", *Political Psychology*, Vol. 22, No. 1, 2001, pp. 115-125.

③ Rawi Abdelal, Yoshiko M. Herrera, Alastair Iain Johnston, eds., *Measuring Identity: A Guide for Social Scientists*, Cambridge: Cambridge University Press, 2009.

④ Christopher Hemmer and Peter J. Katzenstein, "Why is There No NATO in Asia? Collective Identity, Regionalism, and the Origins of Multilateralism", *International Organization*, Vol. 56, No. 3, 2002, p. 576.

都对行为体的社会身份这一重要现象进行了重要的理论探索，其理论成果对于其他学科中涉及身份问题的研究具有重要的借鉴意义。角色身份理论的互动传统、对身份凸显、承诺与行为关系的探讨，社会身份理论对于情感与认知心理进程的论证与实验都深刻地揭示了社会身份这一重要社会属性的本质与特性。这两大理论所取得的一些重要研究成果也是本书对国际关系中行为体身份概念进行界定的起点。

具有社会学传统的角色身份理论与具有社会心理学传统的社会身份理论在对社会的描述、身份的界定与获得、情感因素的意义等方面的主张很不相同，也都有着各自的不足。社会学的角色身份理论更加注重互动进程，但是忽视了行为体心理进程在互动中产生的变化；而社会身份理论则过于专注行为体的心理进程，忽视了互动对这些心理进程的影响。这些不足之处也使得他们各自无法全面和深刻地理解国际关系中行为体的身份现象，温特对这两个概念的机械综合也没法克服这两大理论固有的先天缺陷。这是笔者从关系本位出发对这两大身份理论进行扬弃的背景。

一　角色身份理论与身份凸显

来源于社会学的身份理论，也称为角色身份理论，旨在根据自我和社会之间的交互关系来解释社会行为，它和美国微观社会学中的符号互动论（Symbolic Interactionism）传统有着密切的传承关系。美国早期社会学家库利和米德的思想为符号互动论奠定了基础。他们认为，自我是社会互动的结果，社会通过影响自我来影响人们的社会行为，其核心机制是“扮演他人的角色”（taking the role of others）。身份理论是将符号互动论的基本观点运用到社会学经验研究中产生的理论成果。①

（一）角色身份理论的内涵

身份理论认为，社会是复杂分异但却组织有序的。作为社会的反映，自我应该被看作是多面的有组织的社会建构，组成自我的这些多重要素就是自我的身份。斯特莱克（Sheldon Stryker）提出，相对于

① Michael A. Hogg, Deborah J. Terry and Katherine M. White, “A Tale of Two Theories: A Critical Comparison of Identity Theory with Social Identity Theory”, *Social Psychology Quarterly*, Vol. 58, No. 4, 1995, p. 256.

我们在社会生活中所具有的每一种角色位置，我们都具有迥然不同的自我成分，这就是自我的角色身份。[①] 角色身份是行为体在扮演一个角色时赋予该身份的意义，这个意义来源于文化。[②] 角色身份是在与他人互动过程中，根据他人视角将自己标定（labeling）为某一个特定社会类别而形成的。这就是符号互动论的“扮演他人视角”或“反射性评价”机制。其含义和费孝通关于自我意识形成的“我看人看我”[③]类似，即他人根据一个人的角色身份来对其作出反映，这些反映又成了一个人发展自我意义和自我界定的基础。

身份理论通过角色期望、身份凸显（identity salience）和承诺（commitment）这三个概念将身份与个体的行为和情感联系起来。有学者指出，角色是社会中存在的对个体行为的期望系统。[④] 角色这个概念本身包含着一套具体的规则、期望和规范，具有相同角色身份的行为体，其行为体应该具有一定的共同性。[⑤]但是，在经验研究中，社会学研究者们发现，在一个特定情境中，具有相同角色身份的行为体有可能采取完全不同的行为。比如，尽管都具有“父亲”这个身份，有的人选择在周末加班，而有的人则宁愿和家人待在一起。出现这种行为差异的原因就在于身份凸显的程度。人的自我界定即身份是一个复杂的层级体系，在这一层级中位置较高的身份与行为的联系更为紧密。在不同的情境中，身份被激活从而对行为产生影响的可能性就被称为身份凸显。[⑥] 比如，在上面的例子中，在周末这个情境中，有的人的父亲身份更容易激活，所以就选择留在家中。那么，什么因素决定了身份的凸显度呢？

① Sheldon Stryker, *Symbolic Interactionism, A Social Structural Version*, Palo Alto: Benjamin/ Cummings, 1980.

② Jan E. Stets, “Identity Theory and Emotions”, in Jan E. Stets and Jonathan H. Turner (eds.), *Handbook of the Sociology of Emotions*, Spriner, 2006, pp. 203–223.

③ 费孝通：《我看人看我》，《读书》1993 年第 3 期。

④ 周晓虹：《认同理论：社会学和心理学的分析路径》，《社会科学》2008 年第 4 期，第 48 页。

⑤ Kay Deaux, “Social Identification”, in E. T. Higgins & A. Kruglanski (eds.), *Social Psychology: Handbook of Basic Principles*, New York: Guildford, 1996, p. 778.

⑥ Michael A. Hogg, Deborah J. Terry and Katherine M. White, “A Tale of Two Theories”, *Social Psychology Quarterly*, Vol. 58, No. 4, 1995, p. 257.

斯特莱克指出，某种身份的凸显程度是由一个人对某一角色的承诺程度决定的。承诺反映了一个人认为对其具有重要意义的他人在何种程度上希望他占据这个特定的角色位置。[①] 换句话说，如果人们认为他们的诸多重要社会关系将会依赖于他所占有的这个角色位置，那么他们对于这个特定的角色身份的承诺就高，这个角色身份的凸显程度就越大，对行为体的影响就越密切。斯特莱克区分了两类承诺：一是互动承诺（interactional commitment），反映了与该身份相联系的角色数量，即承诺的广度；二是情感承诺（affective commitment），指的是与该身份相联系的社会关系的重要性，即这些社会关系可能失去时所产生的情感水平，也即承诺的强度。因此，情感附着程度强的社会关系越充分地依赖于占有某一特定身份，该身份的凸显程度越大；同样，这些社会关系中所包含的重要他者数量越多，该身份也就越显著。[②]

（二）身份凸显与身份的构成要素

身份理论的目的是希望解决社会建构的自我所具有的结构和功能的问题，将自我看作是协调社会和个体社会行为之间关系的动态社会结构。[③] 在角色身份理论中，社会被理解成由各种角色位置所构成的结构，这种角色结构给个体提供了一系列自我意义，行为体通过内化角色所包含的意义——规则、期望和规范——而形成社会身份（即角色身份），并根据这个意义采取适当的行为。我们可以看出，角色身份所描述的社会呈现出一种静态的位置结构，这个结构是组织有序但是复杂分异的，分异的原则是社会固有的角色功能差异，不同角色之间的关系是由在互动中担任的不同角色所规定的。通常情况下，相对角色间的功能是相互补充的。

社会结构是复杂分异的，自我则是多面的有组织的社会建构，自我身份是一个多重的复合体，而各个身份对于行为的意义大小并不是

---

① Michael A. Hogg, Deborah J. Terry and Katherine M. White, "A Tale of Two Theories", *Social Psychology Quarterly*, Vol. 58, No. 4, 1995, p. 258.

② Sheldon Stryker and Richard T. Serpe, "Commitment, Identity Salience, and Role Behavior", in W. Ickes and E. S. Knowles (eds.), *Personality, Roles, and Social Behavior*, New York: Springer-Veerlag, 1982, pp. 199-218.

③ Michael A. Hogg, Deborah J. Terry and Katherine M. White, "A Tale of Two Theories", *Social Psychology Quarterly*, Vol. 58, No. 4, 1995, p. 262.

相同的，这就提出了一个身份凸显与激活的问题。行为体在采取行为的时候，可能同时面临着多种身份选择。比如，同样是发生在美国与埃及之间的互动，埃及可以选择美国盟友的身份，遵循盟友的行为规范，维护美国在中东地区的利益；也可以选择阿拉伯国家的身份，代表阿拉伯国家的利益，批评美国在中东的政策与行为。但不同的身份对行为体行为的影响大小是不一样的。在斯特莱克看来，有的身份更容易被激活，身份激活的可能性大小受到身份凸显程度的影响。不过，在斯特莱克理论中，身份凸显不依赖于情境，不论在什么样的情境中，凸显层级高的身份都是最容易被激活的身份，也是对行为体行为最有可能发生影响的。①

随着身份凸显问题的出现，行为体的互动进程就增加了新的变量，即行为体的身份选择和身份互动。在进入互动之前，行为体会根据身份凸显程度激活互动身份，这个互动身份并不是可有可无、凭空产生的，而是带着行为体的情感承诺和互动承诺，这些身份关切着行为体的情感感受和切身利益，也包含了与身份相关的期望和行为规范。进一步延伸斯特莱克假设，我们可以知道，在进入互动之前，行为体的互动双方都会根据自身身份凸显等级激活某种身份，而这些身份并不一定是相称的，有的时候甚至是相互矛盾的，这样行为体双方在进行物质互动的同时，也会进行身份互动，相互分析与评估身份意义并产生各自的行为取向。

身份凸显与身份互动都涉及身份的关键构成因素。虽然是着眼于解释身份对行为的影响，但是提出互动承诺和情感承诺这两个变量等于说明身份暗含着的两个重要的构成要素，即情感因素与认知因素。行为体对身份的情感性承诺和互动性承诺决定着行为体多重身份的凸显程度和激活的可能性，而行为体对互动方式的期望、对互动方式的选择不仅会受到这两方面因素的影响，互动过程也会对行为体的情感和认知承诺形成反馈，从而影响到行为体的心理进程。

只是，身份理论虽然暗示了角色身份所包含的情感与认知因素，

---

① Jan E. Stets, "Identity Theory and Emotions", in Jan E. Stets and Jonathan H. Turner (eds.), *Handbook of the Sociology of Emotions*, Spriner, 2006, p. 205.

但是并没有反过来对角色身份形成的符号互动过程进行反思和修正。这是与符号互动论对符号、意义等认知因素的依赖有关，也与社会学的结构主义传统相承继。身份理论对心理进程的忽略正好在具有社会心理学传统的社会身份理论那里得到了补充。

二　社会身份理论与认知、情感心理进程

社会身份理论是关于群体间关系、群体进程和社会自我的一种社会心理学理论，是社会心理学科中研究群体间关系影响最大的身份理论。与身份理论的微观社会学基础不同，该理论具有心理学偏向。20世纪60年代左右，一批欧洲社会心理学家意识到北美社会心理学研究中心理还原主义在方法论和概念上的局限性，开始寻求建立一种能够将个人的心理历程和更为广阔的社会力量结合在一起的理论，这个目标成就了社会身份理论。20世纪70年代中期，社会身份理论取得了重大的理论进展，在社会心理学领域中的地位开始确立。到了80年代，随着越来越多的欧洲、北美和澳大利亚学者加入这一研究行列，社会身份理论在理论和经验研究上都取得了重大进展。[①]

（一）社会身份理论的内涵

社会身份理论首先对个体身份（personal identity）和社会身份（social identity）作出区分。个体身份基于个体的属性和特征，社会身份则是指个体自我概念中来源于“个体对所属团体成员资格的认知和成员资格所包含的价值和情感意义”[②] 的那一部分。社会身份理论的主要观点是个体所属的某个社会类别（比如国籍、政治团体、运动团体等）以其规定性特征为个体自我界定提供了依据，是自我概念的一部分。这种从属于某个种类的成员资格既描述了也规定了作为该群体

---

① 在这期间，特纳还在社会身份理论的基本框架下，集中关注社会身份的认知进程，发展出了“自我分类理论”（Self-categorization Theory）。虽然，通常情况下都将自我分类理论归入社会身份理论的分支，但是它在一些方面确实与泰菲尔的原始理论有某些不一致，比如，特纳将认知进程置于绝对中心地位，而泰菲尔只是将其作为心理进程的一种或者说第一步；又比如，特纳排除了认知因素以外的其他因素对社会分类的影响，而泰菲尔却非常重视情感因素对社会身份形成和社会结果的重要影响等。这些不同之处对于本书的观点是十分关键的。

② Henry Tajfel, *Human Groups and Social Categories: Studies in Social Psychology*, Cambridge, UK: Cambridge University Press, 1981, p. 255.

成员的个人的特征，描述和规定了个人该如何思考、如何感受以及应该如何行事。[①] 社会身份对行为的影响主要表现为内群体偏向和外群体歧视，群体间的关系会根据群体关系性质的不同表现出程度不同的竞争性和歧视性。

社会身份理论的主要观点来源于泰菲尔和其同事进行的一系列实验室实验，其中最著名的一个是“微群体实验范式”（minimal group paradigm）[②]。在实验中，泰菲尔首先请被试者对一张卡片进行点估计的实验，并以此为依据将被试者随机分为高估组和低估组两组，然后要求被试者从事资源分配的工作。结果发现，虽然被试者与同组成员互不相识也从来没有谋面和进行任何形式的互动，他们还是分配给自己所在组成员较多的资源。这个实验说明，即使没有任何互动，但是只要人们单纯感受到哪怕是最低程度的分类时，都会倾向于对本群体进行正向评价和分配更多的资源，这就是内群体偏向；同时倾向于对外群体成员进行负面的评价和分配较少的资源，即外群体歧视。这个实验说明，群体成员身份的意识是产生群体行为的最低条件[③]，也是理解群体间行为的关键。

为了解释社会身份的形成过程及其对行为的上述影响，泰菲尔的社会身份理论强调三个社会认知机制，即社会分类（social categorization）、社会比较（social comparison）和积极区分原则（positive distinctiveness）。[④] 这三个进程通过两个假定联系在一起。第一个假定是：为了理解周围的物理环境和社会环境，人们会自动对其进行分类。20 世纪 80 年代后产生的自我分类理论集中探讨了社会分类对社会身份形成的意义。根据自我分类理论，人们具有自动分类的倾向，将个体根据其相似特征进行分类，这种自我分类的结果就是个体身份

① Michael A. Hogg, Deborah J. Terry and Katherine M. White, “A Tale of Two Theories”, *Social Psychology Quarterly*, Vol. 58, No. 4, 1995, pp. 259-260.

② 周晓虹，《认同理论：社会学与心理学的分析路径》，《社会科学》2008 年第 4 期，第 49 页。

③ 张莹瑞、佐斌：《社会认同理论及其发展》，《心理科学进展》2006 年第 1 期，第 476 页。

④ Henry Tajfel, “Social Psychology and of Intergroup Relations”, *Annal Review of Psychology*, Vol. 33, 1982, pp. 1-39.

的“去个人化”（depersonalization），自我不再以个体身份来定义，而是以所属团体的身份来定义。[①] 第二个假定是：人们所有的行为不论是人际的还是群际的，都是由自我激励和自尊这一基本需要驱动的。社会身份理论假设，群体内的成员会努力维持并增进与群体成员资格相联系的自尊。为了实现这个目标，群体通常根据积极区分（positive distinctiveness）的原则与外群体进行社会比较（social comparison）。积极区分指的是人们在进行社会比较的过程中，倾向于积极评价自己所属的群体，通过这种积极区分的社会比较，群体成员满足了自尊的需求，群体内的社会身份也得到了加强与巩固。如果在社会比较的过程中，自尊的需求没有得到满足，个体的社会身份就会受到冲击，会产生相应的群体内自我激励策略和群体间偏见、敌意或冲突扩大等行为后果。

（二）群体间关系与认知、情感心理进程

社会身份理论所描述的社会是由各个相互区别的群体（类别）及群体间的互动所构成的。通过分类、比较等认知心理进程，个体不仅对这些群体作出区分，还将自身标定为该群体的成员，将其他群体标定为外群体。这种区分和标定的标准是个体所感知的共有特征，内群体是由一组拥有共同特征或社会经历的人组成的，内群体与外群体的群体间关系是社会身份理论关注的核心问题。

因为其心理学倾向，社会身份理论所依赖的身份形成机制是行为体的心理进程，既有认知心理进程也有情感心理进程。从泰菲尔对社会身份的界定来看，认知和情感是社会身份的两大构成要素。社会分类、社会比较是群体身份形成的关键心理认知机制，而自尊这个情感心理进程对于群体身份的构建及行为所发挥的作用也不容低估。虽然有些社会身份理论家只关注认知心理进程而忽视情感心理进程的作用[②]，但是社会身份理论的早期研究，尤其是创始者泰菲尔却将情感因素置于其理论的中心。[③] 具体说，在泰菲尔那里，情感进程在社会

---

① J. C. Turner, M. A. Hogg et al., *Rediscovering the Social Group: A Self Categorization Theory*, Oxford, UK: Blackwell, 1987.

② 自我分类理论的倡导者特纳（J. C. Turner）就是最明显的代表。

③ Kay Deaux, “Social Identification”, in E. T. Higgins & A. Kruglanski (eds.), *Social Psychology: Handbook of Basic Principles*, New York: Guildford, 1996, p. 783.

身份理论中的地位体现在两个方面：一方面，情感需求为社会身份的形成提供了动力机制。泰菲尔早期的社会身份理论在讨论身份形成的动机时就指出，人们参与社会活动的重要动机是寻求自尊的满足，也就是通过与群体认同满足自尊的需求是个体内化社会身份的重要或者说主要动因；另一方面，自尊的需求也为身份形成后群体间关系的效价提供了方向，即产生正向或负向的情感充予的行为倾向。为满足群体内成员的自尊需求，行为体在积极区分原则的作用下，对本群体产生情感上的附着、投入的同时，也对外群体形成歧视、敌意等负向情感联系。从这两方面来看，情感进程与认知进程相互影响、共同作用而建构社会群体身份的逻辑在泰菲尔思想中展现出来。

不过，虽然社会身份理论正确地指出身份的认知和情感构成要素，也触及情感心理与认知心理相互作用建构社会身份的进程，但是过于注重心理进程却忽视了群体间互动的影响是该理论最大的问题。互动存在于心理进程展开之前，也存在于心理进程结束之后。不论是认知心理进程，还是情感心理进程都受到互动情境、互动方式和互动内容的影响。没有互动的心理进程，是僵化的、偏见的。从这种僵化而偏见的假定出发，社会身份建构的过程及其对行为的意义自然只能是片面而看不见发展的。如果将这种缺少互动的理论运用到国际关系中，无疑只是为现实主义悲观人性论提供了社会心理学的佐证而已。[①] 社会身份理论的这种片面性也遭到社会心理学内部一些学者的批评。批评者认为，即使是在自尊需求的驱动下，通过分类与比较形成的群体间关系也不一定就是敌对。冲突只是群体之间多种分异表达形式的一种。比如，群体间关系可以是自我削弱（不批评他者的身份甚至会夸大对方并试图模糊两者的边界）、恐惧并削弱对方（将对方看作威胁）以及身份间的对话（承认差异同时通过接触交流寻求共存与共同繁荣）。[②]

综合这一节的内容，我们可以看出，具有社会学传统的身份理论和心理学传统的社会身份理论都试图解决同一个问题，即社会建构的

---

① Jonathan Mercer, "Anarchy and Identity", *International Organization*, Vol. 49, No. 2, Spring 1995, pp. 229-252.

② Steve Reicher, and Nick Hopkins, *Self and Nation: Categorization, Contestation and Mobilization*, London: Sage, 2001.

自我所具有的结构和功能问题，也涉及相似的概念，但是这两大理论所关注的社会现象、描述的社会图景、依赖的具体机制以及由此产生的适用范围都具有相当大的差异。具有不同学科背景的这两大理论同样有着各自的重大缺陷。身份理论倚重的是没有心理进程的苍白冷酷的互动，而社会身份理论则集中于没有互动的僵化片面的心理进程。实际上，有的学者也注意到这两大理论各自的优势和缺陷，呼吁对社会身份问题开展跨学科的研究①，实现两个理论间的相互补充。② 但是，由于这两大理论的深刻学术背景和理论建构要素上的巨大差异，单纯的结合或相互补充并不足以解决所有的问题。比如，温特的身份理论在某种程度上就是这两大理论的结合，但是温特始终无法弥补这两个不同学术背景的身份概念在概念界定、形成机制以及行为后果方面的鸿沟。也许，只有跳出这两大理论所预设的社会背景，在一个全新的视角下，重新探讨社会、自我与行为之间的存在状态和相互作用关系，充分吸取两大理论的优势并合理处理各自的缺陷，才能实现真正意义上的结合——理论超越。下一节，笔者将依据国际关系中的关系本位和比较社会心理学中的关系导向社会身份的概念，重新建构本书框架下关系导向身份的概念、构成要素与特征。

第二节　关系本位思想

角色身份理论与社会身份理论的优势与局限都是与各自对社会存在所进行的整体描述相关。角色身份理论假定社会是由具有不同功能的角色位置所构成的结构，社会身份理论认为社会是由具有不同特征而相互分异的群体结构所构成的。两大理论都强调了作为社会与行为连接点的自我概念即社会身份的不同方面，一个是互动进程，一个是心理进程。

① Ohad David, Daniel Bar-Tal, "A Sociopsychological Conception of Collective Identiy: The Case of National Identity as an Example", *Personality and Social Psychology Review*, Vol. 13, No. 4, November 2009, p. 357.

② Michael A. Hogg, Deborah J. Torry and Katherine M. White, "A Tale of Two Theories", *Social Psychology Quarterly*, Vol. 58, No. 4, 1995, p. 264.

可是这个社会的本质特征并不体现为某种静态的、物化的结构，也不体现为没有互动的纯粹心理进程。正如复杂系统论是对国际社会复杂性、多样性与变动性进行探索的一种方式[①]，中国国际关系理论界对国际社会关系本位的讨论是具有东方辩证思维传统的一支。本节主要介绍关系本位思想对国际社会的描述，这构成本书的本体性假定。

随着国际关系总体形势日益复杂，建立在二元分立、物化结构观上的主流国际关系理论对国际关系现实的解释力日益匮乏，主流国际关系理论所设定的研究议程也难以有重大突破和创新，不少中国学者开始重新思考结构主义对于国际关系理论建构的不足。有的学者不满意结构的单一性，试图通过充实结构的分析层次来弥补其不足；[②] 有的从结构的概念不足入手，强调互动进程对结构概念本身的意义。[③] 但是他们有一个共同之处，就是不放弃对结构主义理论进一步修正或完善的追求。即使是对重新关注策略互动的呼吁，也只是出于“一种实用的考虑，即在对某个概念难以取得共识，或者对这个概念如何指导经验研究尚缺乏清晰有效的理解的情况下，或许可以暂时绕开概念之争”。[④] 实际上，也有学者指出需要“关注在（结构）概念背后的一些现象，并在这个过程中深化对于相关现象的认识”[⑤]。可见，现有结构概念在“深化相关对象的认识”方面的不足已经被充分认识到了。

不少中国学者都意识到，“对互动过程的概化是可能的创新点”[⑥]，温特自己也坦言：“社会进程是施动者—结构辩论的最终解决方案。”[⑦] 出于对主流国际关系理论解释国际关系现实困境的再思考，

---

① 刘慧：《复杂系统与国际关系研究》，博士学位论文，外交学院，2008 年。

② 尹继武：《结构、认知结构与国际政治心理学分析》，《世界经济与政治》2007 年第 10 期，第 18—28 页。

③ 薛力：《从结构主义到国际关系理论：一项系统的考察》，《世界经济与政治》2007 年第 10 期，第 29—40 页；周方银：《国际结构与策略互动》，《世界经济与政治》2007 年第 10 期，第 6—17 页。

④ 周方银：《国际结构与策略互动》，《世界经济与政治》2007 年第 10 期，第 17 页。

⑤ 同上。

⑥ 薛力：《从结构主义到国际关系理论：一项系统的考察》，《世界经济与政治》2007 年第 10 期，第 29 页。

⑦ ［美］亚历山大·温特：《国际政治的社会理论》，秦亚青译，上海人民出版社 2000 年版，第 184 页。

自2007年以来，秦亚青教授致力于发掘过程的重要作用。在《结构、进程与权力的社会化》一文中，作者依据东亚地区合作进程的经验研究，提出了过程建构主义的概念①，向突破结构概念和二元对立思维，构建以过程互动为本体的建构主义理论迈出了一大步。及至《关系本位与过程建构》一文与《关系与过程》一书的相继面世，作者从中西哲学思维的不同出发，在中国社会学研究成果的基础上，详细论证了过程建构主义的一系列本体性假定，指出了国际关系现实所具有的关系性本体特征。②

一　国际社会的本质属性是关系性

过程建构主义对国际社会的描述是："社会是多层面的复杂体，对社会的研究，关键是要发现多层面复杂体中至关重要的联结枢纽。"③而这个至关重要的联结枢纽就是关系："社会环境就是一个复杂关系系统，是纵横交错的关系网络。"关系在过程建构主义那里具有本体性地位。社会的本质属性是关系性，即"以关系为基本内容的社会属性"，它是社会知识和社会生活的核心。所以，过程建构主义的"分析重点是关系，观察对象是关系中的行为体"，对于国际关系学科来说，就是"国家间关系和关系中的国家"。④ 国际社会被假定为一个复杂的关系网络，不再具有清晰的、相对稳定的宏观物质或观念结构，国际政治现象也无须脱离，相反只能在这个关系网络进行动态考察。

将关系作为国际关系的本体性要素，与社会学领域对结构—施动者二元分立结构主义的批判不谋而合。⑤ 金（Anthony King）指出，当代社会学理论中关于结构与单位的本体性二元分立使得社会学成为

---

① 秦亚青、魏玲：《结构、进程与权力的社会化》，《世界经济与政治》2007年第3期，第7—15页。

② 秦亚青：《关系本位与过程建构：将中国理念植入国际关系理论》，《中国社会科学》2009年第3期，第69—86页。

③ 同上书，第81页。

④ 同上书，第80页。

⑤ 参见 Anthony King, *The Structure of Social Theory*, London: Routledge, 2004; Anthony King, "How not to Structure a Social Theory: A Reply to a Critical Response", *Philosophy of the Social Sciences*, Vol. 36, No. 4, December 2006, pp. 464-479。

"隔绝抽象物"[①]、"蔑视人类生活"[②]。同样，金也认为所谓的结构是对于个体在社会生活中所经历的某些特定方面进行的物化。金强调社会关系（social relations）在社会生活中的本体优先地位，社会关系既建构了结构，又建构了施动者。"社会生活仅仅由镶嵌于彼此之间的社会关系之中的人类构成的"，社会关系是由社会互动和集体实践构成的，这些社会互动和集体实践是通过关于集体目标和实现手段的共有理解来协调的。[③] 金重点指出，所有的社会事实，包括规则本身都不是绝对的，都是要在具体的社会关系和实践中才具有意义，才能发挥作用，没有能凌驾于社会关系和具体实践之上的规则。"诸如通货膨胀、经济萧条和失业的扩散过程作为行为体行为的非意图后果，涉及一系列行为体之间的互动关系，并且可以从这个互动过程中得到比较有效的分析。结构概念则使这个复杂互动秩序实体化了。"[④] 可以看出，从理论本体上看，金的观点和过程建构主义是很相似的。但是他的问题还是在于对"社会关系"这个概念的把握和阐述不是很清楚。[⑤] 这也反映了从结构主义向关系主义转向的不易。

二 关系的本质特征是运动

关系的本质特征是"变动不居"，是动态的。运动着的关系就是过程，即社会互动过程，"也就是复杂且相互关联的动态关系复合体，它的基础是社会实践"[⑥]。因此，关系本位强调的是互动关系，突出的是流动的、历时性的主体间行为，观察的是运动中的变化，思考的是"关系选择"，即关系影响着行为体的行为。[⑦]

---

① Anthony King, *The Structure of Social Theory*, London: Routledge, 2004, p. 30.

② Ibid., p. 238.

③ Anthony King, "How not to Structure a Social Theory", *Philosophy of the Social Sciences*, Vol. 36, No. 4, December 2006, p. 465.

④ Ibid., pp. 464–479.

⑤ Karsten R. Stueber, "How to Structure a Social Theory?", *Philosophy of the Social Sciences*, Vol. 36, No. 4, 2006, p. 98.

⑥ 秦亚青：《关系本位与过程建构：将中国理念植入国际关系理论》，《中国社会科学》2009 年第 3 期，第 74 页。

⑦ 同上。

过程是自在的，独立于结构而存在的，过程的动力可以来自内部，来自关系的运动。值得注意的是，秦亚青教授再三强调了过程的独立性和自在性，并不是说过程像结构主义的结构一样是静止的，与某种事物（比如结构相对于行为体）二元对立的。实际上，这里的独立性是指独立于结果，过程不需要依附于结果而存在，过程可以不产生结果，即无主体过程；过程的自在性指的是运动着的过程具有内在动力，过程动力来自于行为体互动而生成和改变着的关系网络，其动力不是来自于过程之外。过程的独立性和自在性也不意味着过程独立于关系和行为体而存在，没有不处于关系运动中的过程。过程“既是关系复合体，也是关系运作的时空域境”，“关系变，过程的取向就会变，行为体的行为也会变”。关系的运动又离不开行为体，所以“过程与行为体是共生的、相互建构的，共同参与并进行着社会化实践”。具体说来，就是“行为体通过行动和互动形成了过程，过程也制约行为体或是赋予其能动作用”。正是因为过程具有独立性与自在性，过程建构主义倡导“将过程自身置于研究重心，不仅是合理的，而且是必要的”①。

实际上，如果我们回顾一下结构现实主义和体系建构主义的理论本体，我们会发现，无论是表现为物质实力分配的国家相对位置，还是以角色身份区分的观念分配，实际上都是某一种关系的存在形式。华尔兹对结构的定义实际上就来源于“关系”的定义，但是他只选取了“关系”中静态的一面，即行为体相对于他者的位置，由于结构现实主义是建立于物质主义基础之上的，这种静态的关系又进一步被物化为物质实力的分配。温特的身份理论中最重要的概念是角色身份，角色身份是集体知识或文化的核心要素，角色身份决定了文化的逻辑。而角色身份“只能存在于和他者的关系之中”，“只有在社会结构中占据一个位置，并且以符合行为规范的方式与具有反向身份的人互动”②，才能获得这种角色身份。所以，温特的角色身份描述的也

① 秦亚青：《关系本位与过程建构：将中国理念植入国际关系理论》，《中国社会科学》2009年第3期，第77页。

② ［美］亚历山大·温特：《国际政治的社会理论》，秦亚青译，上海人民出版社2000年版，第285页。

是一种基于互动而形成的社会位置关系（区别于结构现实主义的实力位置关系）。他们分别指出了关系存在的一种方式，而看不到关系更具本体性的存在形式，即动态存在。无论是从物理学还是从中国哲学上来看，运动和变化是绝对的，静态的存在是相对的，正所谓“易者恒也”。没有抓住关系的这个本质特征，使得无论是华尔兹还是温特都不能摆脱物化结构的束缚，从而也不能从本体重要性上认真对待互动进程这个蕴含着一切变化、发展生机的场所和要素。

三　关系互动产生意义、培育情感

过程建构主义认为，在国际关系中，过程的重要意义在于过程通过互主性实践关系孕育规范、培育情感，并因此催生集体认同。[①] 换句话说，互动过程不仅可以影响行为体的认知心理进程，还是行为体情感心理进程产生和演变的场所。

过程对于行为体认知心理进程的作用反映在对共有意义的建构上。过程建构主义指出，互动过程不仅具有工具性意义，更重要的是建构了行为体之间的主体间性。过程建构主义将主体间性界定为一个使互动具有意义的实践和关系过程，而国际体系的规范和观念结构在这一实践中产生和发展。主体间互动产生了规范和规则，又在以规范和规则为基础的语境中展示自我与他者之间关系的运动，使行为体在互动中产生共有意义。[②] 另一方面，也是被体系建构主义完全忽略的一个方面，就是互动过程可以建立、维系和强化情感性关系[③]，使行为体在情感趋近的情况下产生集体认同，使得集体认同有着更加坚实的基础。这种情感趋近在许多时候不是理性作用的结果，而是在过程中通过不断交往和发展关系而产生出来的，同时，情感的接近又促动

① 秦亚青：《关系本位与过程建构：将中国理念植入国际关系理论》，《中国社会科学》2009 年第 3 期，第 78 页。

② 同上书，第 75 页。

③ 过程建构主义强调互动进程对集体情感培育的正面意义，而笔者认为互动进程本身是一个没有方向性的进程，互动进程在一些特定的情况下也有可能产生消极情感。下面对过程建构主义关于过程培育正向情感的论述笔者都有这种保留，不过，过程培育情感这一重要假设是笔者完全认同的。

互动过程的进一步发展。[①]

过程对行为体认知和情感心理进程的作用与关系本体"关系理性人"的假定相联系。过程建构主义接受主流国际关系理论关于国家是主要行为体的假定，同时也基本接受主流建构主义关于国家社会人的假定，认为国家是具有身份属性的社会人。但是与温特不同的是，温特的社会人所具有的施动性反映在个体根据共有观念即对身份的认知来决定利益和行为，而过程建构主义的行为体是"关系理性式思维的社会人"[②]。虽然"关系中也包含着理性"，但是关系性思维已经不纯粹是理性式思维了，关系是一个多维度的概念，而其中一个非常重要的维度就是情感。[③] 有的情感固然可以通过人的理性认知能力认识到，但情感在没有被理性认识到的情况下仍然是存在并且发生作用的，这也是为什么以关系运动为内容的过程可以培育出集体情感的原因所在。这一点不同于温特建构主义的观念或集体知识，观念只能通过理性认知能力才能被认识到，并且依靠行为体的理性施动才能发挥作用，比如行为体对行为适当性的判断。所以说，关系性社会人的施动性包含理性认知施动，也包含"非理性"（不等于不理性）施动模式。[④] 这就为在该框架下充分释放行为体的各种施动性开辟了道路。从这个意义上说，也为本书从情感关系角度去重构建构主义的身份概念提供了可能性。

总之，关系本位思想从本体假定上对国际关系进行了重新诠释，国际关系不是体系建构主义所假定的由角色身份反映的角色位置结构，而是不断运动着的复杂关系网络，关系网络处于不断的运动中，

---

① 秦亚青：《关系本位与过程建构：将中国理念植入国际关系理论》，《中国社会科学》2009 年第 3 期，第 80 页。

② 同上书，第 83 页。

③ 参见黄光国《儒家关系主义：文化反思与典范重建》，北京大学出版社 2006 年版，第 6 页。

④ 国外学者也对行为体施动性的非理性特征进行了研究，不过虽然非理性对情感因素也有所涉及，但其重点是对实践性知识的关注。参见 Vincent Pouliot, "The Logic of Practicality: A Theory of Practice of Security Communities", *International Organization*, Vol. 62, Spring 2008, pp. 257-288. 在这篇文章中，作者将知识分为表象知识（representational knowledge）和实践知识（practical knowledge），指出实践知识是无意识的、暗含的、无须逻辑和证据的自洽的知识，所遵循的逻辑完全不同于理性的逻辑。

运动的过程塑造了行为体的认知，也培育了行为体的情感，从而在关系互动中不断地建构着行为体的身份。作为流动的关系的反映，身份也是不断变动的，其变动的动力可以来自于外部，但是更重要的是来自于过程内部。关系本位所描述的社会、互动与行为体的存在及其相互作用，为克服角色身份和群体身份理论各自的缺陷，同时又吸取他们各自的合理成分提供了基础。更重要的是，过程建构主义倡导互动过程具有的自在性与独立性，使得互动过程本身成为研究的对象，从而克服了国际关系中结构主义理论要么完全忽略互动进程，要么对其作用探讨不足而给理论带来缺陷的现状。正是在关系本体假定的基础上，笔者吸收比较社会心理学研究成果，重新建构起关系导向的身份概念。

第三节　关系导向身份

西方学者也提出过“关系性社会身份”（relational social identity）的概念，角色身份指的是根据与他者的关系来界定的自我概念，所以也被认为是关系性社会身份的一种。[①] 但是这种关系性社会身份与我们所说的关系本位下的社会身份，即关系所确定的身份含义是不同的。为了有所区别，本书借用比较社会心理学中的“关系导向身份”（relational orientation identity）[②] 的概念来表示关系本体下的身份概念。

一　关系导向身份与“关系性社会身份”

关系本位假定，“关系确定着行为体的身份，即关系性身份（relational identity），指的是个人的身份只有在关系中才能界定，个人行

---

① Marilynn B. Brewer, “The Many Faces of Social Identity: Implications for Political Psychology”, *Political Psychology*, Vol. 22, No. 1, 2001, p. 118.

② 秦亚青：《关系本位与过程建构：将中国理念植入国际关系理论》，《中国社会科学》2009 年第 3 期；David Yau-fai Ho, “Relational Orientation in Asian Social Psychology”, in Uichol Kim and John W. Berry (eds.), *Indigenous Psychologies: Research and Experience in Cultural Context*, California, US.: Sage Publications, Inc., 1993, pp. 240-259.

为的意义也只能在关系中产生，行为体自身只有在关系中才能存在"[①]。关系确定身份，没有关系就没有行为体。行为体置身于复杂的关系网络之中，这个网络的脉络节点界定了个体的身份。因此，关系导向身份是关系网络在行为体社会属性中的反映，界定着行为体自我与情境中他者之间的关系特性，这些关系特性又通过行为体的认知心理和情感心理特征表现出来。关系导向身份高度依赖置身于其中的关系情境，构成该身份的特定认知心理与情感心理进程在行为体与他者的互动过程不断变化，从而催生行为体身份不间断的建构进程。

关系导向身份与西方学者所说的关系性社会身份概念最大的不同是自我与他者的关系对身份的意义不一样。在关系导向的自我概念界定中，人际关系不仅在自我界定形成的历史过程中至关重要，而且在个体整个人生中一直界定着其意义。与他者的关系是人自我概念的一部分，他者不仅仅作为一种自我"反射评价"的参照。与这种关系导向自我界定最接近的描述是"相互依赖的自我"（interdependent self）[②]，即自我与周围环境（包括他者）是相互依赖的关系，"他者"或"与他者关系中的自我"是个体经验的中心内容。[③] 这是与西方"独立的自我"（independent self）概念相对应的。"独立的自我"指的是个人被看成是一个"有边界的、独一无二的、具有一定程度的统一动机和认知的整体，既与同样作为整体的他者相对应，也与社会和自然背景相对应"。[④] 我们可以看出，不论是社会学中的角色身份概念还是社会心理学中的社会身份概念，尽管其社会身份获取的途径不一致，但本质上都是与这种"独立的自我"概念相一致的。不过，这并不是说"独立的自我"传统不关注与他者的关系，如角色身份就是以与他者的关系来界定的。区别在于，独立的自我对待他者的目的不

① 秦亚青：《关系本位与过程建构：将中国理念植入国际关系理论》，《中国社会科学》2009 年第 3 期，第 83 页。

② Hazel Rose Markus and Shinobu Kitayama, "Culture and the Self: Implications for Cognition, Emotion, and Motivation", *Psychological Review*, Vol. 98, No. 2, 1991, pp. 224-253.

③ Ibid., p. 225.

④ C. Geertz, "On the Nature of Anrhropological Understanding", *American Scientist*, 63 (1975), pp. 124-131. 转引自 Hazel Rose Markus and Shinobu Kitayama, "Culture and the Self: Implications for Cognition, Emotion, and Motivation", *Psychological Review*, Vol. 98, No. 2, 1991, p. 48。

是他者本身，而是将他者和社会情境整体当作“反射评估”的标准，或者是作为可以证实或确认自我的内部核心的资源。[①]

二　关系导向身份的情境依赖

关系不同于结构，结构具有普遍性、相对稳定性，而关系总是具体的、运动着的，在不同的情境中表现为不同的形态与运动方式，情境性是关系导向身份的一个重要特征。

关系导向身份将行为体与他者、与社会情境的关系本身作为自我概念的一部分，所以关系导向身份对于外部情境是高度依赖的。这个外部情境包括个体与社会或环境的关系以及该情境中个体与他者的关系。行为体的行为取向要依赖于实时实地的对关系环境进行的评估。但是这也并不是说关系导向身份是“情境决定论”（situational determinism）[②]。关系导向身份承认某些重要关系是由文化决定的，比如角色身份。但是角色身份不具有结构主义的超然性，而是与具体的情境密切相关。角色身份总是存在于具体的情境之中，对社会行为的期望也是依情境而有所不同的。一句话，社会身份不能脱离产生它的社会关系，这也是之前所阐述的关系性本体与结构性本体的根本区别所在。

关系网络的复杂性和情境性还突出了身份凸显的问题。个体身份是由关系网络确定的，关系网络是复合的、流动的，所以个体身份也是多种共存的复合体。这种多重复杂的个体身份使得行为体身份激活的问题更加突出。如前所述，角色身份理论已经涉及身份激活的问题。斯特莱克认为，个体的身份具有不同的凸显性，凸显性大的身份被激活的可能就大，就会对行为产生更大的影响。但是角色身份所说的身份凸显是跨情境的，凸显等级高的身份在所有情境中是最有可能被激活的。[③] 身份凸显没有触及不同情境下的身份激活问题，也没有考

① Hazel Rose Markus and Shinobu Kitayama, “Culture and the Self: Implications for Cognition, Emotion, and Motivation”, *Psychological Review*, Vol. 98, No. 2, 1991, p. 226.

② David Yau-fai Ho, “Relational Orientation in Asian Social Psychology”, in *Indigenous Psychologies: Research and Experience in Cultural Context*, Uichol kim and John W. Berry, eds., California, US.: Sage Publications, Inc., 1993, p. 253.

③ Stets, Jan E., “Identity Theory and Emotions”, in Jan E. Stets and Jonathan H. Turner (eds.), *Handbook of the Sociology of Emotions*, Spriner, 2006, p. 206.

虑到同一情境下多重身份被激活的问题。过程建构主义强调："在复杂的关系网络中，自我的不同身份可能会同时被激活，而不是像温特所说的那样，虽有多种身份，但可单一激活。"① 所以，个体的社会身份在不同的情境下具有不同的凸显性和激活可能，而且在同一种情境下也有可能激起多重身份，而引起身份激活的变量也需要考虑情境不同对情感承诺和互动承诺的影响。这个观点与社会学互动角色身份理论家麦考尔（George McCall）和西蒙斯（J. L. Simmons）的凸显身份的含义相近。麦考尔和西蒙斯的身份凸显等级反映的是情境自我（situational self），指的是什么样的角色身份在特定的情境中具有凸显性。②

关系导向身份对情境依赖的另一个逻辑结果是社会身份对于变化的开放性。关系导向的自我将与他者的关系作为自我概念的一部分，而且是决定个体社会行为最重要的那部分。根据关系本体假定，自我与他者的关系始终处于运动之中，自我的社会身份也始终不能脱离于这种运动中的关系，而是随着与他者的关系变化、随着这种关系所发生的情境变化不断地界定与重新界定。自我界定的这部分内容不但不拒绝变化，而是时时刻刻关注着变化，这也是关系导向的自我界定具有"他者导向"（other orientation），即自我的行为具有关注他者思想、情感和行为的倾向的原因，也是"相互依赖的自我"与"独立的自我"的本质区别所在。

与之不同的是，微观社会学的角色身份概念指涉的是行为体内化社会结构中相关的角色位置，反映的是社会中结构性的位置关系。这种位置关系在很大程度上是不以具体情境的转移而改变的，即结构具有自在性，能在某种程度上脱离具体的情境与互动而存在（否则结构就失去了自在性），能够通过释放角色规范来指引行为体的行为，于是，社会的角色结构具有一定的自我维护、拒绝改变的内在特性，结

① 秦亚青：《关系本位与过程建构：将中国理念植入国际关系理论》，《中国社会科学》2009 年第 3 期，第 84 页。

② 麦考尔和西蒙斯强调的身份特异性（区别于斯特莱克强调身份结构性），也就是个体对其角色的独特解释以及这些在互动中与他者的身份协商（negotiation）。参见 George J. McCall and J. L. Simmons, *Identities and Interactions*, New York: Free Press, 1978。

构就具有了很大程度的自在性和稳定性。[①] 作为角色结构在个体身上的映照，个体的身份结构也具有某种程度的稳定性和拒绝改变的特性。角色身份一旦形成后，能独立地对行为体的行为产生影响，这是结构主义本体性假定的逻辑结果，温特也是在这个结构主义基础上使用的角色身份的概念。但是这种独立和自在的结构对于行为体行为的解释力一直受到相当大的质疑，在经验研究中的反映尤为明显。在经验研究中，人们发现具有相同角色身份的人在特定的情境中行为会具有很大的差异。这导致角色身份理论家借助于身份凸显和承诺来解释这种行为差异性，这些理论家在某种程度上承认了角色身份的情境性，但是这种努力和承认在温特的身份理论中并没有得到体现。否认身份对情境的依赖特性，温特就斩断了角色身份与外部环境、与他者关系的相互依赖关系，缩小了角色身份进一步发生改变的可能空间。这就是温特不能在角色身份的概念体系中解释身份变化而需要借助于社会身份理论的心理进程的原因。

温特借助心理进程变化来解释社会身份，是因为以心理进程为基础的社会身份理论在情境性方面要比角色身份理论更为灵活。与角色身份理论相比，社会身份理论虽然也认为社会身份是一个持久的社会构造，但是社会身份对行为的规定作用会随着群体间关系以及即时环境的变化而不同。也就是说，相同的社会身份在不同的群体间关系和不同的环境中会对行为体的行为有不同的期望和规定。比如"在美国的澳大利亚人"这个社会身份对于不同的人来说具有不同的重要性，该身份所具有的意义和行为规定也会随着美国与澳大利亚之间群体关系的改变而发生变化；与此同时，即时的环境因素也影响到身份的哪些方面会被规定，比如在讨论会和在鸡尾酒会上，澳大利亚人的身份会产生不同的行为。[②] 社会身份理论对社会环境（即身份的情境性）

① 关于身份理论中有关自我身份结构稳定性和变化的探讨，参见 Richard T. Serpe, "Stability and Changes in Self: A Structural Symbolic Interactionist Explanation", *Social Psychology Quarterly*, Vol. 50, No. 1, March 1987, pp. 44-55。

② Michael A. Hogg, Deborah J. Terry and Katherine M. White, "A Tale of Two Theories: A Critical Comparison of Identity Theory with Social Identity Theory", *Social Psychology Quarterly*, Vol. 58, No. 4, 1995, p. 265.

重要性的强调相对于角色身份理论来说是一个优点，摆脱了结构主义社会观的束缚，但是社会身份理论却过于强调了个体的心理机制，陷入了某种“心理还原主义”[①]，忽视了社会互动对群体身份的影响。所以，温特在借用了社会身份理论的心理进程机制后，仍然在社会互动的框架下解释社会身份的变化是有一定的道理的。但是，温特的社会互动仍然是建立在上文所说的个体主义自我再现的基础之上，与关系导向身份概念的互动模式具有很大的区别。

三　互动与身份建构的认知与情感进程

关系导向身份接受社会身份理论关于自我分类和追求自尊的假定，但是关系导向身份对自我分类的标准和自尊实现的条件具有不同的理论假定，这个理论假定与关系本体对社会互动的关注相一致，也是社会身份理论所忽视的内容。根据关系本体，“身份产生于国家与其他国家在国际社会中的互动实践，并在这种不间断的实践过程中得以定义和再定义”[②]。在行为体的互动过程中，社会身份的认知和情感进程不断变动和重塑。

（一）互动与心理认知进程

关系导向的自我再现将与他者的关系作为自我再现的一部分，与他者的关系被赋予了更多的意义。一方面，与他者的关系不仅仅是实现个体目标的手段，维持与他者的关系本身是一种目的；另一方面，维持与他者的关系意味着不断地关注他者的需求、愿望和目标。[③] 这并不是说他者的需求、愿望和目标凌驾于自我的目标之上。根据关系本体，虽然自我和他者的目标可能完全不一样，但是满足他者需求、愿望和目标是实现自我目标的重要条件，完全排斥他者的需求、愿望和目标必定最终不能很好地满足自我的需求和愿望。实际上，这也是

---

① Michael A. Hogg, Deborah J. Terry and Katherine M. White, “A Tale of Two Theories: A Critical Comparison of Identity Theory with Social Identity Theory”, *Social Psychology Quarterly*, Vol. 58, No. 4, 1995, p. 264.

② 秦亚青：《关系本位与过程建构：将中国理念植入国际关系理论》，《中国社会科学》2009 年第 3 期，第 73 页。

③ Hazel Rose Marku and Shinobu Kitayama, “Culture and the Self”, *Psychological Review*, Vol. 98, No. 2, 1991, p. 229.

社会互动的普遍原则——“社会互动总是发生在关系环境中”[①] 的自然逻辑结果。这意味着，行为体在进行内群体和外群体分类的过程中，不仅会强调差异性，还会判断行为体间关系的性质，即他者与自我处于一个什么样的关系网络之中。行为体之间的关系不仅可以根据相似性或共同经历来界定，还可以由行为体根据所处情境或行为体所建构的任何相关关系来建构。就连完全陌生、没有任何共同经历的个人也可以通过“缘”来建立起认同关系。[②] 换句话说，行为体的群际行为不仅仅基于相似性或差异性，还基于行为体之间所建构的相互关系。反过来，行为体对群体差异程度的感知也受到群体间关系的影响。当行为体建立起某种认同关系时，行为体之间会关注并突出其共同点。但是，自我再现对与他者关系的这种依赖被社会身份理论所忽视。虽然社会身份理论讨论的是个体与群体成员身份的认同，在某种程度上是对个体主义社会心理学传统的超越，但是如果从群体层次去看社会身份理论，他又是一个群体层次上的个体主义——群体具有独立性、内向性和自我实现性。群体身份的形成是群体内部个体心理过程的结果，他者作为一个存在是群体心理过程得以开始的参照，除此之外，自我与他者的关系对于群体身份来说没有更重要的意义了。因为不把与他者的关系当作目的、不关注他者的需求和愿望，社会身份理论理所当然不关注与他者的关系对于社会分类过程的重要意义，这是社会身份理论脱离社会互动、陷入“心理还原主义”的表现。

（二）互动与情感心理进程

在关系导向身份概念中，情感因素是基础性因素，也是最具有动态意义的因素。在关系式思维中，“人类社会超越自然法则就是因为人类对其他人类具有反思性情感”[③]，“情或人情（sentiment or emotion, human feeling）是关系的核心要素”、“关系必须建立在情感和忠

---

① David Yau-fai Ho, “Relational Orientation in Asian Social Psychology”, in *Indigenous Psychologies: Research and Experience in Cultural Context*, Uichol Kim and John W. Berry, eds., California, US.: Sage Publications, Inc., 1993, p. 258.

② Nan Lin, “Guanxi: A Conceptual Analysis”, in Alvin Y. So, Nan Lin, and Dudley Poston (eds.), *The Chinese Triangle of Mainland China, Taiwan, and Hong Kong: Comparative Institutional Analysis*, London: Greenwood Press, 2001, pp. 153-166.

③ Ibid., p. 163.

诚（义、义务 *obligation*）之上”[①]。对于社会身份理论来说，尤其是以泰菲尔为主的早期社会身份理论，情感因素也发挥着重要的作用，甚至是中心作用。

社会心理学中群体间关系的研究长期以来一直集中关注群体间的竞争、冲突和敌意，尤其是20世纪早期关于种族中心主义（ethnocentrism）的研究首次将种族中心主义以内群体和外群体之间敌意的形式描述出来。[②] 泰菲尔的社会身份理论所致力于解释的内群体偏向（in-group favoritism）和外群体歧视（out-group discrimination）描述的也是一种群体间情感性信念（即以情感为基础的认知、价值评估）。当然，情感并不仅仅是作为群体成员资格的结果而存在的，情感因素在社会身份形成过程中更是发挥着重要的作用。在泰菲尔的理论体系中，自尊需求是个极其重要的假设。正是出于自尊这个情感性需求，行为体才选择通过积极评价的机制在社会比较中赋予内群体更多正面的价值。所以，对于社会身份理论来说，行为体寻求自尊的情感性需求最终导致了群体间情感性信念——内群体偏向和外群体歧视的产生。

但是，泰菲尔的实验所得出的这个结果是不具有普遍意义的，它具有一定的文化范围和时间适用性。在西方个体主义自我再现传统中，群体成员通常会倾向于通过自我增强的原因提高自尊的满足感，但是在对包括东亚、非洲、拉丁美洲甚至是南部欧洲地区所进行的跨文化社会心理学研究证明，集体自尊的满足不一定是通过这种具有内偏向的社会比较来实现的。[③] 一系列跨文化的比较实验证明了在关系导向的自我再现中，人们并不从事内群偏向和外群歧视。[④] 从关系本

① Nan Lin, “Guanxi: A Conceptual Analysis”, in Alvin Y. So, Nan Lin, and Dudley Poston (eds.), *The Chinese Triangle of Mainland China, Taiwan, and Hong Kong: Comparative Institutional Analysis*, London: Greenwood Press, 2001, p. 155.

② Henry Tajfel, “Social Psychology of Intergroup Relations”, *Annal Review of Psychology*, Vol. 33, 1982, pp. 1-39.

③ Hazel Rose Markus, Shinobu Kitayama, “Culture and the Self: Implications for Cognition, Emotion, and Motivation”, *Psychological Review*, Vol. 98, No. 2, 1991, p. 225.

④ Masaki Yuki, “Intergroup Comparison versus Intragroup Relationships”, *Social Psychology Quarterly*, Vol. 66, No. 2, 2003, pp. 171-172.

体视角出发，通过贬低他者来满足自尊是自尊满足的非常方式，充其量是诸多集体自尊实现方式中的一种。对社会身份理论的这个批判观点在西方学者中也有回应。雷切（Steve Reicher）和霍普金斯（Nick Hopkins）就批判了社会身份理论中将“分异”（differentiation）等同于歧视（discrimination）的倾向，认为社会分类导致什么样的群体间行为在很大程度上取决于文化环境而不仅仅是心理因素。比如，如果群体文化认为主导、富足和侵略最重要，那么与外群体的分异可能会导致歧视性情感和行为；但是群体也可以仁慈宽恕、慷慨大方以及关心仁爱等特征作为区分内群体与外群体的标准，那么分异所导致的行为就不是歧视等负面情感和行为。因此，他们认为，歧视只是群体间关系的一种，群体间情感与行为取决于特定的文化对类别的界定。[①]

关系导向身份概念进一步指出，群体分异形成后，为了满足群体成员集体自尊的需求可以有多种途径，其中获得外群体的认可与尊重、群体间关系得到良性维持是集体自尊得到满足的重要和首要的途径。如果这个外向性途径得不到满足，群体成员就会寻求其他内向性的心理进程，比如自我增强的社会比较。因此，群体间分异的行为结果不一定是歧视等含有负面情感的群体间关系。群体间关系的性质和发展并不首先取决于群体内向性的心理进程，而首先取决于群体间的互动。于是，社会身份理论对互动进程的忽视导致其对群体间关系得出悲观的结论。当这种忽视互动的社会身份理论被运用到国际关系中时，就为国际关系现实主义理论提供了群体心理基础，强化了国际冲突不可避免的论点。[②] 但是这种群体心理是忽视社会互动的，在国际关系现实中，没有脱离社会互动的群体心理。

关系是不断变化的，所以关系的情感基础需要不断得到维护和巩固，这在关系本位的社会中就表现为对他人利益、感受和行为的高度依赖和关注。关系导向身份认为社会身份在情感基础发生变化的情况下，关系中行为体的行为可能会偏离社会身份的期望和要求，如果这

① Steve Reicher and Nick Hopkins, *Self and Nation*: *Categorization*, *Contestation and Mobilization*, London: Sage, 2001, pp. 33-34.

② Jonathan Mercer, “Rationality and Psychology in International Politics”, *International Organization*, Vol. 59, Winter 2005, p. 97.

种情感基础持续发生变化，社会身份对行为的意义会不断得到削弱并最终发生改变。所以，关系导向身份概念中，情感因素是社会身份变化的重要指标。但是这并不是说工具性或者说物质利益变化对于社会身份的形成和改变不发生作用，从关系导向身份概念角度出发，物质利益或者说经济交换是关系得以加强和维持的重要手段。

总之，社会身份理论的问题在于忽视了社会互动，没有将行为体置于不断变化着的关系环境中去探讨社会互动对群体间情感性信念的影响，导致了社会身份理论关于群体间情感关系描述的非历史特性。这已经被跨文化社会心理学研究证明是不严谨的，社会身份理论的后继者也试图予以弥补，这就是“群际接触理论”（intergroup contact theory）产生与发展的原因。但是由于群际接触理论的根本假定与社会身份理论相一致，所以尽管在实验室中，接触理论描述了一定条件下的群际接触改善群体间情感信念的现象，但是并没有在理论上说明群际接触如何能改善，进而为什么满足一定条件的群际接触能更有效地改善群际情感关系。①

综上所述，如果我们用关系导向身份概念框架来解释群体间关系，我们就获得了一个动态群体间情感关系进程：在国际社会中，行为体会根据群体间相似性/差异性来区分内群体和外群体，但是，社会互动所建构的群体间关系的性质在这个过程中影响着个体对群体间差异的感知，从而影响行为体的身份构建；群体会在与他者的关系中寻求集体自尊的满足，如果在与他者的关系中自尊得到确认，群体间关系就会向良性情感关系方向发展；一旦群体间关系形成相互信任的良性情感关系，群体成员就会更关注群体间的共同点，群体间的认同就会加强，群体相对于彼此的社会身份也会转变；如果群体在与他者的关系中无法实现自尊的需要，群体就转而求助于内部心理进程，比如自我增强的社会比较来获得自尊满足这样的情感需求，群体间差异就会被放大，群体间认同会弱化，群体相对于彼此的社会身份也会发生变化。在这个过程中，我们或许已经观察到的一个最具有动态特征

① 关于群际接触理论的综述参见李森森、龙长权、陈庆飞、李红《群际接触理论——一种改善群际关系的理论》，《心理科学进展》2001 年第 5 期，第 831—839 页。

的因素是群体间的情感性关系，随着群体间情感关系的发展，群体间的分类认知进程、群体互动进程都会发生变化。

如果关系导向身份概念对群体间关系的描述还有一个问题的话，那就是关系导向身份概念在跨文化环境中的适用性。这也是从事跨文化社会心理学研究的学者共同关心的话题。但是，正如林南教授所说，不论是在西方社会还是东方社会中，基于交易理性（transactional rationality）的经济交换和基于关系理性（relational rationality）的社会交换都是普遍存在的。问题是，在不同的社会里，不同的理性意识形态占据了主导地位，对社会交换现象的解释则全部由占主导地位的意识形态来解释。比如，西方学者也承认社会网络的普遍存在，但是其存在被解释为能够减少交易成本的结构性特征，其情感方面则很少或几乎得不到关注和讨论。[①] 所以，如果要解释21世纪的社会现象，尤其是国际关系现象，关系本位的思路则会给现有的基于个体主义、交易理性的社会身份理论提供一个全新而更有活力的视角。

本章小结

在本章的最后，笔者给关系导向身份下一个操作性的定义，表述如下：行为体的社会身份是行为体关于自我与他者关系的情感联系与认知图式，关系互动不断塑造和改变着行为体的社会身份，任何一种社会身份都不可能成为绝对稳定的结构，它始终在互动中经历着这种或那种、多或少的变化。这也不是说社会身份不能获得某种程度的稳定性，只要身份镶嵌于其中的关系网络在互动进程中维持一定的均衡，这个互动进程所维系的社会身份就能在一定程度上保持稳定性。通过关系本位的基本假定，对身份进行关系导向的概念重构，解决了温特身份理论中概念使用上的困境。社会身份不仅可以解释行为，也可以被行为所解释。社会身份的形成就是社会身份的转化。

① Nan Lin, "Guanxi: A Conceptual Analysis", in Alvin Y. So, Nan Lin, and Dudley Poston (eds.), *The Chinese Triangle of Mainland China, Taiwan, and Hong Kong: Comparative Institutional Analysis*, London: Greenwood Press, 2001, p. 163.

接下来的问题是，关系导向身份中的情感因素指的是什么？社会身份形成过程中情感心理进程与认知心理进程的相互关系是什么？情感心理进程与认知心理进程如何共同促进身份建构与转化的呢？这个问题涉及温特身份理论建构过程中的方向性和动力问题。其实，在国际关系研究中，关于情感的一些基本问题探讨虽少，但争议颇多。最关键的也是争议最大的可能就是：到底什么是情感？情感是否真的具有独立的解释力？是仅仅能解释极端或偏离理性的行为还是可以当作常态来研究的普遍存在？下一章，笔者将借鉴心理学以及神经生物科学中的情绪/情感研究来对这些基本问题做个回答。

第三章

情感、行为倾向与认知

以上两章分析了温特身份理论的缺陷及其本体性原因，提出了关系导向身份的概念。关系导向身份建构过程强调情境依赖、历史互动以及行为体的情感与认知施动相互作用，从而避免了温特在角色身份与集体身份概念上的机械转换，解决了身份变化的惰性，指出了互动进程构建身份认知和情感心理互动的作用。

为了进一步打开身份建构的黑匣子，弄清楚情感因素与认知因素的互动模式以及情感因素对身份建构的作用机制，笔者需要首先回答与情感相关的一系列基本问题：什么是情感/情绪？在解释社会现象时情感/情绪能够成为独立变量吗？它具有独立的解释功能还只是一种附带的现象？如果具有独立的解释功能，它在多大程度上以及如何影响认知和社会行为？在将情感带入国际关系身份研究之前，有必要先在一般意义上回答上述问题。

西方心理学对情绪/情感的研究具有较长的历史，在情感/情绪的概念、情感/情绪与认知和行为的关系等基本问题上进行了较长时间的探讨和争论，而这些探讨和争论又和神经生物科学对脑与情绪关系的研究密切相关，深受其影响。因此，本章将借鉴神经科学和情绪心理学的最新研究成果，对情感/情绪概念、情绪/情感与行为和认知的关系等问题进行探讨。

第一节　从情绪到情感

在西方社会科学领域，最早对情绪开展系统科学研究的是心理学。心理学对情绪的研究可以追溯到19世纪末期。1872年达尔文出版的《人类和动物的情绪表达》以及1884年詹姆斯（William James）在《心智》（*Mind*）杂志上发表《什么是情绪?》一文被认为是心理学情绪研究进入"黄金时代"的标志。[①] 虽然经过一个多世纪的系统研究和激烈争论，学者们在有关情绪的一些基本问题上仍存在较大的分歧。这些问题包括情绪的概念、情绪的数量、是否存在基本情绪和次级情绪之分、不同的情绪是否具有不同的心理标志、情绪对认知进程的影响、情绪对认知的依赖程度以及情绪中有意识进程与无意识进程的重要性等等。[②] 在这些分歧之中，对情绪研究影响最大的要数情绪的概念界定问题，这个最基本的问题是所有争论中最激烈、最缺乏共识的。时至今日，学者们仍然在这个基本问题上争论不休。不过，一个积极的现象是，在争论过程中，一些共同基点正在增多。21世纪初，情绪心理学研究的两大主要派别出现了一个共同的理论倾向，即将情绪看成一个复合性现象，并对其核心情感性要素进行剥离，这就使得情绪心理学研究的核心概念出现了从情绪到情感的转变。

一　情绪

从情绪心理学学术发展历史来看，学者们在长达一百多年的时间内试图对"情绪"进行界定，但是所达成的共识极其有限。这是进入21世纪，情绪心理学两大主要理论撇开情绪这个模糊、笼统概念，发掘更基本的情绪分析要素并对其进行概念化的原因和背景。

对于"什么是情绪"，詹姆斯本人给出的答案是"对外界刺激的感知直接引起身体变化，而当这种变化发生时我们对该变化的感受（feeling）就是情绪"[③]。这个最早的定义告诉我们情绪是一种感受。但是关于这种感受的来源，詹姆斯的观点遭到了激烈的批评。卡侬

---

① Maria Gendron and Lisa Feldman Barrett, "Reconstructing the Past: a Century of Ideas about Emotion in Psychology", *Emotion Review*, Vol. 1, No. 4, October 2009, p. 316.

② Joseph E. LeDoux, "Emotion: Clues from the Brain", *Annual Review of Psychology*, Vol. 46, 1995, pp. 209-210.

③ William James, "What is an Emotion?", *Mind*, Vol. 9, No. 34, April, 1884, pp. 189-190.

(W. B. Cannon）对詹姆斯情绪概念的根基提出了挑战，认为身体本身并不能引起情绪，因为感官变化过于缓慢和模糊，几乎不能快速感受到，而且相同的感官变化在情绪性和非情绪性状态下都会发生。[①]之后，随着行为主义在心理学研究中的兴起，情绪研究陷入低谷，自1920年之后的整整40年时间是心理学情绪研究的“黑暗时代”。继行为主义之后，20世纪五六十年代兴起的认知革命垄断了心理学界对情绪问题的研究，学者们认为诸如偏见、吸引和群体仇恨等情绪性进程完全可以通过认知进程来解释。[②]

20世纪80年代初，社会科学中的情绪研究开始兴起，但是学者们对情绪关注度的上升并没有促使各学科的相关学者就情绪的定义达成共识。1981年，有学者对教科书和期刊文章中探讨情绪的著作和文章进行了梳理与总结，共列出了92种关于情绪的界定。他们将这92种界定分成11类，这11类分别认为情绪是情感性体验、认知性的、心理性的、情绪/表达性行为、破坏性的、适应性的、多方位、约束性的、动机性的，以及对情绪概念效用怀疑论和关于“情绪”一词学科地位的看法等。[③] 从这些定义和观点来看，学者们对情绪的本质不能达成一致，甚至是对其进行界定的角度都大相径庭。将近30年之后，美国心理学家伊扎德（Carroll E. Izard）就情绪的定义、功能、激发等基本问题在情绪心理学研究者中开展了一项调查和统计。伊扎德向受调查人提供了关于情绪的34种定义，结果显示，其中的6种定义获得了较大程度的认同，按照共识程度递减的顺序依次为：情绪进程的神经系统、反应系统、感觉或感觉状态、行为表现和信号系统、先行认知评估以及对感觉状态的认知解释。[④] 伊扎德根据调查得

---

① W. B. Cannon, “The James-Lange Theory of Emotions: A Critical Examination and an Alternative Theory”, *American Journal of Psychology*, Vol. 39, 1927, pp. 106-124.

② Dacher Keltner and Jennifer S. Lerner, “Emotion”, in Susan T. Fiske, Daniel T. Gilbert and Gardner Lindzey (eds.), *Handbook of Social Psychology*, Fifth Edition, Vol. 1, New Jersey: John Wiley & Sons, Inc., Hoboken, 2010, p. 317.

③ P. R. Kleinginna and A. M. Kleinginna, “A Categorized List of Emotion Definitions, with Suggestions for a Consensual Definition”, *Motivation and Emotion*, Vol. 5, 1981, pp. 345-379.

④ Carroll E. Izard, “The Many Meaningss/Aspects of Emotion: Definitions, Functions, Activation, and Regulation”, *Emotion Review*, Vol. 2, No. 4, October 2010, p. 369.

出的结论是：学者们仍不能就情绪的定义达成较大程度的共识，因此建议研究者“将‘情绪’一词或者是任何分立情绪（discrete emotion）的标签置于具体情境中加以考虑，并将所赋予的含义具体化”[①]。这种呼吁从某种程度上反映出心理学界对“情绪”这一笼统和模糊概念的不满，代表了对长达一个多世纪以来情绪心理学研究路径的彻底反思。虽然伊扎德倡议的在分立情绪的基础上对情绪概念加以情境化和具体化的建议也遭到了一些学者的质疑[②]，但是，伊扎德对于情绪作为一个单一和整体性概念的怀疑提出了情绪心理学界超越传统情绪概念、在新的概念基础上推进情绪心理学研究的需要。

在长达一百多年的发展与争论中，情绪心理学研究者围绕情绪的基本问题争论不休，但是大多数争论都是在两种基本的研究取向框架下展开的。一种是基本情绪取向（basic emotion approach），也被称为分立情绪取向（discrete emotion approach），另一种是认知评估取向。这两种研究取向在情绪的激发机制上持不同观点。基本情绪取向的研究一般强调情绪的生物性基础，强调情绪的发生与身体变化相联系，而认知—评估模式的理论家认为情感并不仅仅是由客体以反射性或习惯性的方式引起的，是个体通过评估认知机制进行意义解释而产生的。[③] 不过，传统研究取向有一个共同点，就是将情绪当作一个整体性的、独块的现象来研究。拉塞尔等人认为，正是传统研究取向将情绪当作独块的心理现象来研究，使得情绪的概念一直得不到科学的界定，从而导致情绪研究成为一个充满迷惑和困惑的研究领域。[④]

到了20世纪末期，情绪心理学界对将情绪作为一个完整、单一概念的做法提出了越来越多的批评。[⑤] 有的学者认为情绪就是一个不

---

① Carroll E. Izard, “The Many Meaningss/Aspects of Emotion: Definitions, Functions, Activation, and Regulation”, *Emotion Review*, Vol. 2, No. 4, October 2010, p. 369.

② 参见 *Emotion Review* 2010 年 10 月关于情感定义的专刊。

③ Maria Gendron and Lisa Feldman Barrett, “Reconstructing the Past: a Century of Ideas about Emotion in Psychology”, *Emotion Review*, Vol. 1, No. 4, October 2009, pp. 318.

④ Sherri C. Widen and James A. Russell, “Descriptive and Prescriptive Definitions of Emotion”, *Emotion Review*, Vol. 2, No. 4, October 2010, pp. 377-388.

⑤ James A. Russell, “Emotion, Core Affect, and Psychological Construction”, *Cognition and Emotion*, Vol. 23, No. 7, 2009, p. 1260.

断展开的建构过程而不是一个既定不变的实体，从而倡导不再讨论“情绪”，改为讨论“情感进程”（affective processes）。[①] 越来越多的学者认为情绪本身是个包含多种成分的概念，因此，需要对这个概念做进一步区分或分解，以促进情绪研究的深入。经过重新整合与分化，在吸取了评估取向合理假设的基础上，情绪心理学界在进入21世纪之初，形成了心理建构主义（Psychological Constructivism）和以伊扎德分化情绪理论（Differential Emotions Theory）为代表的基本情绪取向之间新的理论论争。虽然这两种理论仍在一些基本问题上存在分歧，但无论是坚持基本情绪取向的伊扎德还是倡导情绪建构的心理建构主义情绪理论，在情绪的复合性这个问题上都没有太大的争议，两大理论都倾向于对情绪概念进行分解，用区分情感、认知等多重要素的概念取代传统的笼统情绪概念。在这个共识的基础上，两大情绪理论派别在情绪的核心要素、情绪的特性和功能等方面也有较大的共识，这些共识对其他社会科学领域探讨情绪/情感问题具有借鉴意义。

二　情感

21世纪情绪心理学对于情绪复合性的认识和讨论充分反映在心理建构主义和分化情绪理论对“情绪”这一概念的分解和重新概念化的努力上。心理建构主义和分化情绪理论分别将传统意义上的情绪重新概念化为“情绪事件”（emotional episode）和“情绪图式”（emotional schema）。与此同时，在情绪复合性认识的前提下，两大理论都将情绪概念中的情感成分提取出来，分别将其重新概念化为“核心情感”和“情绪感受”，并将其作为情绪现象研究的关键概念。这两大理论在情感的本质特征、情感与意识的关系等问题上持有接近的观点，这些共同基点为情感概念在社会科学中的运用奠定了基础，也为本书“情感”概念的界定提供了基石。

（一）核心感情与情绪感受

核心情感（core affect）是心理建构主义学者拉塞尔情绪理论的核

① G. L. Clore and A. Ortony, “Appraisal Theories: How Cognition Shapes Affect into Emotion”, in M. Lewis, J. M. Haviland-Jones and L. F. Barrett (eds.), *Handbook of Emotions* (3rd edition), New York: Erlbaum, 2009, pp. 628-642.

心概念。心理建构主义情绪理论建立在一组假定的基础之上：情绪是精神复合物，是由更基本的心理成分建构而成；构成情绪的基本成分一是来自于身体内部的感官刺激或是相应的精神感受，另一成分是具有认知性或观念性的成分。① 在这些假定的基础上，拉塞尔提出了以“核心情感”为基本概念的情绪心理建构理论，在情绪心理学领域发起了一场“核心情感运动”。② 拉塞尔认为：情绪、心境以及一切情感充予的事件其核心都是一种被体验为好或不好、唤起或沉睡的简单非反思性的感觉状态，这种状态就称为核心情感。核心情感是构成情绪的关键原始要素。从神经生物学角度讲，核心情感是一种神经生理活动状态，是由神经生物状态和躯体内脏状态组合成的连续不断的流，这些状态瞬息万变，是能够意识到的最基础的情感体验。③ 这种核心情感可以不指向任何一个物体，没有直接的原因，因此被经历为一种自由漂浮（free-floating）的状态；也可以与认知进程结合起来，被归结为某些原因，从而展开一种情绪事件（emotional episode）。

与此同时，基本情绪取向的代表伊扎德发现了以往基本情绪理论家对情绪概念中情感与认知成分不加区分而进行笼统分析的缺陷，在吸取各学科理论和实验成果的基础上，对其分化情绪理论进行了修正，提出了情绪感受的概念。伊扎德认为情绪感受来源于进化和神经生物的发展，是情绪和意识的关键心理成分，是内在适应性的。与达马西奥有所不同的是，伊扎德认为情绪感受并不是神经生物活动的一个结果，而是神经生物活动的一个阶段，就是进化的神经生物进程本身。情绪感受是不能通过认知进程来创造、教授、习得的，它虽然可以被感知、评估、概念等认知进程所激发和影响，但不是由他们所创造。④

---

① Gendron, Maria, and Lisa Feldman Barrett, “Reconstructing the Past: a Century of Ideas about Emotion in Psychology”, *Emotion Review*, Vol. 1, No. 4, October 2009, pp. 317-318.

② Andrea Scarantino, “Core Affect and Natural Affective Kinds”, *Philosophy of Science*, Vol. 76, 2009, p. 940.

③ 黄玲玲、许远理、王晓宇：《核心情绪：情绪产生之前的基础状态》，《兰州教育学院学报》2010 年第 4 期，第 47 页。

④ Carroll E. Izard, “Emotion Theory and Research: Highlights, Unanswered Questions, and Emerging Issues”, *Annual Review of Psychology*, Vol. 60, 2009, pp. 4-5.

不论是拉塞尔的核心情感还是伊扎德的情绪感受，本质上都是神经生物性活动，都表现为一种“感受”，是源于身体生物状态的感受，与反思性的高级意识相对，这也是本书核心概念——“情感”最根本的含义。从中文里的“情感”一词来看，其“感”字含有“感觉”之意，其“情”字则表示其有别于一般的“感觉”，具有感情含义。英语中的feeling有感觉、知觉、触觉、同情和体谅等多种含义。因此，情感的概念既包括同“感觉”、“感受”相联系的“感”，又包括与“同情”、“体验”等相联系的“情”。[①] 这种情感独立于高级认知进程，是情绪以及所有情感充予事件的核心要素。将情感与认知剥离开来，作为情绪性事件分析的核心要素为其他社会科学领域引入情感自变量来研究情感性现象和进程提供了可能。

（二）情感的效价与强度

对于情感的具体化或分类，两大理论则各执一词，争论的焦点在于是否存在基本情绪，是在分立性的基本情绪的基础上对情感进行分类还是采用维度分析法对情感进行分类。伊扎德坚持基本情绪传统，认为情绪包括基本情绪与情绪图式。不过，不论是基本情绪还是情绪图式，都有积极和消极之分。比如欢乐、兴趣就是两种积极的基本情绪，而悲伤、愤怒、厌恶和恐惧就是消极的基本情绪；同时，由于情绪图式与基本情绪的感觉成分（即情绪感觉）是完全一样的，所以情绪图式与基本情绪一样也具有积极与消极之分。对于情绪感觉来说，除了有积极与消极之分外，伊扎德还指出了其强度的重要意义。伊扎德认为情绪感觉所涉及的神经生物活动的强度有大小之分。情绪感受和其他神经生物性活动一样，由于神经系统激发的程度不同，其强度从高到低变动不居，低强度的情绪感觉通常不如高强度的情绪感觉更容易抓住注意力。[②] 这就指出了高强度的情绪感觉对于认知进程具有更大的影响力。

拉塞尔则坚持用维度分析法来对情感进行具体化。维度分析（dimension approach）是情绪心理研究的传统方式之一，这种分析方法假

① 孟昭兰：《人类情绪》，上海人民出版社1989年版，第14—15页。

② Carroll E. Izard, “Emotion Theory and Research: Highlights, Unanswered Questions, and Emerging Issues”, *Annual Review of Psychology*, Vol. 60, 2009, p. 11.

定所有的情绪都具有一些基本的核心维度，这些核心维度结合在一起导致了情绪的产生。[①] 早在20世纪末冯特（Wundt）就提出了情绪的三维学说。冯特认为感情过程是由三对感情元素构成的，每一对感情元素都具有处于两极之间的程度变化，它们是愉快—不愉悦、兴奋—沉静和紧张—松弛这三个维度。[②] 冯特的三维学说为情绪的维度理论奠定了基础；施洛斯贝格（H. Schlosberg）所提出的情绪三维度模式也对后来的研究产生了较大影响，包括快乐维度，即愉快—不愉快；强度维度，即激活水平；以及注意维度，即注意—拒绝。在之前情绪研究维度分析传统的基础上，拉塞尔提出，核心情感具有两个基本维度，一个是快乐维度或效价，即愉悦和不愉悦；一个是唤起或能量维度，由激活或失活（activation-inactivation）表示。核心情感是所有情绪充予事件的核心，甚至可以说，大多数心理事件都在不同程度上涉及核心情感。人总是具有某种核心情感，高强度的核心情感可以成为意识的中心，而温和的核心情感可能只是个体意识世界中的背景因素。另外，当核心情感发生变化时，意识则会被这种核心情感所填充，当这种感觉削弱或者稳定了之后，核心情感则又会成为意识的一种背景。核心情感的愉悦—不愉悦维度为主体做出是趋近还是逃避的一般性准备；核心情感的激活与否决定了主体是否采取坚决行动，但是采取什么具体行动则取决于认知，取决于主体对当前情况和资源的评估、目标以及为实现目标所制订的计划等。

实际上，尽管两大理论划分情感的标准和结果不一样，但是我们可以看出，他们的情感分类都是建立在同一个假定的基础之上，即承认情感具有两个重要特性，即情感有效价（积极与消极或愉悦与不愉悦）和强度两大特性，如前所述，这也是目前关于情感特性为数不多，但极其重要的共识之一。承认情感的效价与强度对意识、认知和行为具有不同的作用也为情感作为自变量的社会研究实现可操作化提供了基础。

---

① Carroll E. Izard, "Emotion Theory and Research: Highlights, Unanswered Questions, and Emerging Issues", *Annual Review of Psychology*, Vol. 60, 2009, p. 320.

② 孟昭兰主编：《情绪心理学》，北京大学出版社2005年版，第5页。

（三）情感与意识

提出情感这一核心概念后，学者们面临的另一问题是情感/感觉与意识的关系，即以感觉为本质要素的情感是意识接触范畴之内的还是意识之外、无意识的。对于这个问题，两大理论提供了类似的答案，即情感的本质是有意识的感觉。

为了回答核心情感与意识之间的关系，拉塞尔对意识做出了两种重要划分[①]：一是将意识区分为从核心到背景再到边缘的连续体，这也可以看成是意识的多种层次。这些不同的意识层次从清晰到隐含有一个逐渐弱化的过程，但是即使是最边缘的状态也可以通过注意力转移而被意识到，只要注意发生转变。[②] 拉塞尔认为，情感总是处于意识范畴之内的，不同的情境下情感可能处于核心意识之中，也可能成为背景意识和边缘意识。二是将意识区分为初级状态（primary state，第一等级）和次级状态（secondary state，第二等级）。核心情感是意识的初级状态，是第一等级意识，而情绪后设经历（emotional meta-experience）则处于意识的次级状态。比如感觉不好就是意识的初级状态，而感到害怕则是次级状态，因为感到害怕涉及对不良感觉的预期、原因感知以及采取某种行动的愿望等非情感性进程。

伊扎德在阐述情绪感受概念的时候指出：情绪感受有一个特征，就是总是被体验到或感受到，尽管不必然能在语言可表达的意识层面被标识或表达出来。从情绪与意识/认知关系的角度说，就是情绪感受是意识之上的，“情绪感受至少能被某种层次的意识所捕捉”[③]。为了说明情绪与意识的关系，伊扎德也对意识进行了区分，认为意识至少有两个层次，一个是现象意识（phenomenal consciousness）[④]，一个是反思性/可汇报性意识（reflective consciousness），也就是认知。与此相关的是，伊扎德还认为情绪感受可以仅仅存在于现象意识之中，

---

① James A. Russell, “Emotion in Human Consciousness is Built on Core Affect”, *Journal of Consciousness Studies*, Vol. 12, No. 8-10, 2005, pp. 26-42.

② Ibid., p. 28.

③ Carroll E. Izard, “Emotion Theory and Research: Highlights, Unanswered Questions, and Emerging Issues”, *Annual Review of Psychology*, Vol. 60, 2009, p. 10.

④ 现象意识指的是这样一种意识层次，即物体、事件和情绪感受能被注意到但是仍然是一种不能通过语言表达的体验。

可以独立并脱离于认知进程即反思性意识而存在，这种仅仅存在于现象意识之中的情绪感受仍然能得到表现并发挥功能性作用，可以引发面部和身体的活动以及其他行为等。同时，支持现象意识与反思性意识的神经系统通常都处于互动之中，正是这种互动使得情绪感受具有影响思想和行动的功能。①

拉塞尔和伊扎德对意识的区分以及对意识与情感之间联系所做的描述几乎是如出一辙，可以说，两大理论对于情感与意识的关系具有高度的共识，即情感是意识可以接触到的。换句话说，这两大理论所讨论的核心情感或情绪感受是有意识的情感，而不是无意识情感。②即便不能被高级意识即反思性意识所接触到，但是情感总是可以被感觉到、被意识到的。这种观点对于情感研究具有重要的方法论意义。拉塞尔的核心情感变化正因为是可以感受到和意识到的，才会激起行为体的归因行为；伊扎德的情绪感受正因为是意识可以接触到的，才会产生行为体的情感表达行为。只有感受到或意识到某种情感，才会有情感表达，情感才能从个体内在心理现象外溢为某种可以观察、可以分析的现象。

在心理学心理建构主义和情绪分化理论两大理论趋同的基础上，本书的核心概念——情感被界定为：情感是一种神经生理活动状态，表现为最简单的感觉状态。情感首先是一种“感”，即感觉，其实这种感觉区别于一般的感觉，是体验为好与不好、同情与厌恶等感情含义的感觉。情感是能够意识到的最基本的感情体验，与行为体的高级认知（反思性意识）相对。这种以感觉为本质的情感是所有情绪性现象或事件的关键要素。情感具有积极消极/愉悦不愉悦的两极效价特性和强度特性，情感的效价与强度对体验者的行为与高级认识具有重要的作用。这样界定的“情感”为社会科学中情感相关研究的推进提供了概念、分析框架以及方法论基础。

---

① Carroll E. Izard, “Emotion Theory and Research: Highlights, Unanswered Questions, and Emerging Issues”, *Annual Review of Psychology*, Vol. 60, 2009, p. 11.

② 柳恒超、许燕：《情绪研究的新趋向：从有意识情绪到无意识情绪》，《北京师范大学学报（社会科学版）》2008 年第 6 期，第 43 页。

第二节　情感与行为倾向

第一节中，笔者对情感这一核心概念进行了界定。但是为了将情感变量带入国际关系研究，必须要进一步指出情感要素相对于认知因素具有一定的独立性，对于理解社会关系现象和人类施动性具有一定的必要性。本节主要借鉴神经生物科学的研究成果来说明情感能够独立于高级认知而存在并发挥作用，理性的社会行为和决策不能离开情感的作用。但是正如认知心理学家所揭示的，人类的大多数行为仍然要受到高级认知的支配和影响，“大多数情况下，并不存在纯粹的情感，也不存在纯粹的认知，情感与认知总是处于不断的互动中，共同影响并解释着人类的行为”①。因此，情感与认知所具有的相对独立的不同功能，以及情感与认知之间的相互作用需要得到进一步的澄清。

一　情感要素的独立性和情感研究的必要性

20 世纪末兴起的“新神经科学革命”不仅为情感要素独立于认知要素提供了神经生物学的实验证据，还为理智依赖于情感，即情感因素对理性认知和社会行为的重要意义提供了神经生物学基础。神经科学情绪研究成果进一步助推了社会科学领域情感研究的深入和扩展。

（一）神经科学与情绪研究

关于情绪的神经基础研究在神经科学中具有较长的历史，学者们用临床和实验研究来探索情绪和大脑结构之间的关系以及情绪的信息加工过程等问题。长期以来，情绪心理学各个阶段的理论倾向都与当时神经科学研究进展密不可分，而于 20 世纪末开始的“新神经科学革命”对情绪心理学以及所有涉及情绪研究的社会科学更是产生了革

① Carroll E. Izard, “Emotion Theory and Research: Highlights, Unanswered Questions, and Emerging Issues”, *Annual Review of Psychology*, Vol. 60, 2009, p. 3.

命性的影响。

19 世纪末期美国心理学家詹姆斯和丹麦生理学家兰格（C. Lange）同时提出情绪是一种内脏反应或对身体状态的感觉，他们认为植物性神经系统活动的增强和血管扩展就会产生愉快感，植物性神经系统活动的减弱，血管收缩就会产生恐怖感。[①] 但是这种认识过于简单和肤浅，人的内脏和植物性神经系统的功能变化，只是情绪表现的一个侧面。四十多年后，随着脑神经科学的发展，情绪神经学不断涌现新的理论：美国心理学家卡侬（W. B. Cannon）提出的情绪丘脑学说，认为情绪体验和情绪表现是丘脑的统一功能；美国心理学家林斯莱（D. B. Lindsley）提出了情绪激活理论，即脑干上行网状激活系统汇集了各种感觉冲动，在整合后弥散地投射至大脑；20 世纪中期，帕帕兹（J. W. Papez）和麦克林（MacLean）提出了情绪边缘系统理论（Limbic system theory）。[②] 所有这些理论都有一个共同的假定，就是丘脑在接受外部刺激的感官信号之后，首先将信号传送到皮层，皮层结构再将信号投射到负责情绪激活的神经系统。这就为情绪依赖于认知系统提供了神经生物学的依据。

到了 20 世纪末期，以约瑟夫·勒杜克斯（Joseph LeDoux）和安东尼奥·达马西奥（Antonio R. Damasio）为代表的美国神经科学家在实验的基础上得出了可靠的结论，对这种情绪产生的神经生物基础提出了挑战，对大脑结构、身体、情绪与认知以及情绪与理智等古老话题提供了新的解释，掀起了一场被称为“新神经科学革命”的运动。勒杜克斯的《情绪脑》[③] 与达马西奥的《笛卡尔的错误》奠定了这场新神经科学革命的基石。《情绪脑》为情感的独立性提供了实验依据，而《笛卡尔的错误》进一步指出了理智依赖于情感的神经生物基础。

（二）情感的独立性

神经科学的传统观点认为，眼睛、耳朵和其他感觉器官将信号传送到丘脑，然后再传到新皮层处理感觉的区域，感觉信号在这里集合

① William James, “What is an Emotion?”, *Mind*, Vol. 9, No. 34, April 1884, pp. 188-205.

② 孟昭兰主编：《情绪心理学》，北京大学出版社 2005 年版，第 19 页。

③ Joseph LeDoux, *The Emotional Brain*, New York: Touchstone, 1996.

成我们所感知的具体对象。信号又从新皮层传送到边缘脑，然后由边缘脑（杏仁核）发出准确的反应指令，并传送到整个大脑以及身体的其他部位，形成情绪反应。但是勒杜克斯对动物的恐惧进行的研究，却推翻了这种盛行一时的情绪边缘系统理论的结论。勒杜克斯在一个关键的实验中，破坏了老鼠的听觉皮层，然后把老鼠放在伴随着电击的声音环境中。虽然老鼠的新皮层接收不了声音信号，但它们很快就懂得害怕这些声音。有所不同的是，声音在这种情况下从耳朵传送到丘脑后，直接传送到杏仁核，这一过程跳过了其他所有更高层次的神经通道。简而言之，老鼠无须任何高级皮层的活动就学会了情绪的反应，其奥秘就在于杏仁核能够独立地感知、记忆和指挥老鼠的恐惧情绪。勒杜克斯的研究显示，从眼睛或耳朵输入的感觉信号首先到达大脑的丘脑，然后通过一个单独的突触传到杏仁核；丘脑发出的第二个信号则传到新皮层，即思考脑。信号的分叉使杏仁核能先于新皮层作出反应，而新皮层在通过多个层次的大脑回路对信息进行充分分析之后，才能全面掌握情况，并最终作出更加精准的反应。

勒杜克斯的研究对理解情绪生活具有革命性的意义，他第一个发现了感觉的神经通道可以绕过新皮层直接连接情绪中枢杏仁核，这条神经通道也被称为非特异神经通道，通常被视为一条神经通路的捷径。勒杜克斯的研究告诉我们，情绪系统可以不依赖于新皮层自动作出反应。有些情绪反应和情绪记忆可以在完全没有任何意识和认知参与的情况下形成。自此以后，从发生学上来说，情绪可以独立于认知、理性而存在被越来越多的人接受。情绪发生、情绪记忆的储存以及情绪记忆的提取，进而对行为体行为发生作用，都可以完全独立于认知进程，这对于情绪研究具有重要的意义。

实际上，早在20世纪初，冯特（Wundt）就提出了情感首要性（affective primacy）的概念，在心理学界引起了激烈的争论，招致了无数的批评。虽然在这期间也有一批心理学家主张情感/感受优先性，但总体而言，在心理学认知革命的影响下，情感依赖认知、包含于认知的观点占据相当大的优势。[①] 到了20世纪80年代，心理学界再次掀起关于情绪与认知关系的争论，情绪是否具有独立性甚至是首要性/优先性再次成为心理学界关注的焦点。其中，扎荣茨（R. B. Zajonc）和拉扎勒斯（R. S. Lazarus）分别是争论双方的典型代表。[②]

1980年，扎荣茨在《美国心理学家》杂志上发表了《感觉与思想》一文，提出情感在某些场合下独立于认知的观点。拉扎勒斯对扎荣茨的观点进行了反驳。拉扎勒斯认为扎荣茨对认知评估的理解存在误区，"认知评估不一定是深思熟虑、理性或者是有意识进程"，"我们不是必须要在完成信息处理之后才能对意义作出情绪反应"。[③] 实际上，这是将认知评估的含义扩大，加入了非意识性信息处理因素。在回应拉扎勒斯评判性文章时，扎荣茨在《关于情感的首要性》一文中首先指出拉扎勒斯对认知评估定义的不可证伪性，并重新论证了其主要观点：情感与认知是分离的并且是部分独立的系统，尽管二者通常是一起发挥作用，但是情感在没有认知进程参与的情况下可以独立产生。[④] 扎荣茨接着运用心理学界的诸多实验成果证明和解释情感反应在进化史和个体发展过程中的首要性、情感与认知存在于分离的神经解剖结构、认知说服难以改变态度（情感）、情感倾向首因效应而认知评估倾向近因效应以及情感状态可以被非认知及非知觉程序所引发等论点。[⑤]

现在我们可以知道，勒杜克斯实验结果在某种程度上为扎荣茨的观点提供了支持。但是，发生在扎荣茨和拉扎勒斯之间的争论从某种

---

① R. S . Lazarus, "Thoughts on the Relations between Emotion and Cognition", *American Psychologist*, Vol. 37, No. 9, September 1982, p. 1020.

② 参见 R. B. Zajonc, "Feeling and Thinking: Preferences Need No Inferences", *American Psychologist*, Vol. 35, No. 2, February 1980, pp. 151-175; "On the Primacy of Affect", *American Psychologist*, Vol. 39, No. 2, February 1984, pp. 117-123; R. S. Lazarus, "Thoughts on the Relations Between Emotion and Cognition", *American Psychologist*, Vol. 37, No. 9, pp. 1019-1024; "On the Primacy of Cognition", *American Psychologist*, Vol. 39, No. 2 February 1984, pp. 124-129.

③ R. S. Lazarus, "Thoughts on the Relations Between Emotion and Cognition", *American Psychologist*, *American Psychologist*, Vol. 37, No. 9, 1982, pp. 1021-1022.

④ R. B. Zajonc, "On the Primacy of Affect", *American Psychologist*, Vol. 39, No. 2, February 1984, p. 117.

⑤ Ibid., pp. 117-123.

程度上来说，仅仅是关于认知评价是否包含无意识感知或非意识性进程。[①] 这种概念上的分歧至少能反映一种倾向，即争论的双方，即使是认知主义情绪理论也承认情绪在某种程度上可以独立于高级意识（认知进程）而存在并发生作用。承认情感具有一定程度的独立性、能发挥独立的功能性作用对于情感变量地位的确立以及情感变量进入人文社会学科研究领域提供了可能。

（三）理性决策与社会行为依赖于情感

达马西奥的研究着重于探讨情绪与理智之间的关系。情绪与理智关系的传统观点是情绪与理智是分离的，情绪是理智的对立面。这种观点可以追溯到柏拉图那里。在柏拉图眼里，情绪是混杂的、凌乱的，远离人的理性。哲学家笛卡尔提出的身心二元论则为这种情绪与理智二元对立的观点提供了近代哲学基础。笛卡尔区分了身体状态（情绪）和心灵状态（理智），认为思维独立于身体（情绪）而存在。[②] 在大量实验研究的基础上，达马西奥的研究成果颠覆了这种情绪与理性二元对立的传统观念。

《笛卡尔的错误》一书的主题就是探讨情绪与理智的关系，达马西奥对这个古老问题的探讨发源于一个名叫盖奇的人的传奇经历。1848 年，一位名为盖奇的铁路工人在一起炸药事故中头部受伤。在他病愈后，他的智力、语言和运动能力都没有受到丝毫的损伤，但是他的性格却完全变了，在现实社会环境中，他无法协调人际关系和计划等各项任务。盖奇的例子说明在人的大脑中存在着某些区域，他的损坏不影响语言和智力，但是影响人的社会行为，使得人失去了协调、计划和决策的能力，改变了人的性格。通过对一位名叫埃利奥特（Elliot）的现代盖奇案例进行研究后，达马西奥发现，这位在一次脑部手术中丧失了情绪能力的病人，虽然具有与以前相同的智力水平却无法对日常生活作出基本决策。达马西奥通过观察发现，额叶损伤的幼年患者几乎无法学会那些本该支配他们行为的社会习俗和伦理规

① Joseph E. LeDoux, "Emotion: Clues from the Brain", *Annual Review of Psychology*, Vol. 46, 1995, p. 224.

② 炎冰、严明：《心身二元与科学之科学》，《扬州大学学报（人文社会科学版）》2008 年第 5 期，第 15—22 页。

范，而成年患者虽然知道习俗和规范，但却无法按照这些规范来采取行为。上述发现表明，恰当的社会行为需要情绪的参与，而且要想掌握与恰当行为有关的知识，情绪也是必需的。[①] 至此，达马西奥得出结论，理性决策不仅是逻辑思维的产物，还必须要有情绪与感受的支持。情绪在某些情况下可以替代理智，比如恐惧可以使得大多数人在短期内稍微借助或不借助理智来规避风险。尽管对于人类来说，大多数行为要依靠在进化过程中获得更为复杂的理智系统，但是理智系统自身是作为自主情绪系统的延伸进化而来的，情绪在理智过程中扮演着各种不同的角色。比如，情绪可以使某一前提凸显出来，从而使个体更偏好这一前提所得出的结论。情绪还可以协助完成各种事实的心理存储，而这些事实在决策时将会发挥作用。[②] 总之，达马西奥的研究表明，情绪和外部环境经过感知在脑中形成的写象（即理智）一起，相互协调、相互反馈决定了我们的行为，没有情绪的存在，仅仅依靠认知能力，人不可能作出正确的决策，也不可能有正常的社会行为。[③]

20 世纪 90 年代以来的这场以情绪为主要关注的神经科学革命不仅促使情感成为神经科学与社会科学领域的热点议题，更重要的是冲击了关于情绪与认知、理性关系的传统观念，对于社会科学内所有涉及情绪问题的研究带来了观念转型，这种观念巨变也为 20 世纪末 21 世纪初情绪心理学家在情绪的构成要素以及情感与认知的整体性与互动关系上取得更大共识奠定了基础。

二　情感的动机性与行为体的趋避行为

情感与认知对于人类行为具有不同的意义和功能。正如伊扎德所说，情感促动行为，而认知框定行为的方式。[④] 感知、判断、推理等

---

① ［美］安东尼奥·达马西奥：《笛卡尔的错误：情绪、推理和人脑》，毛彩凤译，教育科学出版社 2007 年版，出版十周年序。

② 同上。

③ 韦钰：《也许会引起你震撼的一本书——〈笛卡尔的错误〉》（http：//blog. handsbrain. com/weiyu/categories/91996）。

④ Carroll E. Izard, "Emotion Theory and Research: Highlights, Unanswered Questions, and Emerging Issues", *Annual Review of Psychology*, Vol. 60, 2009, p. 5.

认知进程对于行为的意义众所周知，但是这些认知进程只是告诉人们如何去做，那人们为什么去做呢？这就是动机理论所要提供的解释。情绪神经科学与情绪心理学家的研究工作为探寻人类需要与动机的根源提供了新的思路。

很长时间以来，学者们并没有理解情感与动机之间的联系，其原因在于："当人们提到动机时，注意力通常集中于指向目标的行为上，而讨论情绪时，注意力通常集中于伴随行为的主观体验上。"① 但是，"在许多情况下，情绪本身就是一种目标行为，即我们之所以从事某种活动，因为我们知道它将给我们带来愉快。此外，大多数指向目标的动机行为都伴随着某种情绪体验。虽然我们可能全神贯注于力求达到的目标而未注意到此时的情绪，但是，当力求达到的目标受到阻碍（愤怒、绝望）或最终实现时（快乐、喜悦），我们就容易意识到其中伴随的情绪了"。②

心理学界关于需要与动机最成熟、经住了时间考验的理论可以算是马斯洛的需要层次论。在提出需要层次理论之前，马斯洛探讨了动机/需要③的分类标准。马斯洛认为："当分析一个人有意识的欲望时，我们往往会发现可以追溯其根源，即追溯该人其他更基本的目的"、"这种更深入的分析有个特点，它最终总是会导致一些我们不能再追究的目标或者需要。……也就是说，动机的研究在某种程度上必须是人类的终极目标、欲望和需要的研究"。④ 生活中一个最常见的例子可以解释马斯洛的这种动机分类标准。比如，我们需要钱，目的是买一辆汽车。因为邻居有汽车而我们又不愿意感到低人一等，所

---

① 乔建中：《情绪与动机：情绪心理学家的动机理论》，《南京师大学报（社会科学版）》1993 年第 3 期，第 51 页。

② 同上。

③ 在心理学领域，现在大多数都已经承认，需要和动机是两个不同的概念，需要是一种内部力量的需要，只有在生活中才能实现出来；而动机是需要的对象化，即由于对象被发现，所感受到的对象获得了需要的激励和引导，需要才变成了动机。不过，马斯洛并没有对需要和动机概念作出明确的区分。参见列昂捷夫《活动 意识 个性》，上海译文出版社 1980 年版本，转引自许金声《译者前言：关于马斯洛的需要层次论》，载［美］亚伯拉罕·马斯洛：《动机与人格》，许金声等译，中国人民大学出版社 2007 年版，第 13—14 页。

④ ［美］亚伯拉罕·马斯洛：《动机与人格》，许金声等译，中国人民大学出版社 2007 年版，第 5—6 页。

以我们也需要一辆，这样我们就可以维护自尊心并且得到别人的爱和尊重。所以，在这个例子中，真正的动机和需要不是要获得钱，也不是要买汽车，而是获得别人的爱和尊重，或者自尊，其终极根源是情感上的满足。

根据马斯洛自己所提出的动机标准，马斯洛基本需求几乎都可以追溯为对某种性质的情感满足的追求。马斯洛提出生理、安全、归属、自尊和自我实现是人类基本需求或动机。[①] 在五大基本需求中，安全、归属和爱以及自尊根据马斯洛自己所提出的原则就可以追溯为对某种情感性需要的满足。比如安全需要，马斯洛所归纳的安全类型需求包括安全、稳定、依赖、保护、免受恐吓、焦躁和混乱的折磨等等。所有这些需要实际上都是为了避免体验恐惧这一负面情感需要的反映。马斯洛对儿童心理行为的观察也说明了这一点，安全感得不到满足，儿童就会产生恐惧感；[②] 归属需要，实际上是人类对与社会、与他人之间紧密接触、亲密感的追求，是为了避免体验到疏离感、陌生感和孤独感等负面情感的需要；自尊是指在社会上"获得对自己的稳定的、牢固不变的、通常较高的评价的需要和欲望"，进而"自尊需要的满足导致一种自信的感情"。[③] 所以，从马斯洛自己对这些基本需求的理解，它们无一不是最终指向追求积极情绪、消除消极情绪。

马斯洛所提出的第一个需求层次——生理需要，在情绪心理学家眼中并不是一个独立的动机层次。心理学家汤姆金斯（S. S. Tomkins）早在20世纪就认为，生理需要经过一种媒介的放大，才能驱策有机体去行动，这种起放大作用的媒介就是情绪，同生理需要的满足与否相联系的情绪反应，在决定内驱力是否能成为现实的动机力量上起着关键的作用。[④] 进而，情绪的动机作用不仅表现为对生理需

---

① 也有人认为是7个层次，即增加了认知和审美需要。

② ［美］亚伯拉罕·马斯洛：《动机与人格》，许金声等译，中国人民大学出版社2007年版，第21—23页。

③ 同上书，第27—28页。

④ 转引自乔建中《情绪与动机：情绪心理学家的动机理论》，《南京师大学报（社会科学版）》1993年第3期，第52页。

求的放大，情绪本身就是一种基本的动机系统。[①] 结合神经生物科学的研究成果，可以更好地理解这一点。以饥饿为例，胃液侵害胃壁而产生身体刺激，这一刺激上传到丘脑，丘脑一方面把这种感觉信息由特异通路输送到皮层感觉区产生认知性感知觉；另一方面，感觉丘脑将这种刺激通过非特异性通道传递到杏仁核，引起杏仁核的不愉快的情感反应，然后这种不愉快的情绪性神经反应弥散性地投射到当前活动的感觉皮层，就产生了含有厌恶态度的不愉快情感，这种不愉快情绪与上述认知性感知结合在一起，我们就感受到了一种既有器官的身体位置和内部变化特征的感知觉，又有了含有厌恶态度的完整的感受。于是我们就产生了要解除这种不愉快情感而喝水的需要和动机。设想一下，如果在这整个生理需要产生的过程中，没有了情感成分，那么这一感受中就没有了任何喜厌态度的空洞感觉，感知觉提供的信息就仅仅是关于身体内部变化的绘图，我们既不讨厌也不喜欢这种变化，那我们还为什么要去喝水呢？所以说，就是最基本的生理需要，追求愉悦情感、避免不愉悦情感也是其终极动机，而认知性的感知觉则为这种终极动机提供解决的途径。

所以，人类的任何行为都是在情感这个根源的驱动下产生的。情感驱动着人类的行为，人类行为总是为了追求积极、愉悦的情感体验而避免和消除消极、不愉悦的情感体验。情感所具有的这种动机性是情感与社会行为关联的重要原理，因为不同效价的情感体验总是为人类行为提供着或趋或避的驱动性力量。

第三节　情感与认知

伊扎德提出的情绪动机系统对心理学理解人类的动机与行为产生了重要影响。伊扎德提出了三种类型的动机结构，即内驱力、情感—认知的相互作用和情感—认知结构。如上文饥饿感所显示的，内驱力即基本生理需要有了情感的参与才能作为动机而促发行为；情感—认

① 孟昭兰主编：《情绪心理学》，北京大学出版社2005年版，第35页。

知的相互作用则是人类动机系统的主要组成部分，而情感—认知结构则是特定的感情模式与特定的认知定式长期互动结合而形成的心理特征或人格倾向。[①] 人类行为的动机系统离不开情感，但是正如伊扎德所言，情感与认识的互动结合才是人类最主要的动机系统。情感与认知的整体性互动则是理解大多数情感充予社会行为的必要方式。

在神经科学的影响下，情绪心理学界对于情绪构成中情感与认知要素的整体性进行了相当深刻的反思，其结果就是表现为将情绪重新概念化为包含情感与认知的复合性概念，心理建构主义和分化情绪理论分别用情绪事件和情绪图式的概念替代了传统的情绪概念。这反映了在情感相关概念中，情感性与认知性因素具有整体性并相互作用，这为理解社会科学中情感充予现象提供了新的视角。

一 情感与认知的整体性：情绪事件与情绪图式

情绪心理建构主义学者拉塞尔用情绪事件替代了传统的情绪概念。拉塞尔认为，日常生活中我们所经历的各种情绪实际上是由核心情感与感知、认知以及行为倾向在不同情境中所建构成的情绪性事件。除了核心情感外，情感品质感知（perception of affective quality）是拉塞尔情绪事件心理建构模型中的另一个基本要素，是指主体对刺激物本身所具有的愉悦或不愉悦、激活或非激活品质的感知，这是一个“冷”进程，当它引起核心情感改变时就具有了“热”的性质。[②] 所有的物体和事件都包含一定的情感品质。当人们观察世界，所看到的并不是一个个冷冰冰的客观现实，而是包含一定情感品质的客体。情感品质感知是评估事物情感性特征的知觉进程。客体的情感品质通向主体核心情感的重要通道是归因这个认知性机制。当核心情感发生变化时，个体通常会将核心情感的变化与一个感知到的原因，即客体联系起来，就形成了归因性情感（attributed affect）。归因性情感引导着个体对客体的关注和采取针对客体的行为。核心情感、客体的情感品质感知这两个原始进程是一切情绪的基本要素，在归因机制的作用

① 孟昭兰主编：《情绪心理学》，北京大学出版社2005年版，第35页。

② James A. Russell, “Core Affect and Psychological Construction of Emotion”, *Psychological Review*, Vol. 110, No. 1, 2003, pp. 145-172.

下，两者建立起联系并产生出归因性情感，它们单独或者与其他信息处理和行为计划等进程一起构成了“情绪事件”（emotional episode）。

理解拉塞尔的情绪事件建构过程，有两个关键的特征需要特别说明。一是该模型所强调的最终情绪事件，是由核心情感、认知性的感知、归因和行为一起共同构成的，它既不是人类进化过程中的生物性遗传，也不是由既有的社会规则或者种类所固定下来的，主体所经历的每一次情绪事件都是由原始要素根据特定情境重新建构的。这个特征可以概括为情绪情节的情境性。第二个特征关于拉塞尔所描述的情感性生活生态学。拉塞尔认为情感性生活不应该被描述为一种偶尔会被一些典型情绪事件所打断的长期非情绪性“正常”生活，而应该被视为核心情感、情感品质的普遍性感知以及经常性的核心情感归因等要素组成的一个不断波动和变化着的生态。因此，情绪性生活的变动性是拉塞尔心理建构主义模式的第二个关键特征。

伊扎德的情绪图式指的是一种情绪—认知互动，该互动引发感受—思想体验以及行为倾向。伊扎德认为，尽管从功能上来讲，情绪和认知具有分离的特征和影响，但是两者在大脑中是相互作用、相互结合或者是混合在一起的。在情绪图式中，支持情绪感受与感知、认知的神经系统和心智进程持续不断地、充满活力地互动，引发并监督着行为体的思想和行为。这种充满活力的互动可以引发无数具有相同核心感受状态但是不同感知倾向、思想和行为计划的具体情绪体验。简言之，情绪图式包含两个成分，即情绪感受和认知，其中情绪感受仍然是情绪图式中的主要动机性成分，而认知成分更多地受到个体差异、学习以及社会与文化环境的影响。

伊扎德从发展理论出发，描述了情绪图式产生的过程。伊扎德认为，一旦个体发展使得情绪体验能与高级认知联系起来，儿童就开始将情绪感受与概念结合起来，组成越来越多的复杂情绪图式。这样，在具体情境中伴随给定情绪感受的语言就成为情绪管理、自我控制以及其他执行功能的工具。情绪与认知的这种互动也使得情绪图式能在一个较长时间，甚至无限长的时间内持续存在，因为，情绪与认知的互动为管理和利用情绪图式提供了一种有效手段，经常反复出现的情绪图式则有可能稳定为某种情绪特性，直至成为某种人格特质的动机性成分。

拉塞尔和伊扎德的情感认知结合模式，最大的不同之处在于拉塞尔关注的是在具体情境中情绪事件的一次性建构，而伊扎德更注重情感与认知结合的进化与发展。尽管有这样那样的不同，但是情绪图式和情绪事件的概念同时指出了大多数情感充予的事件是作为情感与认知结合与互动的整体而存在着的，这对社会科学领域情感相关问题的理解和重新概念化提供了新的视角。

实际上，随着情绪神经科学和情绪心理学的发展，大多数人都基本接受情感无所不在的观点，情感“渗透在生活的各个方面，人们所说所做的每一件事无不包含着情感的成分”①。不光是心理学界有这样的认识，社会学领域也在20世纪80年代开始对忽略情感这一无所不在的现象进行了反思。② 从情感与认知整体性出发，我们可以更好地理解国际社会中一些情感充予的概念。比如，国家之间的恐惧，实际上就是一种消极情绪认知图式，包括行为体的不愉悦感受、对恐惧对象的感知、对其行为做出的不良判断以及对后果的消极预期等内容。在这种情绪图式的促动下，行为体采取现实主义所描述的所有人反对所有人、争夺权力、自助等等行为。在恐惧情感认知互动的作用下，行为体的每一次情感充予的行为都建构成一次情绪事件。同样，社会身份进化所需要的信任也可以理解为是一种情绪图式，包括行为体之间的愉悦情感、对信任对象做出的积极感知、判断以及行为的良好预期等。社会身份的概念实际上就是这样一种关于自我与他者关系的情感感受和相应的认知进程的情绪图式，这样的情绪图式可以是如情绪事件一样在特定情境中的一次建构，也可以在特定条件下成为稳定的情绪认知结构。总之，情感与认知整体性关系为理解国际关系中的一些情感充予的现象提供了新的理解视角。

二　情感与认知的相互作用

理解社会现象离不开情感与认知两方面因素的整体性考虑，这两

---

① 孟昭兰主编：《情绪心理学》，北京大学出版社2005年版，序二。

② ［美］乔纳森·特纳：《情感社会学》，孙俊才、文军译，上海人民出版社2007年版，第1页。

种因素也并不是机械地结合在一起的，而是包含于一个相互影响、相互作用的互动进程之中，20 世纪 80 年代发生在扎荣茨和拉扎勒斯之间关于情感是否依赖于认知的争论已经得到解决。但是，证明情感在一定程度具有独立性并没有否定在大多数情况下情感与认知是相互作用、相互依赖的事实。实际情况是，“认知加工过程不可避免地有情绪介入，对认知给以正面或负面的影响；同时，情绪的发生虽有其先天的一面，但又经常受到认知过程的调节”[①]。

（一）情感与认知偏向的方向

情感对注意、判断、记忆提取以及预测等认知活动的影响被称为情绪对认知活动的“组织作用”[②]。伊扎德突出强调情感的信息性功能。伊扎德认为情绪感受这个概念之所以重要是因为感受是情绪的关键心理成分，具有动机性和信息性的心理功能，能为认知和行为提供信息。进而，情绪感受还有预知功能，即通过预期未来情境和其情感体验结果之间的联系来预测未来刺激的效果。这种预测功能对于想象的世界尤其重要，因为它能促进学习与情绪相关的社会化进程。在情感对认知活动的影响上，拉塞尔首先指出了情感对认知活动的激发作用。拉塞尔指出，当核心情感发生变化时，就会引起主体的归因行为，这个过程可以是自发的，也可以是有意的。在归因过程中，人们一般会寻找与其对客体的情感品质相符的素材，正因为这个归因过程，核心情感对于注意、判断、精神模拟（预期）以及记忆提取等认知进程产生重要影响，其影响的一般原则是情感/心境一致性原则（mood-congruency effect）。

行为体的信息加工由于信息的广泛性而受到局限，因此信息加工具有选择性是人类大脑工作的一种特性，它是行为体适应无限繁多的刺激物的一种方式。[③] 这种信息加工的选择性也就导致注意具有一定的指向性与集中性，而情感使得注意所关注的信息面变得更加的狭窄。根据心境一致性原则，愉悦的情感促使人们关注并接触到积极的

---

① 孟昭兰主编：《情绪心理学》，北京大学出版社 2005 年版，第 93 页。

② L. Sroufe, “Socioemotional Development”, in D. Osofsky (Ed.), *Handbook of Infant Development*, New York: Wiley, 1979.

③ 孟昭兰主编：《情绪心理学》，北京大学出版社 2005 年版，第 100 页。

素材，而不愉悦的核心情感则使人们关注消极的素材。同样，行为体的判断、记忆提取、精神模拟等认知活动都大体上遵循着心境一致性原则：情感越愉悦，对客体的评估判断就越积极，对未来的预期就越乐观；如果情感体现了当前环境的情感品质，那么与当前环境具有相似情感品质的情境记忆就更容易被提取。[①]

不少情绪心理学家提出了一些理论来解释情感/心境一致性现象，其中有两个理论得到了较多的经验研究的支持。其一就是心境信息等价模式（mood-as-information model），这是20世纪80年代由施沃茨（Norbert Schwarz）和克劳尔（Gerald Clore）倡导的。[②] 该理论认为当人们对某种社会情境做出反应时，会直接使用其情感作为信息，伊扎德所提出的情绪信息功能就是建立在这个发现之上。比如，通过实验，施沃茨和克劳尔发现，在阳光明媚人们心情好的时候，被实验者对其生活满意程度的判断要明显高于阴雨天心情不好的时候。[③] 因此，将情感直接当作判断信息来源的现象解释了情感一致性原则。其二即是鲍尔（Bower）于1981年提出的情感启动理论（Affect Priming Theory），即情感激发后会自动启动与该情感相关的观念和记忆。鲍尔通过联系网络模型（associative network model）对此予以解释。鲍尔基本情绪是以节点的形式储存在认知系统中的，相关事物通过节点相联系。当某个情绪节点被触发后，与之联结的相关网络将被激活。相关网络包括相应的生理、行为反应，相关主题及相应的情绪事件。当快乐情绪节点被激活时，相应的网络也随之激活，包括快乐情绪的生理、行为反应，并且更倾向于加工或回忆起愉快事件。无论是心境信息等价模式还是情感启动理论，都是试图对情感一致性理论提供解释。而自1940年提出后，经过多年的实验研究和理论观察，情感/心境一致性理论差不多已经成为一个普遍的和可信赖的原则。[④]

---

① James A. Russell, "Core Affect and Psychological Construction of Emotion", *Psychological Review*, Vol. 110, No. 1, 2003, p. 156.

② Norbert Schwarz, and Gerald L. Clore, "Mood as Information: 20 Years Later", *Psychological Inquiry*, Vol. 14, No. 3 and 4, 2003, pp. 296-303.

③ Ibid., p. 298.

④ Joseph P. Forgas, "Feeling and doing: Affective Influences on Interpersonal Behavior", *Psychological Inquiry*, Vol. 13, No. 1, 2002, pp. 3-4.

情感一致性原则实际上反映的是情感对认知偏向形成的作用。在情感一致性原则下，行为体的情感感受为其认知活动提供了方向，在很大程度上决定了认知进程或积极或消极偏向的发生以及认知活动的结果。

（二）认知进程调节情感

情绪的产生具有一定的先天性，但是一般情况下都会受到认知进程，尤其是评价活动的调节。实际上，情绪的认知评估理论家关于评价机制能激发情绪的观点反映了情绪与认知关系的一个方面。

情绪的认知评估理论最突出的代表人物有阿诺德（M. B. Arnold）、沙赫特（S. Schachter）、拉扎勒斯、曼德勒（G. Mandler）等等。评估模式的理论家认为情感与机体的生理唤醒有密切的联系，但是情感并不是单纯地由反射性或习惯性的方式引起的，而是个体通过评估认知机制进行意义解释而产生的。[①] 阿诺德提出的评价理论在情绪理论的发展史上具有重要地位。阿诺德认为情绪体验是有机体对刺激事件的意义被觉知后产生的，而刺激事件的意义来自评价。她举例说，在森林里遇到一只熊，会产生极大的惊恐。然而在动物园里看到阿拉斯加巨熊时，不但不产生恐惧，反而使人产生兴趣和惊奇。阿诺德认为这种情感反应来自对情境的知觉—评价过程。[②]

在认知情绪理论的基础上，心理学家霍夫曼（M. Hoffman）对评价干预情感激发的机制进行了总结。评价所导致的情感反应，可由评价刺激事件发生的原因、评价事件发生的后果以及同标准相比较这三种加工模式上而来。[③] 对刺激事件发生原因的不同评价会导致不同的情感反应，比如老师常常对智能低下的学生得到坏成绩产生同情和怜悯，但是对于有能力的学生由于不努力而得到坏成绩则不会产生同情；刺激事件对个体会产生什么样的影响，其影响是当前的还是未来的，是短暂的还是持久的，是重要的还是无足轻重的，都会引起或不引起不同的情感反应；最后，刺激事件与个体心目中标准相比较是否

---

① Maria Gendron and Lisa Feldman Barrett, "Reconstructing the Past: a Century of Ideas about Emotion in Psychology", *Emotion Review*, Vol. 1, No. 4, 2009, p. 317.

② 孟昭兰：《人类情绪》，上海人民出版社 1989 年版，第 27 页。

③ M. Hoffman, "Affect, Cognition and Motivation", in Sorrentino, R. (ed.), *Handbook of Motivation and Cognition*, New York: Guilford Press, 1986.

相符也会使人产生积极或消极的情感。

虽然评估心理学家认为情绪完全是认知评价的功能或结果，由认知所决定，忽略了情绪对认知和行为的影响的观点和做法不可取，但是认知—评价理论纠正了传统心理学和哲学把情绪和理智看作绝对独立和互相排斥的观念，认知—评价理论把情绪的发生与认知评价紧密地联系在一起，代表着改变这一传统观念的重要支柱。① 评估模式的这一重要主张被神经科学的实验研究所证明，也被后来的情绪心理学家所继承。他们的研究成果解释了情感与认知互动的一个方面，是从整体性和互动性视角重新审视所有情感充予的社会现象不可或缺的工具。

本章小结

这一章中，笔者借鉴神经生物科学和情绪心理学的重要研究成果，界定了本书的核心变量情感的含义、分析维度及其与意识的关系，论证了情感作为研究社会现象和行为重要变量的独立性和必要性。同时从情感与认知的整体性和互动性的视角去理解情感与认知施动的相互关系及其对人类社会行为的意义，指出情感与认知相对独立，对于社会行为具有不同的功能，即情感是人类行为动机的最终根源，而认知则为人类实现该动机提供了认知性工具；同时提出，情感与认知的相互作用是大多数社会行为发生的基础。

自21世纪以来，对于整个人文社会学科来说，情绪研究中出现的分歧远远没有其共识来得重要，这些共识构成了一个可以被称作范式转变的里程碑，这个范式转变的核心内容就是承认没有情感无涉的理智，所有理智进程都受到永恒存在的情感的影响。② 人类社会活动的一切领域都不能忽略情感的影响，国际关系研究自然也无法例外，国际关系中诸如社会身份这类情感充予现象的研究就更是如此了。

---

① 孟昭兰主编：《情绪心理学》，北京大学出版社2005年版，第30页。

② "There is no such thing as an affectless mind", Carroll E. Izard, "Basic Emotions, Natural Kinds, Emotion Schemas, and a New Paradigm", *Perspectives on Psychological Science*, Vol. 2, No. 3, 2007, p. 270.

第四章

关系导向身份建构的情感动力框架

在第二章中，笔者根据关系本位对国际关系提出的一系列假定，重新界定了关系导向身份的概念，指出关系导向身份的情境性、变动性以及构成要素情感与认知的整体性等特征。这一章的主要任务就是提出关系导向身份建构的情感动力框架，着重从互动实践塑造行为体情感与认知心理进程，以及情感与认知两种心理进程在互动实践中相互作用的视角，去重新理解身份建构与转化过程，指出情感为身份建构提供了动力和方向。

神经科学革命对情感与理性认知关系的革命性颠覆也给国际关系学者反思理性主义提供了契机。进入 21 世纪以后，国际关系学界开始出现关注情感作用的呼声，学者们开始探讨情感在外交决策、规范传播以及身份构建中的作用。不过总体看来，情感研究在国际关系领域还没有得到足够的重视和系统的研究，远远不及其他社会科学领域对情感问题的重视程度。在本章中，笔者首先简单回顾国际关系领域中现有关于情感与身份建构问题的研究成果，之后提出本书的主要理论框架，即国际互动中关系导向身份建构的情感动力框架。最后，笔者将讨论国际关系中情感研究所遇到的方法论难题，并结合相关学者现有的讨论和意见提出情感研究的可能路径，为案例研究提供方法论基础。

第一节　情感与身份建构研究

随着情感研究在人文社会科学各个领域的兴起，情感因素也开始进入国际关系研究者的视野。尤其是 2001 年“9·11”事件发生后，国际关系相关的新闻报道更是充斥着情感语汇。不过，尽管如此，国际关系理论界却并没有形成系统而持续的情感研究热潮，这与心理学、社会学、神经科学甚至是经济学相比，堪称是一个奇怪的滞后现象，尤其是考虑到越来越多的主要国际冲突都有强烈的情感因素的卷入。造成这种奇怪现象的原因有很大一部分是结构主义和认知主义倾向对国际关系理论界的深远影响。即便是对理性主义展开最深刻批判的建构主义，也由于其认知主义理论倾向而无法跨出这看似很小的一步。[①] 不过，在步入 21 世纪前后，在几个重要学者的领衔倡导下，情感议题总算开始出现在一些重要期刊之上。

一　情感研究在国际关系领域的兴起

默瑟（Jonathan Mercer）于 1996 年在一篇会议文章中指出了国际关系理论长期忽略情感要素的现象，并且提出了情感与国际关系研究各个议题结合的可能性。[②] 遗憾的是，这篇文章一直没有公开发表。2006 年默瑟再次撰文为推进国际关系学界的情感研究做出努力，指出情感并不局限于第一意向上的研究，情感因素可以在微观个体心理层次，还可以在国家层次甚至是国际体系层次上发挥作用。[③] 默瑟敏锐地捕捉到情绪因素在战略互动中的重要作用，提出了情绪的两个重要特性，即充当同化机制和为认知提供证据。借助这两个特征，情绪能解释战略互动中出现的一些问题，从而才能更好地理解理性行为体的想法与行为。[④]

克劳福德（Neta C. Crawford）是最早在国际关系研究中提倡情感研究的学者之一。2000 年《国际安全》杂志刊载了克劳福德的一篇

---

① Andrew A. G. Ross, "Coming in from the Cold: Constructivism and Emotions", *European Journal of International Relations*, Vol. 12, No. 2, 2006, p. 197.

② Jonathan Mercer, "Approaching Emotion in International Politics", paper presented at the International Studies Association Conference, San Diego, California, April 25, 1996. 转引自 Neta C. Crawford, "The Passion of World Politics: Propositions on Emotions and Emotional Relationships", *International Security*, Vol. 24, No. 4, Spring 2000, p. 116.

③ Jonathan Mercer, "Human Nature and the First Image: Emotion in International Politics", *Journal of International Relations and Development*, Vol. 9, 2006, pp. 288-303.

④ Jonathan Mercer, "Emotion and Strategy in the Korea War", *International Organization*, Vol. 67, Spring 2013, pp. 221-252.

颇有影响力的文章。文章指出情感一直是国际关系理论中的隐含要素，只是长期以来没有得到理论化。克劳福德指出，随着心理学界“情感革命”的开展，对于行为体施动性的共有理解也开始发生转移，理性不再被认为是行为体的主要特性；恐惧和其他情感也不仅仅是行为体的个体特性，它们常常被制度化入世界政治的结构和进程中，因此，承认并系统研究情感因素对于发展国际关系理论具有重要的意义。①

克劳福德除了指出现实主义和自由主义国际关系理论中隐含着的情感假定，分析了情感研究长期得不到重视的原因之外，还对情感在国际政治研究中的理论化做出了初步的努力，希望为建立系统的研究议程奠定基础。在对情绪研究的生物、认知和社会建构各学派概念界定进行统合的基础上，克劳福德对情绪的概念做出了尝试性的界定，并提出了一些开创性的假设。不过，克劳福德所界定的情绪是一个笼统的概念，包含了生理、认知、文化等等各种要素，但是又没能将这些要素与核心情感分解开来，更没有阐明这些要素之间的相互关系，这使得本来就很复杂的情绪概念更加复杂，给国际关系理论研究者接触情绪问题带来了更大的困难。所以，克劳福德为情绪概念化和理论化所做的努力并没有能带动国际关系领域情感研究的繁兴。

除了这些总体上的呼吁和基础性的理论假设之外，国际关系领域的情感研究还有另外重要的一支，集中关注情感对外交政策的影响。这可以被看作是情感政治学研究领域的一个分支。相比国际关系领域，情感在政治学研究中有着较长的历史。在一篇重要的梳理性文章中，马科斯（G. E. Marcus）总结了政治学中情感研究的两种路径：第一种路径的研究对象集中于领导人，主要研究领导人个性中的情感倾向对决策和行为的影响，或者在特定的重要政治决策中，情感对领导人决策的影响；另一种路径的研究对象是公众，研究议程主要是公众对于当前局势所经历的不同情感反应。② 这两种研究路径也在国际

① Neta C. Crawford, “The Passion of World Politics: Propositions on Emotions and Emotional Relationships”, *International Security*, Vol. 24, No. 4, Spring 2000, p. 116.

② G. E. Marcus, “Emotions in Politics”, *Annual Review of Political Science*, Vol. 3, 2000, pp. 221-250.

关系外交决策研究中有所反映。进入21世纪，在“9·11”事件及其之后的反恐战争影响下，国际关系事件越来越多地涉及情感因素，更多的国际关系学者开始关注情感因素对国际关系进程、外交决策、非政府行为体行为的影响，这些研究集中于一些具体的分立情绪，包括羞辱、愤怒、反美情绪等等。[①]

总体而言，在进入21世纪之际，国际关系领域的一部分学者开始关注情感的重要作用，但是研究比较零散、不够系统和深入，研究成果也没有得到足够的重视。在这些少量的研究成果中，有一个研究取向开始引起越来越多的关注，这个取向的研究主题与本书关注的命题高度相关，即情感与身份建构之间的关系。下面，笔者着重对这些理论成果进行简单介绍，并分析这些成果的优势和局限及其与本书的不同诉求。

二　国际关系研究中的情感与身份建构

建构主义理论框架下，一些受到后结构主义影响的国际关系学者开始研究情感与身份的关系问题。受到“9·11”事件及其后的恐怖主义战争的影响与启发，一批学者从具体情绪出发，比如羞辱、愤怒等，探讨精神创伤（trauma）对身份破坏与重建的影响。[②] 也有的学者从批判主流建构主义认知施动性入手，强调行为体的情感性施动在社会运动中建构了身份的情感性基础。[③] 这些成果为情感研究在国际

① Brent E. Sasley, “Affective Attachment and Foreign Policy: Israel and the 1993 Oslo Accords”, *European Journal of International Relations*, Vol. 16, No. 4, , 2010, pp. 1–23; Paul Saurette, “You Dissin Me? Humiliation and Post 9/11 Global Politics”, *Review of International Studies*, Vol. 32, 2006, pp. 495–522; P. J. Katzenstein, and Robert O. Keohane, “Varieties of Anti-Americanism: A Framework for Analysis”, in Peter J. Katzenstein and Robert O. Keohane (eds.), *Anti-Americanism in World Politics*, Ithaca, NY: Cornell, University Press, 2007, pp. 9–38; Andrew A. G. Ross, “Why They Don't Hate Us: Emotion, Agency and the Politics of ‘Anti-Americanism’,” *Millennium-Jounal of International Studies*, Vol. 39, No. 1, 2010, pp. 109–125.

② 参见 Emma Hutchison, “Trauma and the Politics of Emotions: Constituting Identity, Security and Community after the Bali Bombing”, *International Relations*, Vol. 24, No. 1, 2010, pp. 65–86; K. M. Fierke, “Where of We can Speak, There of We Must Not Be Silent: Trauma, Political Solipsism and War”, *Review of International Studies*, 2004, 30 (4), pp. 471–491。

③ Andrew A. G. Ross, *Affective States: Rethinking Passion in Global Politics*, Ph. D. Dissertation, Johns Hopkins University, 2005.

关系理论领域的推进做出了贡献，提出了一些很有启发意义的假设，但同时也都有各自的不足之处。

（一）情感、精神创伤与身份构建

在探讨精神创伤与身份建构关系的文章中，一个主要的论点就是作为个体心理的情感性体验，在表征（representation）[①] 实践中，被赋予了集体性的社会意义，从而成为身份构建的关键基础。不同的研究者强调了个体情感社会化过程中不同表征手段的重要性。哈奇森（Emma Hutchison）强调媒体对巴厘岛爆炸的报道在个体情感社会化过程中的关键作用；[②] 菲尔克（K. M. Fierke）则强调领导人的语言表达在个体情感社会化过程中的作用。[③]

这类研究揭示了情感是身份形成的关键基础，指出了对情感的表征是身份建构的重要手段和场所，为建构主义的身份研究提供了全新的视角，其理论意义表现为以下几个方面：首先，对建构主义身份概念进行了修正。如前所述，主流建构主义的身份概念来源于微观社会学的符号互动主义传统，依赖于符号、意义等认知性概念，忽视了身份的情感要素和情感性基础。通过关注精神创伤后身份的重建，情感对身份建构的作用得到充分彰显，有力地证明了情感因素对于身份建构的重要意义。其次，为个体心理性情感通向集体社会性的身份搭建了桥梁。情感研究在社会学和国际关系研究中滞后于心理学等其他人文社会学科的现象部分地是因为情感被看作是个体心理现象，除了研究个体心理对决策和行为的影响外，情感与社会问题尤其是国际关系中观和宏观层次现象似乎有着不可逾越的鸿沟。而对精神创伤的研究，指出了情感通过表征通向集体情感的途径，为微观的个体心理和中观、宏观的社会身份概念提供了沟通的桥梁。进而，情感的表征不仅为情感社会化提供了一种可能，也为解决情感研究方法论难题提供

---

① 关于“representation”一词的翻译和所表达的意思经历了从“再现”到“表征”的转变，参见《Representation：从再现到表征——论斯图尔特·霍尔的文化表征理论》，《江西师范大学学报（哲学社会科学版）》2008 年第 6 期，第 73—80 页。

② Emma Hutchison，“Trauma and the Politics of Emotions：Constituting Identity，Security and Community after the Bali Bombing”，*International Relations*，Vol. 24，No. 1，2010，pp. 65-86.

③ K. M. Fierke，“Where of We can Speak，There of We Must Not Be Silent：Trauma，Political Solipsism and War”，*Review of International Studies*，Vol. 30，No. 4，2004，pp. 471-491.

了新的思路。这将在下面关于方法论的探讨中予以进一步说明。

但是这些研究也有一定的局限性。首先，就是情感概念处理得模糊。研究者使用的是具体的、分立的情感种类，比如羞辱等，但是又没有对这些特殊种类的情感进行严格的界定。其次，没有讨论身份中认知成分的作用以及情感进程与认知进程的相互关系。身份要最终形成不仅需要情感基础，还需要经过认知进程的处理，情感进程与认知进程是整体性的，不可分离的。没有认知进程的参与，情感只是无目的、漂浮着的情感氛围而已。最后，这些研究专注于创伤发生的危机时期情感对身份的建构作用，只是部分地解释了情感对于身份建构的作用，情感不仅仅是在危机时期对身份建构发挥作用。虽然在这样的非常时期，情感的作用更容易甄别，关注非常时期情感对身份建构的作用有方法论上的优势①，但是情感对于所有的身份建构都发挥核心作用，而且更多的时候是发生在非危机状态下。

（二）情感、社会运动与身份建构

与危机时期情感与身份重建研究不同，罗斯（Andrew A. G. Ross）从社会实践视角对情感与身份建构的关系提供了另一种解释，更加关注行为体的心理与生理进程。罗斯要解释的是个体内化身份，即身份形成的心理和生理进程，并论证在这个进程中情感是至关重要的因素。罗斯的主要观点是情感是个体与不断变化的社会和政治关系连接通道的润滑剂。国家在从事战略计算和成本收益分析之前和当时，是受情感联系（affective connections）驱动的，即个人在与团体形成认知、意识形态或符号联系之前就经历了集体施动——由情感联系激发的集体施动。② 主流建构主义认为政治关系是通过身份来建构的，而身份被理解成人们所持有的关于适当社会角色的信念。罗斯的研究重心是发生在信念、叙述和符号等政治身份研究者所熟悉的进程之前或发生于其中的情感。各种各样的社会实践和事件都会诱发情感，情感重新塑造和创造着敌对、关切以及构成全球政治的各种各样

① Roland Bleiker and Emma Hutchison, "Fear No More: Emotions and World Politics", *Review of International Studies*, Vol. 34, 2008, p. 129.

② Andrew A. G. Ross, *Affective States: Rethinking Passion in Global Politics*, Ph. D. Dissertation, Johns Hopkins University, 2005, p. 11.

的关系。

罗斯对情感的界定是建立在詹姆斯的生理情绪学说之上的。罗斯接受詹姆斯的主要观点，即情感产生于生理变化，但同时借鉴社会学和神经科学的研究成果，对感情（affect）的概念进行了修正，即感情涉及身体但却不取决于身体的变化。罗斯认为并不是所有的感情实质上都是认知感觉，不是所有的感情都是意识可以觉察到并含有认知性内容的。认知性情感/激情仅仅代表着与政治研究相关的所有感情经历中的一部分。

罗斯所界定的感情有三个特性。首先，感情是无意识的，是意识之下的现象。在罗斯的研究中，感情被认为首先创造了社会关系，然后这些社会关系才被公开地表述为团体身份。其次，感情是主体间（intersubjective）的，非主体的（nonsubjective）。感情是由主体间的习惯和记忆构成，但个体对经历感情没有自主权。罗斯认为感情的这种非主体性对于集体身份的建构尤其重要。由于这种非主体性，感情独立于这些个体而存在，感情并不属于这些个体。因为一个感情流可能会被社会成员或政治团体的其他成员所共享，所以感情是一个集体现象。① 个体所感受到的主体性情绪（subjective emotions）与连接诸多个体的主体间感情（intersubjective affect）有联系却不相同。将感情界定为主体间现象使得感情天然成为个体与他人和集体机构的连接纽带。② 最后，感情诱发是个综合进程，依赖于早已经存在的记忆和习惯，每种感情都部分地依赖于一些之前经历的保存在记忆中的感情。因此，感情不仅仅是由某种外部力量或者基本冲动所引起的，更是由涉及记忆的关系性进程所诱发的。

感情是如何注入（infuse）身份的呢？罗斯认为，集体身份是由团体成员所共享的情感性习惯和记忆来维系的，集体身份表达的不是个体的集合，而是可以影响行为体多重归属的感情块，这些感情块是通过社会实践形成和加强的。在社会实践中，行为体汇聚了身体经历（感情），激活了集体联系所必需的历史记忆。社会事件诱发感情，

① Andrew A. G. Ross, *Affective States: Rethinking Passion in Global Politics*, Ph. D. Dissertation, Johns Hopkins University, 2005, p. 163.

② Ibid., p. 168.

并不是说社会实践直接导致感情的产生或创造了原先并不存在的感情，准确地说是社会实践激活了已经存在于储备库中的记忆，与当前事件或诱发环境相似的历史记忆会被激活。[①]当感情与这些习惯、记忆共同构成一种经历，形成某种感情块，就为个体接受一种团体联系做好了准备。身份构成的这些主要成分很快就会被打上认知的印记，被标示为某种身份。[②]

通过重新界定感情概念，发掘感情与记忆和习惯的整体性关系，罗斯建立了身份建构的途径。罗斯是为数不多的以感情为核心变量系统探讨身份建构的学者之一，他提出的理论具有一定的开拓性意义。尤其是罗斯对主流建构主义的反思认知性施动进行了批评，恢复了行为体的情感性施动属性，为在建构主义框架下研究情感问题、丰富和完善建构主义研究议题提供了可能。罗斯正确地指出，温特所使用的理论假定——认知信念的首要性和有意图的个体施动性是如何导致了建构主义学者在解释施动者内化身份进程中捉襟见肘的局面。罗斯的努力为情感研究走进主流国际关系理论的视野做出了重要贡献。

不过罗斯身份再生产的情感理论也有一些值得商榷的地方。首先，罗斯将情感定义为无意识的，就为进一步发掘情感与认知之间的关系制造了操作难题。罗斯虽然指出了情感与记忆和习惯之间的联系，但是社会身份形成过程中情感与认知的互动并不止于对情感性记忆的提取，还涉及情感与信息处理等认知进程的互动，互动的结果会影响到行为体对互动中利益关系的评估以及对情感联系的确认。情感如果处于意识之外，它是如何对这些认知进程发挥作用的呢？即使是对认知进程的确发挥了作用，我们又怎么能知道呢？实际上，在对情绪心理学情感概念的回顾中，我们可以知道问题的关键在于意识的分类，意识并不等于认知。如拉塞尔和伊扎德所做的那样，意识可以分为原始意识和次级意识或者是现象意识和高级意识。次级意识或高级意识通常等同于认知。比如婴儿，婴儿没有获得语言和其他认知能力，不能描述、表达甚至是对所感受到的情感进行归因，但是他们同

① Andrew A. G. Ross, *Affective States: Rethinking Passion in Global Politics*, Ph. D. Dissertation, Johns Hopkins University, 2005, p. 31.

② Ibid., pp. 160-170.

样能意识到这种情感，我们同样能观察到这种情感的作用。罗斯所提到的意识，实际上指的应该是高级意识，即反思和意义。[①] 没有区分意识的多重层次就将情感一概认定为无意识现象，是罗斯不能进一步发掘情感与认知互动关系的原因。

其次，罗斯不将情感看作是个体的、私有的心理生活，而是当作连接个人与社会共享经验的主体间习惯、姿态和记忆。[②] 罗斯强调在国际政治中探讨情感的作用不一定需要个体心理理论，关注集体共享的情感，我们就可以在高度重合的各分析层次中发现存在着一个更加多样化的社会关系网络。[③] 罗斯发现的这个社会关系网络无疑是国际关系学科研究情感问题的最佳落脚点，也指出了国际关系的本质性，即一个多样化、复合性社会关系网络。但是直接将情感界定为一种非主体性的现象，使得这种身份理论更适合于理解单位层次的团体身份再生产，而国家在国际社会中相对于他者的关系性社会身份则无法依赖这样的逻辑来得到解释。因为在国家间互动过程中，情感很难像国内社会运动中那样，在诱发之初就作为一种主体间情感流而存在，相反，在大多数情况下，国家间互动所诱发的情感是国家个体所持有的。

（三）本书与上述情感与身份研究的不同

通过对国际关系中情感研究的简单回顾，尤其是对情感与国际关系行为体身份建构的相关理论进行梳理之后，笔者要指出本书与上述研究取向的不同之处，也是本书的特色和可能的创新之处。

1. 关注的研究层次和研究对象不一样

无论是探讨精神创伤和身份建构还是社会实践与身份建构，研究者所关注的基本上都是国家团体身份的形成机制，其研究的背景不是国际社会中的国家间关系。本书所关注的是国际社会中行为体在国际互动中如何形成相对于他者的关系导向身份。实际上，这样的两种研究取向应该是互补的关系，而情感无论是在团体内部互动中还是在国

---

① Andrew A. G. Ross, "Coming in from the Cold", *European Journal of International Relations*, Vol. 12, No. 2, 2006, p. 210.

② Andrew A. G. Ross, *Affective States*: *Rethinking Passion in Global Politics*, Ph. D. Dissertation, Johns Hopkins University, 2005, p. 31, note 67.

③ Ibid., p. 33.

家间互动中都对行为体的认知和行为产生影响，情感与认知的互动共同决定了社会身份的再生产。但是由于研究的层次不同、环境不同，所以关注的对象就不同，关注的互动进程也不同，发挥作用的要素也就有很大的不同。所以，微观结构上的互动进程与单位层次内互动进程遵循的逻辑是不一样的。

2. 研究的重心不一样

与分析层次相联系，本书与上述研究的另外一个不同之处在于关注的重心。在国际社会中，影响国家间身份关系的因素更为复杂，身份形成中的理性认知进程更加突出，因此，情感与认知互动对关系导向身份的构建具有更为重要的意义。而主要关注国家团体身份建构的学者对于情感与认知的互动关系较少涉及。精神创伤主要关注个体情感如何上升为集体情感，从而为国家身份的重建提供情感性基础；社会实践理论虽然将身份视为情感与习惯、记忆等要素的综合，但是仍然没有探讨互动过程中情感与其他理性认知进程的相互关系。在情感性习惯和记忆初步形成后，就快速地被行为体所承认，从而被标示为某种身份。[①] 在国际社会国家间互动的背景下，忽略高级认知进程的参与无疑会给理论的解释力带来很大的局限。所以，本书不仅关注国家间互动所产生的情感体验，还会探讨互动过程中情感与认知进程的相互作用，这是国际互动层次上国家社会身份建构过程中的重要环节。

总之，国际关系研究中现有的这些情感研究成果为本书提供了借鉴和启示，它们的不足之处，或者是没有涉及的领域也为笔者的假设提供了理论空间。下一节中，笔者提出本书的主要理论假设，这些理论假设描述了国际社会微观互动进程中，关系导向身份是如何在行为体情感与心理进程的相互作用下建构与变化的。

第二节　关系导向身份建构的情感动力框架

本书关注的理论问题是国际社会中行为体间关系导向身份是如何

① Andrew A. C. Ross, *Affective States: Rethinking Passion in Global Politics*, Ph. D. Dissertation, Johns Hopkins University, 2005, pp. 160-170.

建构与转化的。关系导向身份强调身份的复合性、流动性，也强调身份激活的情境性；既注重身份建构的微观互动进程，也注重互动进程对行为体心理进程的影响；既关注互动过程中认知进程对情感的调节，更注重情感对认知进程的组织作用。本节就在这些基本假定的基础上尝试提出一个情感与认知互动的身份建构框架，在这个框架中，情感是整个进程的动力和方向性来源。

在阐明身份建构的情感动力框架时，需要对前文所阐述的两组重要假定进行总结。第一组假定来源于关系本位和关系导向身份，关系到身份变量：①身份是情感充予的社会现象，由情感联系与认知内容共同构成；②行为体在进入具体国际互动之前就具有预设身份；③具体的国际互动情境涉及的多重身份具有不同的凸显程度。第二组假定来源于心理学和神经科学情绪研究的成果，涉及情感变量：①情感激发、储存和记忆进程独立于高级认知进程，可独立作用于行为体的行为；②情感是人类行为动机的最终根源；③情感具有组织认知活动的功能。

一 情感附着与社会身份凸显

关系本位认为，社会环境是一个复杂的关系系统，是纵横交错的关系网络。行为体的社会身份是由这个复杂的关系网络确定的，这个关系网络是流动的，变动不居。作为社会关系网络的反映，行为体的社会身份自然也具有这种复杂性和变动性。这种复杂与变动的特性使得行为体的社会身份的凸显性变得更为重要。第二章中，笔者指出角色身份理论中身份的凸显等级是超情境性的，角色身份在不同场景中的凸显等级是不变的，对不同情境中行为体行为产生影响的可能性都是一样的。但是，在关系导向身份概念下，身份的激活不仅受到社会身份凸显等级的影响，还要受到互动情境的影响。不同的情境下，社会身份的凸显等级会重新排列组合，对行为体行为的影响程度也会随着情境的变化而有所不同。这个情境不仅包括互动发生的物质场合，即空间维度，还包含着行为体与他者的互动历史，即时间维度。

与结构主义不同的是，关系本位认为社会身份不能脱离时间维度，成为一个非历史的现象。比如温特身份理论中的第一次互动的假设，根据关系本位的假定，这是不成立的。互动身份激发的过程中，发挥作用的不仅仅是行为体内部的身份凸显等级，互动场景与互动双方的历史关系都会成为身份激活的影响因素。其实，当斯特莱克重新思考角色身份理论与情感的关系的时候，也对互动的历史维度给予关注。斯特莱克指出："承诺依赖于与意义他者之前互动的价值，如果其他条件不变，行为体之间具有共享的感情意义，他者的价值就更高。"[①] 所不同的是，斯特莱克对互动历史的关注集中于情感意义是否是共享的，而关系导向身份对互动历史的关注集中于情感意义是积极的还是消极的，是强烈的还是温和的。笔者对历史维度的关注是与情感的记忆功能密切相关的。根据神经科学家和心理学家的实验研究，情感具有独立的记忆系统，在没有认知系统干预的情况下独立地记忆以前发生的情感体验，情感记忆对当前的行为和对未来的预期都会产生影响。[②] 罗斯的身份建构理论也非常倚重情感记忆，认为社会实践诱发身体经历的同时，也激活了行为体历史储存的记忆，情感记忆是构成社会身份的基础。[③]

社会身份的时间与空间维度共同决定了其在不同情境中的凸显等级。根据角色身份理论，身份的凸显等级是由承诺决定的，而承诺包括互动承诺和情感承诺，这两种承诺又可以被看作是承诺的数量和质量两个维度。[④] 数量维度即互动性承诺指与该身份相联系的个体的数量，是工具性的；质量维度即情感性承诺是指行为体附着于该身份的情感强度。在本书中，由于社会身份具有情境性特征，身份凸显的数量维度与互动情境相结合，共同决定了行为体可能被激活的互动身份的范围。在角色身份理论中，情感性承诺只具有强度一个维度，这是与角色身份理论的结构性特征、缺乏历史维度相关联的。关系导向身

① Sheldon Stryker, "Integrating Emotion into Identity Theory", in Jonathan H. Turner (ed.), *Theory and Research on Human Emotions*, Oxford, UK, Elsevier Ltd., 2004, p. 11.

② Joseph P. Forgas , "Feeling and doing: Affective Influences on Interpersonal Behavior", *Psychological Inquiry*, Vol. 13, No. 1, 2002, pp. 1-28.

③ Andrew R. G. Ross, *Affective States: Rethinking Passion in Global Politics*, Ph. D. Dissertation, Johns Hopkins University, 2005.

④ Jan E. Stets, "Identity Theory and Emotions", in Jan E. Stets and Jonathan H. Turner (eds.), *Handbook of the Sociology of Emotions*, Spriner, 2006, p. 206.

份的情感承诺，不仅具有强度维度，还包含效价维度。情感的效价来自于对历史上互动情境的情感性记忆。行为体在历史互动中所形成的对某种社会身份的情感附着在类似的互动情境中会被唤起。情感是人类社会行为最基本的动机系统，人类行为从总体上说追求积极情感体验而避免消极情感体验，情感体验决定了行为体对某种社会身份的互动是趋近还是逃避的总体趋向。因此，历史互动中所形成的情感效价为行为体当下身份选择提供了是趋还是避的总体倾向，从而影响了不同社会身份的凸显等级。总之，互动情境（包含工具性评估）从总体上框定了行为体可能会激活的社会身份范围，这是社会身份激活的认知性进程；而行为体在历史互动中所形成的对社会身份的情感附着增大或减小了某种/些社会身份的激活可能性，这是社会身份激活的情感性进程。这两种进程共同决定了具体互动情境中，行为体社会身份的激活和选择，决定了行为体在互动中更倾向于用什么样的社会身份来界定自己、遵循什么样的规范并对互动对方具有什么样的预期。

主假设一：在特定的互动情境中，行为体可能激活的社会身份中，历史互动形成的附着情感的效价和强度决定了不同社会身份的凸显等级和激活可能性。

这个主假设可以进一步分解以下几个操作性假设：

（1）特定的互动情境决定了行为体可供选择的社会身份范围；

（2）历史互动中形成的附着于社会身份之上的情感是积极的、愉悦的，与历史互动中类似的社会身份凸显等级就高，激活的可能性就大；

（3）历史互动中形成的附着于社会身份之上的情感是消极的、不愉悦的，与历史互动中类似的社会身份凸显等级就低，激活的可能性就小；

（4）历史互动中形成的附着于社会身份之上的情感强度越大，行为体身份凸显等级就越明显，行为体身份选择的余地就越小。

二　社会身份互动与情感激发

（一）集体自尊与身份确认

在第三章中，笔者论证了情感是人类动机的根源。情感性需求驱动行为，这对于身份这个情感充予的社会现象来说更是如此。泰菲尔的社会身份理论认为行为体进行自我分类和社会比较的最终动机是追求集体自尊。为了满足自尊这个情感需求，行为体通过自我增强的社会比较心理进程，产生内群体偏向和外群体歧视。关系导向身份理论承认社会身份理论关于自尊需求的假定，但是却批评社会身份理论缺乏互动的集体自尊实现方式。关系导向身份认为群体之间的互动可以成为实现集体自尊的场所，这是一种外向性自尊实现的途径，相对于社会身份理论内向性的自尊实现方式有更大的解释力。

关系导向身份中，自我是“相互依赖的自我”，具有关注他者的特性，他者不仅是个体获得身份的参照和工具，还是行为体关注的目标，是行为体社会身份得以维系和确认的源泉。行为体社会身份的维持需要不断从他者那里得到确认，这种确认是行为体实现集体自尊这一情感需求的途径之一，在关系本位的视角中是重要甚至是首要的途径。如果当这种外向性自尊实现的途径得不到满足的情况下，群体成员就更倾向于诉诸内偏向的心理进程或者是其他认知和行为策略来追求自尊的满足，比如泰菲尔所说的自我增强的社会比较。

身份确认（identity-verification）指的是人们采取行动，以使感知到的某种情境下的自我意义符合其身份标准中所包含的意义。[①] 在自我确认的过程中，行为体经常通过观察互动对象的反应和观点来寻求自我确认。因此，身份确认的过程也可以被理解为互动中的他者对自我身份表现（identity performance）的支持[②]，或者是行为与身份期望相符合。[③] 在特定的情境中，行为体社会身份复合体中凸显等级高的社会身份规定了行为体在互动过程中自身的行为规范，也形成了对互动对象行为规范的预期。互动过程中行为体双方的行为是否支持和符合这种身份规范和预期，是行为体身份确认的来源。

① Peter J. Burke, Jan E. Stets, “Trust and Commitment through Self-Verification”, *Social Psychology Quarterly*, Vol. 62, No. 4, 1999, p. 349.

② George J. McCall and J. L. Simmons, *Identities and Interactions*, New York: Free Press, 1966.

③ Sheldon Stryker, “Integrating Emotion into Identity Theory”, in Jonathan H. Turner (eds.), Theory and Research on Human Emotions, Oxford: UK, Elsevier Ltd., 2004, p. 19.

（二）身份确认与情感

身份确认与否是通过评估和比较等认知机制来获得的，这个认知进程诱发了行为体的情感反应，解释了互动过程行为体情感变化的原因和方向。根据第三章关于评价认知活动调节情感激发的讨论，我们知道评价和比较可以在三个意义上引发情感，即评价刺激事件发生的原因、评价事件发生的后果以及同自身标准相比较这三种加工模式。[①]对刺激事件发生原因的不同评价会导致不同的情感反应；刺激事件对个体产生的影响是当前的还是未来的，是短暂的还是持久的，是重要的或是无足轻重的，会引起不同的情感反应；刺激事件与个体心目中标准相比较是否相符也会使人产生积极或消极的情感。在互动过程中，行为体会通过比较认知进程，对感知到的自我意义与其内在身份标准的意义进行比对，同时对这种比对结果进行评价和归因。在这个过程中，情感被激发，而体验到的情感又会促动行为体采取措施进一步确认其身份。

关于与他者互动过程中身份确认与情感激发的关系，社会学学者提出了各种假设。角色身份理论家斯特莱克提出：在互动过程中，行为体凸显等级高的积极身份的身份表现被他者所否认，行为体将会体验到高强度的情感反应；同样，当行为体否认消极身份的努力被互动他者拒绝的时候，行为体也会体验到高强度的情感反应。[②] 在这组假设中，斯特莱克指出了行为体互动中身份的凸显等级、身份情感附着的效价与情感反应强度之间的关系。但是他只强调了问题的一个方面，即他者对积极身份的否认，对消极身份的支持，没有涉及身份确认的另一面，即互动他者对行为体确认积极身份和否认消极身份努力的支持将会对行为体的情感反应产生什么样的影响。

与斯特莱特角色身份理论一样，社会学中互动角色身份和知觉控制理论都讨论了身份确认与情感体验之间的关系。关注互动角色身份的理论家麦考尔和西蒙斯将行为体的角色行为表现在互动中是否得到

---

① M. Hoffman, Affect, "Cognition and Motivation", in Sorrentino, R. (Ed.), *Handbook of Motivation and Cognition*, New York: Guilford Press, 1986.

② Sheldon Stryker, "Integrating Emotion into Identity Theory", in Jonathan H. Turner (ed.), *Theory and Research on Human Emotions*, Oxford, UK: Elsevier Ltd., 2004, p. 14.

来自他者的支持与行为体的情感体验结合起来，他们提出的假设是：当互动中的他者不支持行为体的身份表现（identity performance）时，行为体的重要（prominent）身份就在互动中遭到挑战，行为体会产生消极情感。[①] 伯克（Peter J. Burke）和斯戴兹（Jan E. Stets）提出的知觉控制理论认为，当情境中行为体所感知的自我意义与身份标准意义不匹配时就会产生一种“误差信号”（error signal），这种误差信号就转换成消极情感；而当互动情境中所感知的自我意义与身份标准意义相符合，行为体会体验到积极的自我增强的情感。[②]

结合上述有关身份确认与情感激发相关关系的一些假设，本书在关系导向身份他者关注特性的基础上，提出以下主假设和两个分假设。

主假设二：互动中，行为体凸显等级高的身份能否得到确认将激发行为体积极或消极的情感。

这个主假设可以分解为以下两个操作性假设：

（1）互动中凸显等级高的社会身份得到他者确认，行为体体验到积极情感；

（2）互动中凸显等级高的社会身份没得到他者确认，行为体体验消极情感。

三　情感动力与身份的建构与转化

互动中行为体凸显程度高的身份能否得到确认所诱发的情感是关系导向身份建构与转化的核心要素。首先，情感本身就是动机系统，决定了行为体是趋近还是逃避的总体行为趋势；其次，情感还对互动中行为体的认知进程产生影响，通过组织注意、评价、记忆提取和预期等认知活动为社会身份再生产认知进程提供方向性基础。这种是趋还是避的行为取向，和充斥着情感偏向的认知活动共同构成了行为体身份建构的内容和表现。

---

① Jan E. Stets, “Identity Theory and Emotions”, in Jan E. Stets and Jonathan H. Turner (Eds.), *Handbook of the Sociology of Emotions*, Spriner, 2006, p. 205.

② Peter J. Burke, Jan E. Stets, “Trust and Commitment through Self-Verification”, *Social Psychology Quarterly*, Vol. 62, No. 4, 1999, pp. 349-351.

（一）情感效价与趋避行为

情感是人类行为动机的最终根源，人们都追求体验积极情感而避免体验消极情感。当愉悦的积极情感产生时，人们倾向于接近、维持并增加产生这种情感的社会互动；而当不愉悦的消极情感在互动中产生时，人们倾向于采用多种战略去逃避这种感受。在探讨身份确认与情感关系的时候，伯克和斯戴兹指出，“身份理论的一个核心前提假定就是，人们需要建立和维持能确认其身份的社会情境和社会关系”[①]。因此，情感的效价—愉悦与不愉悦/积极与消极为行为体的社会互动行为提供了总体倾向。情感感受与行为倾向的这种直接联系，使得情感成为行为体身份关系再生产的核心动力要素。情感效价变化，身份就获得了转化的动力。需要强调的是，社会身份建构与转化的动力来源仍然是行为体之间的互动进程，只是动力并不是像认知主义学者所倡导的那样，来自于武力胁迫、利益促动或者是教育和说服。武力胁迫或利益促动只能形成战略利益关系，教育和说服如果是建立在利益的基础上，也只能形成暂时的战略利益关系。如果不建立在利益的基础上，就只能是建立在情感附着的基础上了，正如心理学家扎荣茨所指出的：情感逻辑在一定程度上独立于认知逻辑，交流、说服不足以改变态度或喜好。比如，一个不喜欢吃某种蔬菜的人，无论你举出多少种吃这种蔬菜的好处，也很难让他变得喜欢这种蔬菜。[②]

社会学身份理论家探讨过身份关系中的情感体验对行为体互动行为的影响。斯特莱克对于情感与行为倾向提出了以下假设：总体上看，积极情感更有可能导致行为体在这些身份关系中追求更多的互动，这反过来又会增加行为体对该身份关系的承诺；而消极情感则会对身份关系产生相反的效果；强烈的积极情感会引起确认与情感相联系身份的行为，而强烈的消极情感会导致行为体否认与该情感联系的

① Peter J. Burke, Jan E. Stets, “Trust and Commitment through Self-Verification”, *Social Psychology Quarterly*, Vol. 62, No. 4, 1999, p. 351.

② R. B. Zajonc, “Feeling and Thinking: Preferences Need No Inferences”, *American Psychologist*, Vol. 35, No. 2, 1980, pp. 157-158.

社会身份的行为。[①] 麦考尔和西蒙斯指出，当身份行为得不到他者支持从而产生消极情感时，行为体会采取从选择性感知、选择性诠释到责怪、批评、制裁他者甚至是中断互动等行为。[②] 伯克和斯戴兹也认为通过身份确认所产生的情感反应会反过来促动行为体的身份确认进程。行为体身份在现有互动中得不到确认时，行为体为了寻求身份确认，可能会采取选择性互动（selective interaction）的战略，即选择与能确认其身份的行为体互动而避免与否定其身份的行为体互动。这些假设都指出了互动中体验到的情感效价对行为体互动倾向的影响，其基本观点与笔者的假设类似。

主假设三：身份互动过程中产生的情感为行为体趋避行为提供动力。

（1）身份互动中产生不愉悦的消极情感，行为体倾向于逃避该互动进程；

（2）身份互动中产生愉悦的积极情感，行为体倾向于维持和增加互动进程。

（二）情感与认知活动

身份互动过程中行为体体验到的情感不仅为行为提供了一个总体趋向，还为行为体对具体互动内容的认知评价活动产生影响，为认知活动提供积极或消极的方向。社会学传统的角色身份理论认为角色身份是行为体对自身在社会角色结构中所处位置的认知。不过，由于角色身份不关注行为体身份形成的心理进程，所以，角色身份无法揭示出互动过程中行为体的情感心理与认知心理的变化和相互作用，不能解决身份形成过程中的动力和方向性问题。具有社会心理学传统的社会身份理论则关注身份形成的心理进程。社会身份理论认为社会身份不仅是一种认知，还包含着情感附着，具体表现在个人对团体的情感附着和对成员资格的认知。但是，由于忽略了行为体之间的互动进程对情感心理的影响，所以在社会身份理论那里，情感是没有变化的，

---

① Sheldon Stryker, "Integrating Emotion into Identity Theory", in Jonathan H. Turner (ed.), *Theory and Research on Human Emotions*, Oxford, UK: Elsevier Ltd., 2004, pp. 11–12.

② Jan E. Stets, "Identity Theory and Emotions", in Jan E. Stets and Jonathan H. Turner (eds.), *Handbook of the Sociology of Emotions*, Spriner, 2006, p. 205.

与认知进程本身似乎并没有联系，也正因为如此，社会身份理论不能摆脱悲观的群体间关系的宿命。[①] 而对于关系导向身份来说，首先情感在互动进程中是活跃的和不断变化的，其次情感进程与认知进程交织在一起，情感附着会通过对认知活动的组织作用注入行为体的认知进程中，从而形成社会身份的认知内容。

认知（cognition）就是认识（knowing）或认识行为（the act of knowing）所涉及的活动，包括知识积累的所有意识进程，其本质则是判断（judgement）。当代认知理论有两大研究取向，其中之一是信息处理取向，这是认知心理学中影响最为广泛的研究取向。[②] 认知心理学家将认知进程中的信息处理过程分解为对信息的感知和注意、学习和记忆、语言表达、推理和决策等不同的研究主题。[③]

在行为体的互动中，互动的具体内容——物质交换是行为体认知活动所要处理的主要信息对象。在身份互动过程中快速感受到的情感体验会融入到这些认知进程中去，一方面使得这种情感感受得到认知进程的承认，这与罗斯的判断是一致的；但是这种承认并不像罗斯所说的那样，直接就能被贴上某种身份的标签。[④] 这揭示出国家团体身份与关系导向身份形成中的重要区别，因为在国际互动中，行为体还会对互动收益进行认知评估。根据温特对集体身份的界定，利益上的相互促进是很重要的一个衡量标准。[⑤] 在国际关系互动中，利益协调与利益冲突是难以避免的，行为体对互动中涉及相互利益的信息如何感知、归因、判断、类比和预期显得尤其重要。根据情绪神经科学的研究可知，行为体的认知进程是在情感弥漫的状态下进行的，人们对

---

① 在社会身份理论中，情感是外在于心理进程的。首先，情感性需求——自尊作为动力因素外在于自我分类的心理进程。其次，社会比较心理进程结束后才产生内群体偏向和外群体歧视的情感性后果。

② Encyclopædia Britannica online, Chicago: Encyclopædia Britannica, 2001.

③ Koen Lamberts and Robert L. Goldstone, *The Handbook of Cognition*, London: Sage Publications, 2005.

④ Adrew G. Ross, *Affective States*, Ph. D. Dissertation, Johns Hopkins University, 2005, p. 162.

⑤ Alexander Wendt, "Collective Identity Formation and the International State", *The American Political Science Review*, Vol. 88, No. 2, 1994, pp. 385-387; ［美］亚历山大·温特：《国际政治的社会理论》，秦亚青译，上海人民出版社 2000 年版，第 287—288 页。

互动过程中接触到的信息进行处理的整个进程都会受到弥漫着的情感状态的启动和引导，情感通过对认知活动的这种影响将情感效价植入人们对相互关系的判断之中。同时，情感也在认知活动中真正落到实处，落到关于自我和他者情感关系的判断之中，没有这些认知进程的参与，情感体验只是漂浮状态的个体心理状态。

国际关系学界情感研究的倡导者们也注意到情感对行为体认知进程的重要作用。克劳福德就情感对认知进程的影响提出了几点具有启发意义的假设。克劳福德认为，个人或团体将其与他者的关系分为不同的情感种类，这些不同种类的情感关系影响着他们对他者的知觉，尤其是如何解释他者的行为或所处的情境。国际政治中的许多行为都是模棱两可的，外交政策制定者需要不断地对他者行为的原因和动机进行归因。团体间的情感性关系会影响到对他者行为原因和意图的归因。比如，如果之前存在的情感关系是友善的，彼此之间存在着移情性的相互理解，行为体就会将他者的模糊性行为解释为中性的、积极的；而行为体之间如果是恐惧、厌恶等消极的情感性关系，行为体就会对他者行为做出消极的评估，行为体就不太可能将他者行为理解为中性的或者是积极的。[①] 关于情感与记忆，克劳福德提出，特定的记忆与特定的情感联系在一起，反过来，当前的情感也影响到记忆的提取，影响到行为的类比推理。具有与当前情感效价类似的历史记忆更容易被行为体所提取，来与当前互动情境进行类比，来帮助行为体界定当前情境的性质、预期未来的利益得失以及所要采取的行为措施等。[②] 克劳福德所提出的这些假设在很多方面为笔者的假设提供了支持，指出了情感效价对感知、注意、判断以及记忆提取的影响，其影响原则也可以概括为情感一致性原则。

同样，默瑟也在最近的一篇文章中提出了“情感与认知在信念中相遇”[③] 的观点，认为诸如信任、民族主义、正义以及可信性等情感

① Neta C. Crawford, “The Passion of World Politics: Propositions on Emotions and Emotional Relationships”, *International Security*, Vol. 24, No. 4, Spring 2000, pp. 134-135.

② Ibid., pp. 140-142.

③ Jonathan Mercer, “Emotional Beliefs”, *International Organization*, Vol. 64, No. 1, 2010, p. 25.

充予的概念实际上是情感建构的信念，即情绪信念（emotional belief）。在信念建构的过程中，情感是同化机制，影响到行为体证据（信息）的选择、解释和评估认知等进程。默瑟认为与行为体感觉（feeling）相符的信息（证据）不需要进一步研究就被接受，而信息与感觉不相符则促使行为体寻求更多的证据，或者直接导致行为体低估或忽略这种不相符信息。[①] 默瑟也指出了情感在一致性原则下对行为体信息加工进程的组织作用。

综上所述，笔者就情感与认知互动建构身份提出以下假设：

主假设四：身份互动过程中产生的情感组织着行为体信息处理的认知活动，为行为体对互动进程的评估提供积极或消极的认知倾向。

（1）身份互动过程中产生不愉快的消极情感使得行为体更有可能关注互动中的消极信息、对互动利益做出消极评价、提取消极记忆进行类比并对未来互动做出消极预期。

（2）身份互动过程中产生愉快的积极情感使得行为体更有可能关注互动中的积极信息、对互动利益做出积极评价、提取积极记忆进行类比并对未来互动做出积极预期。

第四个主假设涉及身份建构的最后一个逻辑环节，即情感对行为体认知评估的组织作用。至此，关系导向身份再生产的整个逻辑就展现出来了。当身份互动中诱发的情感感受、由情感决定的总体行为倾向以及受到情感影响的关于互动进程的认知三者最终结合在一起时，行为体就形成了关于自我与他者情感关系的认知，也就是实现了身份的建构或转化。在这个过程中，情感感受是动力，情感感受发生变化，就会引发行为体身份建构与转变的进程，情感感受越强烈，身份建构与转化就获得越大的动力；同时情感的效价还决定了身份建构的方向。消极情感导致逃避的行为趋向，引导着行为体对互动中的利益关系做出消极的评估、归因、类比和预期，从而行为体会对自我与互动他者的关系做出消极的定位，比如竞争对手甚至是敌人；相反，积极情感导致接近的行为趋向，引导着行为体对互动中的利益关系做出

① Jonathan Mercer, "Emotional Beliefs", *International Organization*, Vol. 64, No. 1, 2010, pp. 8-9.

积极的评估、归因、类比和预期，从而行为体对自我与他者的关系做出积极的定位，比如朋友。这组理论假设可以用下图表示，图中黑色方框标示了整个身份建构过程的动力来源。

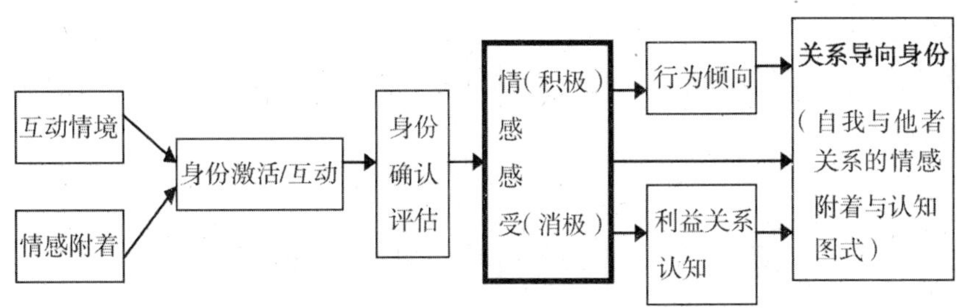

这个理论框架有两个问题需要进一步说明。首先，这个理论框架提出的是一个总体倾向性的问题，这是研究情感充予现象所不可避免的。[①] 在这个框架中，情感对认知的启动和组织作用不是绝对的。在两种情况下上图所描述的逻辑关系会遭到破坏：一种情况是在身份确认诱发积极情感体验的情况下，互动内容即物质利益明显地损坏一方利益，情感对认知进程的组织作用会受到削弱，身份建构的过程会遭到破坏；另一种情况正好相反，身份得不到确认时诱发了消极情感，但互动内容所提供的物质利益明显有利于双方或其中的一方，那么互动双方会形成战略利益关系，身份建构的过程也会遭到破坏。本书所关注的国际互动不考虑这种极端的情况，因为在大多数国际互动中，互动双方都是既有共同获利也有利益冲突的。

其次，主流建构主义理论没能解决的信任形成问题在本假设框架中也能得到合理的解释。当出现身份相互确认情境，互动双方产生信任的可能性就会增大。伯克和斯戴兹指出，社会身份互动中存在一种“相互确认”的情境。相互确认指的是行为体在互动中确认自身身份的行为也同时有助于互动的他者在该情境下得到身份确认。行为体在相互确认的身份互动过程会产生积极情感和信任感。相互确认的情境

① 关于在国际关系中开展情感研究所遇到的方法论难题以及需要遵循的原则和可能的方法将在下一节探讨。

下，行为体会持续体验到积极情感，而持续的积极情感能够增强行为体对对方的信任。这是因为，在愉悦情感状态下，自尊满足度高的行为体倾向于相信他者的良好意愿，并愿意承担也有能力应对信任带来的可能风险。[①] 心理学家通过实验也证明了愉悦的积极情感更容易导致信任的产生。心理学家对哺乳动物注射一种自然荷尔蒙，使得被试者产生一种温暖的感觉。实验证明，体验到这种感觉的被试者更容易信任他人。[②]

第三节　情感研究的方法论问题

在运用上述理论框架理解与解释经验案例之前，有必要讨论一下情感研究的方法论问题。除了理性认知主义传统根深蒂固的影响之外，方法论难题可能是目前阻碍情感研究在国际关系理论界繁兴的最大障碍了。目前，国际关系学者对于情感研究所涉及的方法论难题都不讳言，但却只有少数学者系统探讨情感研究的方法论问题。近年来，除了一篇文章专门探讨情感研究的方法论之外，只有少数学者在经验研究的过程中涉及一些具体的方法论问题。

一　情感研究的方法论难题

对于在国际关系中开展情感研究所面临的方法论难题，不少学者都进行了精辟的总结。默瑟大力倡导在国际关系研究中关注情感的作用，但同时也表示："情绪难以界定、难以操作、难以测量，并且难以与其他因素分离开来。"[③] 同样，克劳福德也认为，情感的瞬间性、内在性使得对情感进行有效测量很困难，而在国际政治中，也不易区

① Peter J. Burke, Jan E. Stets, "Trust and Commitment through Self-Verification", *Social Psychology Quarterly*, Vol. 62, No. 4, 2001, pp. 347-360.

② Michael Kosfeld, Markus Heinrichs, Paul J. Zak, etc. "Oxytocin Increases Trust in Humans", *Nature*, Vol. 435, No. 7042, 2005, pp. 673-676. 转引自 Jonathan Mercer, "Emotional Beliefs", *International Organization*, Vol. 64, No. 1, 2010, p. 6。

③ Roland Bleiker and Emma Hutchison, "Fear No More: Emotions and World Politics", *Review of International Studies*, Vol. 34, 2008, p. 117.

分真实的情感和工具性情感。[①] 西尔维亚（Paul Saurette）从个体与团体的心理层面揭示了这种困难的严重性。西尔维亚认为从个体角度来说，人们很少能充分意识到影响其决策和行为的所有因素，更是很少能清楚地监测到他们所感受到的确切情绪，当然也更不能精确地分析其影响；当我们要研究的是由诸多个人所组成的团体间情感动力的时候，问题就更加复杂；尤其是当我们的研究对象还是政治团体，这些政治团体有很多理由将某种情感和心理因素的真实影响隐藏起来，这使得我们对情感的研究难上加难。也正是这些困难的存在，杰维斯（Robert Jervis）毫不讳言地指出，研究情绪与认知之间的关系，“目前来说挑战实在是太大了”[②]。总结起来，这些困难集中在两个基本问题上：其一是在经验研究中，行为体的情感感受不易观察、测量和验证；其二是在国际关系中，个体情感如何与国家团体联系起来，即分析层次如何实现从个体心理到群体心理的转变的问题。这两个问题都与情感作为个体感受的心理特性相关。

不过，方法论上的困难不能成为我们放弃研究情感问题的理由。我们不能因为找不到研究的方法而“简单地忽略情感的作用，假装成理性行为体，以为我们的决策和行为仅仅在例外情况下才会受到情感的影响”[③]。所以，要对国际关系中的社会现象，尤其是情感充予的现象进行更全面的理解和解释，我们必须要接触情感这个长期被隐藏和回避的主题。这就要求我们超越传统社会科学研究方法的标准，探讨情感问题研究的可能性和可行性。

二　情感问题研究方法的原则

布莱克（Roland Bleiker）和哈奇森于2008年在《国际关系评论》杂志上发表了一篇专门讨论国际政治中情感研究方法论的文章，论证

---

① Neta C. Crawford, “The Passion of World Politics: Propositions on Emotions and Emotional Relationships”, *International Security*, Vol. 24, No. 4, 2000, p. 117.

② Thierry Balzacq and Robert Jervis, “Logics of mind and international system: a journey with Robert Jervis”, *Review of International Studies*, Vol. 30, 2004, pp. 564-565.

③ Paul Saurette, “You Dissin Me? Humiliation and Post 9/11 Global Politics”, *Review of International Studies*, Vol. 32, 2006, p. 522.

在国际关系领域进行情感研究需转变传统的方法论观念。两位作者指出国际关系中的主流社会科学研究方法不足以用来研究情感现象。主流的国际关系学者，包括建构主义学者在内，都试图寻找客观知识，至少是要寻找系统的、可测量和可证伪的知识。但是正是这些传统的关于知识的观念阻碍和限制了对情感问题的研究，因为情感首先是一种内部感觉，是不能被轻易观察和客观表达的，传统社会科学研究方法，诸如定量、问卷调查等方法不能抓住情感的本质。① 为了促进情感研究在国际政治中的开展，布莱克和哈奇森提出了情感研究方法论的三大原则。

第一个原则是接受社会科学研究的模糊性和不确定性。即使是研究不可观察的现象，即使是这些研究的结果不能测量也不能在经验上得到证实，也要接受这些研究是具有洞察力和有效的。学者要摆脱传统社会科学研究方法的影响，承认科学研究不一定就要产生确定性的、客观的和可测量的知识。但是这种模糊性和不确定性并不是说情感研究的成果不可评估，只是评估的标准有所不同。情感研究有效性的评估标准是能否为理解国际政治难题提供有价值的新思路。比如，如果对于恐惧的研究能够对一些通过其他途径不能很好解释的政治行为提供解释，这就是有意义的，尽管这种解释会具有争议，也可能最终无法得到证实。②

第二个原则是关注表征进程的重要性，通过表征和交流来研究情绪。布莱克和哈奇森认为最适合研究情感的切入点就是情感被表征和交流的方式。情感交流和表征的方式多种多样，比如政治演说、宪法宣言、抗议游行以及对灾荒、恐怖主义等的电视转播等等。尽管对表达方式进行解释的研究方法具有一定的局限性，比如不可避免带有解释者本身的偏见，但是对这些表征的研究是我们所能获得的最接近的理解情感问题的方式了。

第三个原则是要拓宽描述和分析的工具。为了理解和评估情感与世界政治之间的联系，我们需要借鉴人类学的一些研究方法，比如现

① Roland Bleiker and Emma Hutchison, "Fear No More: Emotions and World Politics", *Review of International Studies*, Vol. 38, 2008, pp. 125-126.

② Ibid., p. 128.

象学、诠释学、符号学等等。布莱克等人还特别考察了美学方法，认为美学的表现方法更能抓住事件的情感本质，而这个是传统社会科学方法所无法做到的。①

布莱克与哈奇森所提出的方法论原则对于国际政治乃至整个社会科学领域进行情感研究都具有重要的借鉴意义。接受社会科学研究成果的非确定性是情感研究在社会科学领域繁兴的必要前提条件，情感的各种表征方式是理解和解释情感现象的最接近的素材，而人类学的诠释学、符号学等分析方法则为情感研究提供了分析工具。

三　个体情感集体化与情感研究的途径

在这些总体原则的基础上，可以进一步探讨本书所面临的两个具体方法论问题，即情感的测量以及个体心理与团体心理的层次转换问题。实际上，这两个问题都与情感作为个体内部心理现象的特性相关。首先，情感是内部心理感受，所以难以测量，不过如果我们不拘泥于传统的测量形式，而借用人类学的观察和诠释方法，这个问题就转化为情感如何能准确观察并得到诠释的问题。其次，情感是个体心理，将之运用到国际关系中就出现了个体心理向集体心理转化的问题。实际上，这两个问题可以合并为一个，即作为个体心理现象的情感如何获得集体形式。个体心理现象一旦突破了私有的形式，获得了集体意义，就成了一种可以观察和诠释的现象了。国际关系中情感研究先行者也围绕着这个思路为我们提供一些可供借鉴的方案。

克劳福德认为情感不仅仅是施动者的个体特性，情感本身也可以制度化，投射进世界政治的结构与进程之中。② 比如安全困境中的恐惧，就是一种制度化了的情感。这种制度化或者集体化倾向是由情感的个体性和内部性特征本身所决定的。克劳福德注意到情绪的生物学理论指出：情绪需要被表达出来是个普遍的现象。③ 布莱克等人也指

---

① Roland Bleiker and Emma Hutchison, "Fear No More: Emotions and World Politics", *Review of International Studies*, Vol, 34, 2008, pp. 131-132.

② Neta C. Crawford, "The Passion of World Politics: Propositions on Emotions and Emotional Relationships", *International Security*, Vol. 24, No. 4, 2000, p. 130.

③ Ibid..

出，情感私人、内在的特性常常导致人们具有将其表达出来并与别人交流的强制性冲动。[①] 正因为个体所体验到的情感对于个体来说是难以准确表达的，而情感体验一方面促使行为体采取行为去追求愉快的、消除不愉快的体验，一方面又促使行为体去寻找原因，赋予该情感以意义。社会上的各种表征方式所传达的情感与意义正好为个体行为体提供了一个认同的对象。[②] 不论用什么样的语言和符号来表征这些情感，其所传达的情感效价都是一样的，个体经历者很容易就在情感上与这些再现形成认同，一个共享的集体情感和意义就这样形成了。比如，在创伤引起情感体验的影响下，虽然创伤经历者通常不能充分、准确地用语言来表达他们的情感，但是行为体都试图赋予他们的情感感受以意义，他们依赖于现有的流行话语和符号来赋予其所见所感以意义。哈奇森认为，不管怎么不充分、不准确，创伤经历最终都会找到一些表达方式，这些表达方式被认为最能反映创伤及其所引起的痛苦。

利用情感表征进行研究的方法还会遇到一个问题，即情感表征会随着历史、文化的不同而不同[③]，这似乎给依据情感表征来理解和诠释情感感受造成了困难。不过在本书中这个问题在很大程度上可以避免。笔者将核心情感与其他包含有认知含义的情绪成分区分开来，将核心情感界定为两个基本维度，即效价（愉悦与不愉悦、积极与消极）和强度（唤醒与沉睡），这两个维度在某种程度上对于理解情感现象具有一定的普遍性。不论作为某一个分立的、具体的情绪以什么样的标签出现，它所包含的核心情感都可以从这两个维度上予以分类。人们所经历的情感体验，不论他用什么样的语言、词汇来表达，它所包含的效价无外乎都存在于这两个维度上。所以，我们通过对文件、谈话、访谈等等表达形式可以观察或分析出其情感体验的效价。

① Roland Bleiker and Emma Hutchison，"Fear No More：Emotions and World Politics"，*Review of International Studies*，Vol. 34，2008，p. 130.

② Emma Hutchison ，"Trauma and the Politics of Emotions：Constituting Identity，Security and Community after the Bali Bombing"，*International Relations*，Vol. 24，No. 1，2010，p. 72.

③ Neta C. Crawford，"The Passion of World Politics：Propositions on Emotions and Emotional Relationships"，*International Security*，Vol. 24，No. 4，2000，p. 131.

此外，关于国际关系中的行为体可能会有意隐瞒其真实情感，或者是情感表征并不是基于行为体真实情感的质疑，也不足以否认研究者通过表征材料诠释行为体情感体验的有效性。正如哈奇森认为，创伤是否能得到完全的和准确的表达并不是表征的全部意义，实际上，表征活动最终会取代创伤体验本身而建构起共有的社会意义。这种共有的社会意义并不是直接来源于个体所经历的创伤本身，而是来源于表征的方式和被感知到的表征内容。

综上所述，传统的社会科学研究方法对客观、可证伪知识的追求阻碍了情感研究的深入和发展，要想发掘人类情感施动对于社会行为的意义，学者必须要接受非客观的、难以验证的研究成果对于理解和解释社会现象具有同样重要的意义。对国际关系中情感充予现象的研究也需要体现这种方法论原则的转变。承认个体心理情感不仅仅是个体心理现象，情感需要表达和交流的内在特性决定了个体心理情感具有集体维度和社会意义。通过对情感各种表征方式进行追踪、观察和诠释是情感研究的可能方式之一，也是本书的方法论依据。接下来的章节中，笔者在对案例中行为体的情感进程进行观察和诠释时，将会依赖于这些表征材料，包括领导者讲演、政府文件、媒体报道以及访谈等。

本章小结

本章是本书理论演绎的核心部分，不仅提出了本书的理论框架，还分析和比较了本书所提出的理论与国际关系中现有情感与身份建构研究成果的不同之处。现有情感与身份建构的研究取得了一些开拓性的研究成果，比如修正了建构主义身份概念、为个体心理性情感通向集体社会性的身份搭建了桥梁以及对主流建构主义认知施动性的反思与批判等，但是这些研究都有一些共同的特征，就是专注于国际关系中行为体团体身份的建构过程，不关注国际社会中行为体在互动过程中形成的关系导向身份是如何实现再生产的。同时，由于国内进程与国际互动存在一定的差异，这些学者没有深入探讨情感与认知进程的相互作用对于身份形成的重要意义。这些研究中的不足以及侧重点的不同，为本书的理论框架提供了创新的空间。

本书的理论框架可以简单表述为三个前后关联的假设：行为体历史互动形成的附着于身份之上的情感效价和强度决定了不同身份的凸显等级和激活的可能性；互动情境中，行为体凸显等级高的社会身份能否得到确认将激发行为体积极或消极的情感；身份互动过程中产生的情感效价为社会再生产提供趋避行为的动力与积极或消极认知的倾向。接下来的案例解释部分将围绕这三个相互关联的假设来进行。

第五章

东亚合作与东盟互动身份

自本章开始，笔者将运用本书提出的身份建构的情感动力框架，去理解东亚地区合作中“东亚共同体”的兴起与弱化现象。带有地区身份含义的“东亚共同体”话语的兴起被看作是东盟主动建构地区身份的结果，而“东亚共同体”的弱化则是东盟疏远、弱化地区身份的产物。因此，本书对“东亚共同体”符号的兴起与弱化的分析，将以东盟主动建构地区身份的情感动力为核心，以理解东盟在建构地区身份中情感、行为和认知变化为主要内容。

本章通过东盟参与东亚地区合作来说明本书理论假设的第一个环节，也就是本书的主假设一：在特定的互动情境中，行为体可能激活多种社会身份，历史互动形成的附着情感的效价和强度决定了不同社会身份的凸显等级和激活可能性。关系导向身份关注身份的情境性，在特定的情境下，行为体被激活的身份可能不同；关系导向身份认为历史互动中所形成的不同身份的不同程度的情感附着，决定着在特定情境下身份的凸显程度和被激活的可能性；某种身份一旦被激活，行为体就会依据该身份对参与的国际互动形成一定的行为与规范预期。本章的第一节概要介绍东亚合作的总体背景，为东盟进入东亚合作提供具体情境，同时说明为什么东亚合作是理解本书理论框架的合适案例；第二节讨论在东亚合作的情境中，历史互动所形成的情感附着是如何决定东盟以地区合作主导者的预设身份加入东亚合作进程的；第三节介绍与该预设身份相联系的行为规范与预期。

第一节　东亚合作与东亚共同体

21世纪初，东亚地区国际关系中最引人注目的现象就是东亚地区主义的快速发展。经过20世纪90年代以及21世纪初部长级会议机制和多边对话机制扩散，“东亚地区主义已经吸引了全世界的兴趣，成为严肃对话的核心议题”①。东亚地区主义引人注目之处，在于其发展之快，也在于相关国家热情之高，一个重要的表现就是“东亚共同体”概念的提出和受到追捧。“东亚共同体”不仅仅具有地区一体化的功能性意义，还蕴含着显而易见的身份建构含义。

从1997年亚洲金融危机爆发，到2001年东亚展望小组提出建立“东亚共同体”，才不过短短三四年时间。2004年召开的东盟与中国、日本、韩国领导人会议正式确认了以建立“东亚共同体”为东亚地区主义的长远目标，决定召开“东亚峰会”，作为迈向“东亚共同体”的重要一步。然而，就是在东亚峰会召开前后，东亚地区主义的发展出人意料地遇到了拐点，开始步入迷茫和不确定的“十字路口”。②2012年，东亚展望小组向10+3领导人提交了第二份研究报告，以建立“东亚经济共同体”替代“东亚共同体”作为东亚合作的目标，正式宣告“东亚共同体”概念退出了历史的舞台。

一　“东亚共同体”符号的兴起

尽管东亚区域合作进程可以追溯至20世纪60年代的东南亚国家联盟（简称东盟）的建立，不过真正意义上囊括整个东亚地区的区域

① Hitoshi Tanaka with Adam P. Life, “The Strategic Rationale for East Asia Community Building”, in Jusuf Wanadi and Tadashi Ymamoto (eds.), *East Asia at a Crossroad*, Tokyo: Japan Center for International Exchange, 2008, p. 90.

② Jusuf Wanandi, and Tadashi Yamamoto, eds., *East Asia at a Crossroads*, Tokyo: Japan Center for International Exchange, 2008；外交学院东亚研究中心：《“东亚合作：进展、前景与对策”研讨会简报》，2007年10月27日（http://www.neat.org.cn/chinese/hzdt/contentshow.php?content_id=68）；韩锋：《东亚合作与中国对东盟政策》，《当代亚太》2009年第1期，第39页。

合作始于 1990 年马来西亚总理马哈蒂尔提出的建立“东亚经济集团”（East Asia Economic Group）构想，不过在美国的极力反对下，日韩追随美国的立场也表示不支持，同时一些东盟国家也没有显示太大的兴趣，该建议最后也没能付诸实施。[①] 真正启动东亚区域合作的是 1997—1998 年的亚洲金融危机。遭受金融危机重创的东南亚国家在求助于 IMF 和美国时，遭遇到苛刻的附加条件，相反，中、日、韩三国却对东南亚国家的呼吁做出了积极的反应。是年底，东盟邀请中、日、韩领导人在吉隆坡举行了第一次东盟与中、日、韩领导人非正式会议。自此，真正意义上的东亚区域合作揭开了帷幕。

自 1997 年启动之后，10+3 合作在广度和深度上都以惊人的速度推进。合作机制不断扩展，建立了包括领导人会议、部长级会议、高官会议、联合工作组以及各种双轨机制在内的全面多层合作架构；合作领域大大扩张，涵盖了贸易金融、政治安全以及社会文化各个领域。[②] 在合作机制和合作领域扩展的同时，一个更加引人注目的动向也出现了，这就是“东亚共同体”话语的兴起。

东亚共同体最早是由东亚展望小组（EAVG）在其研究报告中提出来的。2001 年，EAVG 向 10+3 领导人会议提交了题为《走向东亚共同体：一个和平、繁荣和进步的地区》的研究报告，正式提出了建立一个“东亚共同体”的地区一体化设想。[③] 该报告为东亚合作描绘了一幅相对清晰的图景：从 10+3 对话机制开始，逐步沿着几个路径发展：一是东亚自贸区建设；二是地区金融合作机制；三是社会、政治的合作框架，最后的目标是建立东亚共同体。[④] 这个东亚共同体建设道路的重要制度保障是东亚峰会。为建设与实现东亚共同体，东盟+3 会议机制要逐步向东亚峰会转变。EAVG 所提出的“东亚共同体”设想具备明显的地区身份含义。

① Richard Stubbs, “Asean Plus Three: Emerging East Asian Regionalism?”, *Asian Survey*, Vol. 42, No. 3, 2002, pp. 441-442.

② 秦亚青主编：《东亚合作：2009》，经济科学出版社 2010 年版。

③ “Towards an East Asian Community: Region of Peace, Prosperity and Progress”, *East Asia Vision Group Report*, 2001 (http://www.mofa.go.jp/region/asia-paci/report2001.pdf).

④ 张蕴岭：《东亚区域合作的新趋势》，《当代亚太》2009 年第 4 期，第 4—16 页。

很快，由各国官员组成的东亚研究小组（EASG）对 EAVG 的报告给予了肯定的评价，向各国领导人提出了推进东亚共同建设的 26 项具体措施，包括 17 个短期措施和 9 个中长期措施。9 个中长期措施包括建立东亚自贸区、东亚投资区以及推动东盟+3 峰会向东亚峰会转化等。[①] 2004 年于老挝万象召开的东盟+3 会议上，各国领导人一致同意将东亚共同体确定为东亚合作的远景目标，并且决定提前于 2005 年召开 EASG 报告中提出作为中长期措施之一的东亚峰会。[②]

从 2001 年东亚共同体符号正式进入东亚区域合作官方文件开始，东亚地区关于东亚共同体前景的讨论快速升温，短短的几年时间内，东亚共同体的愿景似乎越来越清晰。2003 年 8 月，马哈蒂尔在第一届"东亚大会"开幕式上发表了题为《建设东亚共同体：前方的路》的长篇主题演讲，提出"东亚共同体"建设的五项原则：互利、互敬、平等、一致和民主；东亚共同体的目标是缔造"东亚共有、共治、共享的治理"；[③] 2004 年 12 月 5—6 日，在马来西亚吉隆坡召开的"第二届东亚论坛"上，马哈蒂尔的继任者巴达维在开幕式发言中进一步提出了建设东亚共同体的 7 点路线图，内容包括东亚峰会、东亚一体化宪章、东亚自由贸易区、东亚货币和金融合作条约、东亚友好合作区、东亚交通和通信网络，以及有关人权与责任的东亚宣言。[④] 在马来西亚的大力倡导下，东亚共同体愿景更加深入人心。

在这些讨论中，"东亚人"这个地区身份的代名词也越来越多地被使用，东亚各国似乎被团结到"东亚人"这个集体身份的旗帜下。当时东盟秘书长的特别助理在其题为"走向东亚共同体：旅程已经开始"的文章中，骄傲地宣称"我们东亚人民正在经历着我们这个广大区域中发生的具有历史意义的发展……最重要的是，地区合作让我们

---

① "Final Report of East Asia Study Group", November 4, 2002, Phnom Penh, Cambodia (http: //www. mofa. go. jp/region/asia-paci/asean/pmv0211/report. pdf).

② "Chairman's Statement of the 8th ASEAN+3 Summit", Vientiane, November 29, 2004, ASEAN Secretariat (http: //www. aseansec. org/16847. htm).

③ Datuk Seri Dr Mahathir Mohamad, "Building the East Asian Community: the way forward", *New Straits Times* (*Malaysia*), August 5, 2003.

④ 季玲：《东亚合作新局面——第八次 10+3 领导人会议后东亚合作形势评析》，《外交学院学报》2005 年第 2 期，第 51 页。

激动地认识到，我们东亚人民具有很强的能力一起努力，为我们所有人创造一个更好的未来，也为我们的子孙创造一个更好的世界”[①]。日本媒体也注意到，当马来西亚总理巴达维道出“东亚共同体必须由东亚人组成、必须由东亚人来建设”的时候没有任何听众觉得有什么不妥。[②] 中国学者也掀起了东亚共同体与东亚认同讨论的热潮。[③]

二　“东亚共同体”符号的弱化

就在对于东亚峰会的召开充满期待之际，关于东亚峰会参加成员、性质、中日韩在其中的作用等问题，相关国家开始出现争议，东亚共同体建设热情所产生的团结表象开始出现裂缝。及至东亚峰会正式召开之后，东亚地区舆论中出现一片失望、挫折的论调，韩国媒体评论东亚峰会是东亚共同体建设的“U”形转折[④]，日本媒体对于东亚峰会的结果也表示了失望，甚至做出了“东亚峰会被东盟安排成为一种后退，仅此而已”的评论。[⑤]

根据 EAVG 的设想，东亚峰会是东亚共同体建设的主要制度，由东亚 13 个国家以平等身份参与，中日韩在其中发挥更大的作用。可见，东亚峰会既是东亚共同体建设推进的标志，也是最终实现东亚共同体的途径。不过，东亚峰会最终的形式仍然是东盟+模式，在其中东盟占据绝对的主导地位：东盟国家担任主席国、与东盟系列峰会背靠背召开、参与成员要符合东盟设定的三项标准、东盟设定峰会议程等等，都被明确写入首届东亚峰会领导人宣言。[⑥] 更令一些国家失望

---

① Termsak Chalermpalanupap, “Towards an East Asia Community: The Journey Has Begun” (http://www.aseansec.org/13202.htm).

② “East Asian Community taking root”, *The Nikkei Weekly* (Japan), July 18, 2006.

③ 参见田中青《试论“东亚共同体”》，《当代亚太》2004 年第 10 期，第 12—18 页；俞新天《东亚认同感的胎动——从文化的视角》，《世界经济与政治》2004 年第 6 期，第 20—25 页；李文《构建东亚认同：意义、问题与途径》，《当代亚太》2007 年第 6 期，第 3—10 页；姜运仓《东亚经济合作中的身份建构》，《国际观察》2004 年第 4 期，第 60—64 页。

④ “Reshaping East Asia: East Asian summits”, *The Korea Herald*, December 19, 2005.

⑤ “Malaysia East Asia Summit bypassed in East Asian community plan”, *BBC Monitoring Asia Pacific-Political Supplied by BBC Worldwide Monitoring*, December 8, 2005.

⑥ “Kuala Lumpur Declaration on the East Asia Summit”, *Kuala Lumpur*, 14 December 2005 (http://www.aseansec.org/23298.htm).

的是，东亚峰会被定性为东亚国家与区域外大国开展政治安全对话的论坛，10+3 仍然是东亚共同体建设的主渠道。相对于东亚峰会召开前围绕东亚共同体建设和“东亚人”概念出现的地区团结与认同感来看，这种转折反映了“东亚共同体”符号在某种程度上的弱化。尤其是随着东亚峰会机制的建立，东亚地区出现了合作路径之争①，东亚合作面临东盟推动乏力、方向迷失等困境，东亚合作被认为走到了“十字路口”。

从东盟角度来看，东盟国家对于东亚共同体建设的热情明显减退，从行为上表现为对东亚合作进程推动不力，甚至是有意模糊东亚共同体的边界，只强调东亚合作对于东盟一体化建设的贡献与作用，对东亚合作的下一步发展没有什么想法和倡议。与之形成鲜明对比的是，在 2004 年决定召开东亚峰会之后，东盟推动自身一体化的动力大大加强，东盟共同体建设提速，起草与通过《东盟宪章》，增强东盟的团结与凝聚力。

2012 年，东亚展望小组向 10+3 领导人提交了第二份报告。11 年前，正是这个东亚展望小组向 10+3 领导人提交了“走向东亚共同体”的报告，提出了建立“东亚共同体”的地区一体化目标。10 年后，东亚展望小组在其第二份报告中却不再提及东亚共同体的概念，转而追求最小化的地区一体化成果，建议在 2020 年前建成东亚经济共同体。即便是这个低调的目标，在东盟国家中也受到了冷落。笔者在与东盟国家外交官的交谈中，被明确告知，东盟国家目前对建立东亚范围内的共同体没有兴趣，充分反映了东盟国家对东亚地区认同的减弱。“东亚共同体”作为东亚地区合作目标与地区身份符号在东盟国家的冷淡中告别了历史舞台。

三　“东亚共同体”与关系导向身份

纵观自 20 世纪末开始兴起的整个东亚合作进程，不能不注意到的一个事实就是作为地区身份符号的“东亚共同体”话语的兴起与弱

① 参见刘少华《东亚区域合作的路径选择》，《国际问题研究》2007 年第 5 期，第 53—58 页；王玉主《亚洲区域合作的路径竞争及中国的战略选择》，《当代亚太》2010 年第 4 期，第 73—87 页。

化，整个过程发生在短短的十几年的时间内。虽然时间很短，但是不可否认的是，在这段时间内，东亚地区各个国家都真实地感受到这种地区认同感的存在与消逝。“东亚共同体”作为地区身份符号在短时间内兴起与消逝的现象充分体现了微观互动层次上身份的情境性与流动性。这个现象是体系建构主义身份理论所无法理解，更无法解释的。

本书中身份的概念依据关系本位思想得到重构，身份是关系导向的身份，被界定为行为体关于自我与他者关系的情感附着与认知图式，互动进程不断塑造和改变着行为体的社会身份，任何一种社会身份都不可能成为绝对稳定的结构，它始终在互动中经历着这种或那种、多或少的变化。这样界定的身份概念具有情境性与变动性，国际关系中的身份研究范畴与对象也能得到大大拓展。“东亚共同体”话语在短短十几年的时间经历起落现象正体现了关系导向身份的特征，是关系导向身份存在必要性的恰当证明。

东亚合作进程是本书案例诠释的总体背景，也就是东盟建构地区身份的互动情境。在进入这个互动情境之初，东盟的预设互动身份对东盟的互动发挥规定性的作用。根据本书理论框架的假设，决定东亚合作这一特定情境下东盟互动预设身份的要素之一，是东盟在东亚地区历史互动中每种身份所附着的情感体验。

第二节　历史互动、情感与东盟互动身份

东盟，全称为东南亚国家联盟，成立于 1967 年冷战大背景下，其创始国为新加坡、马来西亚、泰国、印度尼西亚和菲律宾 5 国，1984 年文莱成为东盟的第六个成员国。自 1994 年开始，东盟启动了大规模扩员的进程，之后越南于 1995 年加入、缅甸于 1997 年加入，到 1999 年柬埔寨最终被吸收之时，东盟成为涵盖东南亚所有 10 个国家的地区组织，真正实现了“一个东南亚”的梦想。[①] 在将近 45 年

① 陆建人：《“大东盟”及其影响之我见》，《当代亚太》1999 年第 6 期，第 3 页。

的发展历程中，东盟作为一个地区国家集团社会身份经历了巨大的变化。在东盟成立后的历史互动中，东盟所经历的不同效价的情感感受决定了不同社会身份的凸显等级。凸显程度高的身份决定了东盟对其当前互动行为规范的界定和对他者行为规范的预期。

一　冷战期间东盟的弱国身份与消极情感体验

东南亚国家位于亚洲东南部，东濒太平洋、西临印度洋，地处太平洋和印度洋之间的交通要道，又是亚洲和大洋洲的接合部，战略地位十分重要；且东盟国家盛产锡、石油、大米和木材，是战略原料的重要产地。因此，东盟历来是世界列强的必争之地。16 世纪以后，西方殖民主义者相继来到东南亚。到 19 世纪末，英、法、荷、美在这个地区划分势力范围，各据一方，奴役人民，掠夺资源，东南亚除泰国勉强保持独立外，其余均沦为殖民地。20 世纪中叶，日本军国主义打着建立“大东亚共荣圈”的旗号，挑起太平洋战争，占领了东南亚。长达几个世纪的被殖民经历，尤其是二战时日军占领期间的军事行动给东南亚国家的人民造成了肉体和情感上的严重摧残。“很少有城市像马尼拉一样经历过美菲军队和日本帝国主义军队残酷街道战所带来的物质摧毁，但是许多东南亚人不仅仅遭受着物质摧残还经历着情感折磨，眼睁睁看着在过去几十年甚至是上百年时间内建设起来的社会、经济和政治设施化为泡影。”① 二战结束，东南亚国家相继获得独立，但是历史上惨痛的殖民经历留给东南亚人民深刻的情感记忆，是东南亚国家寻求自立、团结，避免历史重现的根本动力。

（一）东盟成立：夹缝中求生存的弱国集团

二战后，东南亚各国先后独立，但是经济和军事力量都十分微弱，国内政治不稳定，同时又面临着艰难的国际生存环境。进入 20 世纪 60 年代，东南亚面临着更为复杂险恶的区内和国际局势。一方面，东南亚国家之间冲突和争端频发，建立区域组织的尝试屡屡受挫。1961 年成立的东南亚联盟（Association of Southeast Asia，ASA）

① Robert O. Tilman, *Southeast Asia and the Enemy Beyond*, Boulder and London: Westview Press, 1987, p. 17.

由马来西亚、泰国和菲律宾三国组成，但是 1963 年菲律宾与马来西亚在沙巴主权归属问题上产生争端，关系恶化，东南亚联盟陷于停顿；1963 年菲律宾、印度尼西亚和马来西亚三国成立了“马菲印尼联盟”，然而仅仅在一个月之后，马来西亚联邦宣告成立，印尼与菲律宾拒绝承认马来西亚，三国关系破裂，“马菲印尼联盟”就匆匆夭折了。到了 20 世纪 60 年代中期，随着菲律宾总统马科斯、印尼总统苏哈托上台并采取新政策，菲律宾、印尼与马来西亚之间的和解才开始出现转机；另一方面，东南亚地区的外部势力也在经历着急剧变化。美国在越南战场屡遭挫折，面临着巨大的国际国内社会的压力，倾向于逐渐退出本区事务；1967 年英国也宣布从苏伊士运河以东撤军，在本地区的力量进一步收缩。西方力量收缩后，东南亚面临的国际局势更令其担忧，同时又意识到不能指望西方大国的保护来维护本地区的安全，只能靠加强内部的团结来防范威胁。在地区内外多重压力下，1967 年，印尼、马来西亚、菲律宾、新加坡和泰国 5 个东南亚国家在泰国曼谷签署了《东盟宣言》，宣布成立东南亚历史上最重要的区域组织——东南亚国家联盟。

总之，东盟 1967 年成立时的区内外环境“不是特别吉祥”。① 在这样的内外环境下，东盟合作目标也很有限，对于社会身份的预期也不高，甚至对东盟自身都没有一个明确的定位。参与起草东盟成立宣言的新加坡前外长拉贾拉南（S. Rajaratnam）事后承认：“要在 10 页纸上说点无关痛痒的话是件很困难的事情，而这就是我们所做的。因为在当时，我们这些发起东盟的人自己也不十分确定它会走到哪里，甚至不确定它是否可以走到任何地方。”② 东盟发起人对东盟未来不确定、不自信的情感表露无遗。

东盟成立时所设立的宗旨和目标也反映了东盟成立初期所处的恶劣环境和摆脱消极历史记忆的动机。虽然《曼谷宣言》中明确指出了

① Lee Poh Ping, “Communal spirit is group's glue”, *The Straits Times* (Singapore), July 31, 1997.

② Frank Frost, “Introduction”, in A. Boinowski, ed., *ASEAN into the 1990s*, Basingstoke: Macmillan, 1990, p. 5. 转引自 Nicholas Tarling, *Regionalism in Southeast Asia: to Foster the Political Will*, Abingdon, Oxon: Routledge, 2006, p. 134。

东盟的宗旨和目标是促进发展、开展经济合作，但是实际上，东盟对经济合作的强调只是由于“与政治和安全问题相比，经济合作的争议相对较小”[①]。而联合应对外部势力的威胁、维护国家的安全才是真正的动机所在。《曼谷宣言》的签署者之一泰国外交部长他纳(Thanat) 在1968年承认，建立东盟的动机“不仅仅是经济的、社会的，毋庸讳言，动机还肯定是政治的”[②]。

对于美苏冷战背景下，在夹缝中求生存的东南亚国家来说，维持政权的稳定、抵御外来势力的影响是压倒一切的目标，这也是东盟作为地区弱国集团社会身份的根本要求。在签署《曼谷宣言》后的讲话中，马来西亚国防部部长兼国家发展部长拉扎克（Tun Abdul Razak）强调，这个地区的国家应该认识到，除非它们自己承担起决定自己的命运，防止外来干涉和干扰的共同责任，东南亚就会一直充满危险和紧张；除非它们采取决定性的共同行动，预防地区内部冲突的爆发，东南亚国家就会一直容易受人操纵，相互对抗。[③] 泰国外长他纳讲话更加清楚地揭示出摆脱殖民时代消极情感记忆的目的和动机，“特别要提及的是，在我们这一部分世界中，数以百万计的男人和女人所要求的是：抹去过时的统治和征服的概念，代之以给予和接受的新精神……他们最最想要的是成为自己住宅的主人，能够享受他们与生俱来的决定自己命运的权利……”[④] 这些朴素平实的话语反映了东盟作为地区弱国集团最基本的诉求：摆脱消极历史情感记忆，巩固国家政权、防止地区内冲突，抵御外部势力的影响和控制，避免历史再现。

（二）经济发展：没有自主权的产业分工追随者

东南亚国家独立之后，经济力量微弱，急需发展民族经济，这给日本经济力量渗入提供了机会。冷战结束前，东南亚国家的经济发展一直高度依赖于日本，是日本资本和商品出口的市场，东盟国家处于

① Roger Irvine, “The Formative Years of ASEAN: 1967－1975”, in A. Boinowski ed., *ASEAN into the 1990s*, Basingstoke: Macmillan, 1990, p. 14. 转引自 Tarling, Nicholas, *Regionalism in Southeast Asia: to Foster the Political Will*, Abingdon, Oxon: Routledge, 2006, p. 134。

② Nicholas Tarling, *Regionalism in Southeast Asia: to Foster the Political Will*, Abingdon, Oxon: Routledge, 2006, p. 134.

③ 王泽编译：《东盟》，中国法制出版社2006年版，第8页。

④ 同上书，第9页。

东亚产业链的末端，在产业升级和经济发展上不具有自主权。

东南亚国家对日本经济的依赖可以溯源到战后日本用战争赔款换取资源和商品市场的战略。1951 年旧金山和平协定签署后，日本在双边的基础上与东南亚国家达成了关于战争赔款的协定，这些赔偿和半赔偿采取的是资本商品、服务和设备赔偿的形式。随着美军在日本消费的降低，日本制造业急需扩大海外市场。日本的战争赔偿项目实质上是“由商业界设计并由商业界运作的服务于自身利益的计划”①。“一些制造商深信战争赔偿一定会打开一扇门，通向富饶的自然资源和设备、零件以及售后服务的新市场。”② 虽然东南亚国家当时的工业化确实需要日本的产品、资本和技术，但是对于日本这种赤裸裸的不平等的经济霸权，东南亚国家深感不满，对日本产品并无好感。当时的《印尼时报》就宣称：“我们不相信日本，我们怀疑任何带有‘日本制造’标记的东西。”③

进入 20 世纪 60 年代后，日本实现了经济起飞，成为世界经济大国，为了支持国内的经济发展，日本加强了对东南亚地区的经济渗入，大规模开发当地的石油、木材、鱼类和消费市场，日本资本和商品大规模进入东南亚。日本在东南亚不断扩张的经济活动完全服务于日本自身的经济利益，很少考虑或者完全忽略当地经济发展的需要，更没有平等协商的经济合作。这种地位和利益不对等的经济活动引发东南亚国家的敌视和不满情绪。日本首相田中角荣 1974 年访问东南亚，在曼谷遭遇到敌对学生的集会，在雅加达也目睹了反日骚乱。当时民族主义的《独立报》（*Merdeka*）编辑对这种敌对情绪进行了清楚的表达：“日本当前的大规模姿态实际上是新瓶装旧酒。日本在亚洲的经济扩张是旧时政策在当代的复兴。”④

① Nicholas Tarling, *Southeast Asia and the Great Powers*, Abingdon, Oxon: Routledge, 2010, p. 110.

② Lawrence Olson, *Japan in Postwar Asia*, London: Pall Mall, 1970, p. 19.

③ 转引自 Nicholas Tarling, *Southeast Asia and the Great Powers*, Abingdon, Oxon: Routledge, 2010, p. 111。

④ D. F. Anwar, *Indonesia and the Security of Southeast Asia*, Jarkata: Center for Strategic and International Studies, 1992, pp. 35-36.

正如日本首相福田康夫所承认的："直到现在，日本的东南亚外交政策都是通过钱和货物来沟通的，而不是建立在互利的好朋友基础之上的交流。即使是从我们自己国家的角度去看，这种政策都是傲慢的表现。"① 因此，为了缓解东盟国家的敌对情绪，扩大日本与东南亚国家的经济联系，福田首相提出了日本历史上第一个东南亚外交政策，史称"福田主义"。福田主义的主要原则是日本不做军事大国；日本要在政治、经济、社会、文化等各方面与其他亚洲国家加强交流，并作为真正的朋友，建立心心相印的互信关系；以"对等合作者"的立场，积极配合东南亚各国的团结和发展，努力促进整个东南亚地区的和平与繁荣。② 福田主义的提出对于缓解东南亚各国对日本的疑虑、仇视等消极情绪具有重要作用。

自福田主义之后，日本在东南亚地区努力以一个积极的形象出现，以日本为中心、带动东亚其他国家经济发展的"雁行模式"也的确对东南亚国家的经济发展起到了重要的推动作用。但是，在"雁行模式"下，东盟各国对于本国的经济发展少有自主权，经济领域内的平等地位仍然是东盟国家可望而不可即的目标。二战结束后，日本政府采取了"贸易立国"的战略，经过短暂经济复苏之后，日本经济进入了快速增长期。进入60年代中期之后，由于日本工资水平上升，直接影响了日本劳动密集型产业的国际市场竞争力。为获得竞争优势，日本一方面不断进行产业结构的调整，促使产业升级；另一方面将国内已经不具有竞争优势的产业和技术逐步向东亚新兴工业化经济体、东盟等欠发达国家转移，以便充分利用这些国家廉价的资源和劳动力，继续保持其产品的国际市场竞争力，促进出口。这样，以产业关系为纽带，形成了日本领头、东亚新兴工业化经济体居中、东盟国家等东亚欠发达国家为尾的产业梯次转移与发展阵势，即"雁行模式"。在这个产业链上，东盟处于末端，其经济发展水平相对较低，经济力量与技术实力都非常弱小，完全处于追随者的地位，被动地纳入

① Sudo Sueo, *The Fukuda Doctrine and ASEAN: New Dimensions in Japanese Foreign Policy*, Singapore: Institute of Southeast Asian Studies, 1992, p. 158.

② Ibid., p. 178.

到日本主导的东亚产业链条之中，日本要转移什么产业、向哪个国家转移都是日本根据自身产业转移战略来确定的，东盟国家只是日本实现其“贸易立国”和产业转移战略的工具。①

处于东亚生产链的末端，对本国经济发展和产业升级缺乏自主权，是造成东南亚主要国家产业结构趋同，东盟内部产业互补性弱，竞争性强的一个根本原因；也是东盟国家经济过度依赖外部资本和市场，对日本长期处于贸易逆差地位，经济抗风险能力弱的重要根源。②因此，在与日本的经济关系中，一方面东盟不得不依赖于日本的资本和市场实现经济起飞，另一方面与日本经济关系中的不平等地位一直是东盟需要极力摆脱的困境，这种情况一直持续到20世纪80年代末期，日本经济开始进入低迷状态，而东盟则保持着较高的经济增幅，对日本不平等的经济地位开始有所改善。

总之，自成立之日起，东盟一直笼罩在作为一个弱国集团为政治、安全和经济命运忧虑、不满的情感状态中，建立东盟，加强内部合作、提升安全感和自豪感，摆脱消极历史情感记忆是东盟创立者们所追求的目标。这个阶段，东盟作为一个在夹缝中求生存的弱国集团试图通过加强内部合作成为独立、自主、平等的国际政治经济关系参与者。

二　冷战后地区秩序主导者身份与积极情感体验

冷战的结束为东盟在东亚区域舞台上发挥更大的作用提供了契机，柬埔寨问题的顺利解决使得东盟作为一个独立、平等的国际事务参与者的身份首次得到真正的重视；随着东盟首倡并组织的东盟地区论坛和亚欧会议的召开，东盟对地区秩序的主导作用得到广泛认可，这给东盟各国带来了积极、自信的情感体验，在地区合作进程中，东盟越来越坚定地将身份界定为地区秩序的主导者。

（一）柬埔寨问题的解决与东盟地区秩序主导者身份的初步展现

1978年越南军队入侵柬埔寨，对柬埔寨开始了长达10年的政治

① 张伯伟、温祁平：《东盟地位的历史变迁——区域经济一体化视角的考察》，《亚太经济》2010年第5期，第10页。

② 王林生：《雁行模式与东亚金融危机》，《世界经济》1999年第1期，第4—8页。

干涉与军事占领，这是“自东盟创立以来对东盟所构成的最严重的安全挑战”[①]。不过，也正是在应对柬埔寨危机的过程中，东盟逐渐成熟起来，在内部统一协调各方立场，在国际上充分动员和利用联合国和国际社会的力量，为最终和平解决柬埔寨危机发挥了核心作用，显示了作为地区秩序主导国的潜能。

在柬埔寨危机初期，东盟各国对于危机的理解以及应对方法出现过分歧。马来西亚和印度尼西亚担心柬埔寨冲突如果不能在区内解决，会导致中国势力的介入，因此主张对越南实行安抚政策，说服越南从柬埔寨撤军，以换取东盟对越南在印度支那安全利益的认可。但是对越南的安抚政策却与新加坡和泰国的战略观点相冲突，新加坡与泰国把由苏联支持的越南视为地区和平与安全的主要威胁，因而拒绝对越南采取任何让步行为。经过协调，东盟国家放弃了对越南妥协的方案，团结到一个立场上，即维护一个“不受外国干预，独立、中立和不结盟的柬埔寨”的立场。为此，东盟国家积极利用国际社会的力量，在地区内部协调冲突相关方的利益和立场，主持召开了两次雅加达非正式会议；在联合国框架下积极敦促、支持、配合联合国有序地解决政治危机，促成了两次柬埔寨问题巴黎会议的召开。最终在冷战结束利好形势的助推下，有关各方在第二次巴黎会议上签署了和平协议，柬埔寨问题终于得到解决。

柬埔寨危机的政治解决，在国际社会上显示了东盟作为一个地区组织解决地区危机的积极态度，展示了东盟解决危机独特方式的有效性，在联合国和国际社会中产生了巨大的反响，引起了广泛关注，东盟管理地区秩序的能力也得到国际社会的认可。[②] 因此，柬埔寨问题和平协议的签署被认为是东盟方式的重大胜利，大大提升了东盟国家的自信心。菲律宾外交部长曼格拉普斯（Raul Manglapus）在巴黎会议闭幕会上发表的演讲中说：“我们为东盟对这一过程所做的贡献感

---

① ［美］阿米塔·阿查亚：《建构安全共同体》，王正毅、冯怀信译，上海人民出版社2004年版，第112页。

② 杨黔云：《析东盟在国际体系中解决柬埔寨危机的活动》，《历史教学》2009年第4期，第72页。

到骄傲和高兴，这一过程产生了这一成功事件。”[①] 马来西亚外交部长也认为：“尽管遇到许多障碍，但东盟总是在坚持不懈地寻求一种和平而全面解决柬埔寨冲突的途径，……因而东盟应该有一种实现和成就的感觉。”[②] 东盟在柬埔寨危机中以地区安全管理者的身份所从事的一系列活动为东盟带来了国际声望，东盟前所未有地体验到这种自信和满足的积极情感，正是在这种情绪的鼓舞下，东盟产生了以“东盟方式”建立地区安全秩序、管理区域事务的愿望和信心；而在柬埔寨危机解决过程中东盟所赢得的国际声望也使得亚太地区的其他国家同意以东盟的制度形式创造一个地区安全多边对话机制，即东盟地区论坛（ASEAN Regional Forum，ARF）。

（二）东盟地区论坛与东盟地区秩序主导国身份的凸显

冷战结束后，东盟国家在国际事务中占据一席之地的目标更加坚定。在 1993 年第 26 届东盟部长级会议上，时任新加坡总理吴作栋指出，如果东盟想要在国际事务中占有一席之地，就必须要保持强大、团结和进步。只要东盟六国团结一致，大国就不能忽略东盟。“东盟不应允许其他国家的行为和政策来决定自己的未来”、“东盟必须要成为他们（大国）亚太规划中的一个因素。”[③] 这种坚定的信念来自于冷战后弥漫在东盟国家中的“自信的情绪”[④]。新加坡前外长贾古玛指出，经过将近 30 年的发展，东盟国家和平相处、经济前景乐观；东盟作为东南亚地区内外维持稳定的支柱日益重要，在亚太地区甚至是全球舞台上赢得了荣誉，这些都是东盟冷战后自信的来源。[⑤] 在这

① 菲律宾共和国外交事务秘书曼格拉普斯在 1991 年 10 月 23 日有关柬埔寨问题巴黎会议部长级会议之际发表的声明，第 1 页。转引自阿米塔·阿查亚《建构安全共同体》，王正毅、冯怀信译，上海人民出版社 2004 年版，第 133—134 页。

② 马来西亚外交部长巴达维在 1991 年 10 月 23 日有关柬埔寨问题巴黎会议上发表的声明，第 2 页。转引自阿米塔·阿查亚《建构安全共同体》，王正毅、冯怀信译，上海人民出版社 2004 年版，第 134 页。

③ Lee Kin Chew, “PM Tells Asean: Stay Cohesive to be counted”, *The Straits Times*, July 24, 1993.

④ 原文为“There is a mood of confidence prevailing in South-east Asia today”, S. Jayakumar, “Asean comes of age as new challenges loom”, *Business Times* (*Singapore*), June 1, 1994。

⑤ S. Jayakumar, “Asean Comes of Age as New Challenges Loom”, *Business Times* (*Singapore*), June 1, 1994.

种自信的积极情感促动下，东盟更加积极主动地参与国际互动，并力图在国际互动中继续确认地区秩序主导国的社会身份。冷战后美苏在东南亚地区留下的安全秩序真空为东盟发挥地区安全主导作用提供了契机。

冷战结束后，由于美国和苏联在东南亚地区实行战略收缩，冷战期间被大国竞争所掩盖的各种矛盾和安全问题浮现出来，成为影响东南亚地区和平与稳定的潜在威胁。为了给经济发展和政治稳定营造良好的外部环境，维护地区稳定，东盟开始考虑建立新的地区安全保障机制问题。在 1993 年 7 月的部长级会议上，东盟和其地区对话伙伴国决定建立东盟地区论坛，次年 7 月首次东盟地区论坛在曼谷召开，标志着亚太地区唯一的官方多边政治与安全对话机制正式成立。[①] 东盟地区论坛是东盟的一个“大胆的倡议”[②]，用以组织亚太地区主要行为体之间的关系。

东盟地区论坛的成立，是东盟“矢量外溢”的正式开始，关于论坛的一系列制度安排和行为规范确立了东盟在论坛中的绝对主导地位。比如，论坛在组织机构上依附于东盟，论坛外长会议每年由东盟轮值主席国在东盟外长会议之后召集；论坛合作完全遵循协商一致、不干涉内政以及制度进程渐进性等被称为“东盟方式”的合作规范；东盟为论坛议程设立各个发展阶段的主要议程等。[③] 在首届东盟地区论坛结束后，时任泰国副外长素林在接受采访被问到东盟地区论坛是否会被大国所主导时自信和坚定地表示：“东盟是驾驶员，东盟将一直是论坛的主席，其他国家只能作为感兴趣的参与者，他们不会坐上驾驶员的位置。”[④] 东盟在论坛中的主导地位也得到其他大国的支持，美国副国务卿泰尔伯特（Strobe Talbott）在首次论坛会议上给予了东盟很高的评价，不仅承认东盟是 ARF 的核心，还表示美国将东盟也

---

① 秦亚青主编：《东亚合作：2009》（第六章　东盟地区论坛），经济科学出版社 2010 年版。

② S. Jayakumar, “Asean comes of age as new challenges loom”, *Business Times* (Singapore), June 1, 1994.

③ 秦亚青主编：《东亚合作：2009》（第六章　东盟地区论坛），经济科学出版社 2010 年版。

④ Yang Razali Kassim, “When ASEAN becomes a player on the world stage”, *Business Times* (Singapore), August 3, 1994.

看作是亚太经济合作论坛的核心。①

东盟地区论坛确认了东盟地区秩序主导者的互动身份，使得东盟国家的自信情绪更加高涨。在评论论坛曼谷会议的成果时，素林表示：“东盟延续了自信，这本身就是一个巨大的成就。每年东盟的自我身份都会增强一点，自信都会增加一点。”② 贾古玛对曼谷会议进行总结时这样说：“总之，我们现在进入了一个重要的阶段，这个阶段展现了东盟国家在更大的亚太范围内发挥作用的自信。”③

在这期间，东盟推动召开亚欧会议和吸收越南加入两件大事更增添了东盟国家自信和乐观的情感体验。东盟在亚欧峰会机制建立中发挥着主导作用，“每个人都承认是东盟首倡了亚欧峰会，他们都盛赞东盟……东盟除了首倡以外，还在制定会议细节、议程、模式和确定参与者等方面都发挥了重要作用”④。1995年越南的加入对于东盟的发展来说无疑又是一次重要的里程碑。东盟对于将来在地区事务中发挥更重要的作用充满信心。“正是这个新东盟，将要领导着一群小国、中等国家以及地区大国在东盟地区论坛上就重建亚太地区安全架构规划出蓝图”⑤；“当这个扩大了的集团与其主要贸易伙伴会见时，美国将会面对一个自越南战争以来被其忽略了很多年的国家，而现在他不得不承认并接受它的存在”⑥。连美国学者约翰·奈斯比特于20世纪90年代访问东亚国家时，都能深刻感受到他所接触到的几乎所有政府官员、学者、企业界领袖和新闻记者无不充满了自信。⑦

在政治安全领域获得身份确认所激发的强烈积极情感也促使东盟

---

① Masaomi Terada, Yomiuri Shimbun Correspondent, “ASEAN pursues more high-profile role”, *The Daily Yomiuri*, August 1, 1994.

② Yang Razali Kassim, “When ASEAN becomes a player on the world stage”, *Business Times* (Singapore), July 25, 1995.

③ Lee Kim Chew in Bangkok, “ASEAN ‘has entered new phase in development’”, *The straits Times* (Singapore), July 28, 1994.

④ Lee Kim Chew in Bandar Seri Begawan, “ASEAN must stay in control of lose out”, August 4, 1995.

⑤ Yang Razali Kassim, “Reconfigured Asean will make presence felt in Asia-Pacific”, *Business Times* (Singapore), July 25, 1995.

⑥ Ibid..

⑦ ［美］约翰·奈斯比特：《亚洲大趋势》，外文出版社1996年版，第45—46页。

积极参与多边国际经济合作，东盟从以往的被动协商者转变为一个积极的多边协商参与者。[①] 东盟国家的主要智库提出要突破东盟在亚太经济合作组织（APEC）体制下的相对弱势地位。马来西亚著名智库战略与国际问题研究所前主任诺丁·索比（Nordin Sopiee）博士提出："亚太不是 APEC，而 APEC 也不是亚太。在 APEC 背景下，东盟国家是时候统一行动，将 APEC 削弱东盟的境况转变为增强东盟并维护东盟利益的境况。"[②] 当 1994 年印尼担任 APEC 东道主时，就果断地推出了实现亚太地区贸易和投资自由化的两个时间表，通过了《茂物宣言》。直到 1997—1998 年亚洲金融危机前夕，东盟国家对东盟在 APEC 中的作用仍然十分乐观，有的学者认为"对于 APEC 的发展来说，东盟是不可或缺的"[③]。尽管东盟国家在军事上势单力薄，但是在地区安全对话中东盟占据核心地位，已经成为一支重要的政治力量，同时，在经济上，东盟对美国、日本和中国等主要经济体也产生相当大的影响。

至此，我们考察了东盟作为一个地区国家联盟界定国际互动身份的发展轨迹，这个发展轨迹印着深深的情感烙痕。在殖民时期、二战中，东南亚一群势单力薄的小国家经历的肉体和情感上的折磨在集体记忆中留下了深深的烙印。从成立之日开始，东盟各国为了避免历史重现，摆脱令人不快的历史记忆，在国际互动中先是追求平等、独立的社会身份；继而在利好的内外部局势中，力争充当东亚地区政治经济秩序组织者、管理者的主导者身份。作为小国、弱国带给东南亚国家的深刻消极情感记忆和作为独立、自强的地区秩序主导者所经历的自信、满足的积极情感形成了强烈的对比，这决定了东盟在地区互动中继续追求主导者这一社会身份，地区秩序主导者的身份在今后的地区互动中具有绝对高的凸显等级。

---

① Teofilo C. Daquila, "At 30, ASEAN looks ahead with optimism", *Business Times*, March 29, 1997, Weekend edition.

② Kevin Sullivan, "ASEAN must push harder for Apec benefifs: Sopiee", *Business Times* (Singapore), September 14, 1994.

③ "AEAN indispensable to APEC's development", *Business Daily*, August 6, 1997.

第三节　互动身份与行为规范

东盟作为地区合作主导者的身份伴随着一系列预期的行为规范，这些规范也是在东盟历史互动中逐渐成形，并得到巩固和加强的。东盟在决定以地区秩序主导者身份发起东亚地区合作之初，就已经预设了要依据这些行为规范来开展地区合作互动。这些预设的规范主要包含两个方面的内容：第一个方面的规范涉及合作原则，指的是在东盟内部成员互动合作进程中所形成的被称为“东盟方式”的合作规范；另一方面的行为规范涉及地区合作的组织形式。这些规范被遵守，意味着东盟主导者身份得到尊重与确认，一旦这些规范受到挑战，东盟主导者身份就会遭遇危机。因此，在东盟以地区秩序主导者身份从事东亚地区互动合作的整个进程中，东盟都严格贯彻这些规范，并依据这些规范对参与合作的其他国家行为做出相应的预期。

一　东盟方式与东亚地区的合作原则

从最一般意义上讲，“东盟方式”是关于东盟“内部相互作用过程，并将东盟与其他的特别是西方的多边安排区分开来的”① 一系列地区合作行为规范。1967 年成立后，经过将近 10 年的时间，东盟逐渐发展出来一套独特的处理成员国关系、开展互动合作的一些行为准则，20 世纪 70 年代这些行为准则被概括为“东盟方式”。随着东盟方式在处理柬埔寨冲突过程中显示出有效性，“东盟方式”在 20 世纪 90 年代成为热议的话题。②

根据阿查亚教授的考察，与“不干涉内政”、“和平解决冲突”等理性—制度规范不同，被称为“东盟方式”的行为规范来源于东盟独特的社会文化环境。被称为“东盟方式”的主要行为规范包括协商一

① ［美］阿米塔·阿查亚：《建构安全共同体》，王正毅、冯怀信译，上海人民出版社 2004 年版，第 87 页。

② 张振江：《“东盟方式”：现实与神话》，《东南亚研究》2005 年第 3 期，第 22 页。

致、灵活性原则和政府间合作。东盟所采取的任何一项措施、通过的任何一项决议都是在协商一致基础上达成的，没有表决也不存在否决；协商过程中注重灵活性原则，所有成员国都极力避免僵硬的谈判过程；东盟国家的协商都是在特定的政府层面，甚至是国家领导人之间通过私人联系进行的，所做出的所有决定都是在国家和区域层次上的政治决定。“东盟方式”在冷战期间对于维护成员国之间的和平和地区稳定发挥了重要的作用，尤其在东盟灵活处理柬埔寨问题中的有效性得到国际社会的认可和赞扬。冷战结束后，国际社会认可在“东盟方式”规范的基础上，以东盟为主导组建亚洲地区第一个安全对话合作机制——东盟地区论坛，东盟方式正式成为构建地区政治秩序的基本规范。

1997 年亚洲金融危机启动的东盟+3 合作也是以东盟方式为基本行为规范的，表现为与东盟方式相同的实质和形式特征：政府推动的区域合作、峰会外交、以正式和非正式协商为主要手段寻求一致的决策方式以及灵活性合作等等。中国外交学院前院长吴建民大使曾经对东亚合作中显现的“东亚特性”归结为五个“C”和一个“O”，即磋商（consultation）、协商一致（consensus）、合作（cooperation）、舒适度（comfort level）、密切关系（closeness）和开放性（openness）。这些原则被视为东亚国家之间进行合作的“游戏规则”[①]，基本上都是源于东盟内部的合作原则——东盟方式。这些合作原则在东亚合作进程中的内化是东盟主导者身份确认的重要参照。

二　东盟+模式与东亚合作的组织形式

与此同时，东盟在与区域内外大国互动过程中也形成了一套独特的组织模式，这些组织模式所包含的行为规范也成为东盟地区秩序主导国身份的重要标志，这些规范确定了东盟对自身以及地区大国在互动中所处地位和所发挥作用的一系列预期。这个组织模式就是通常被称为“东盟+”的模式，是以东盟为驱动力的地区主义模式：一群弱

① 吴建民：《中国的崛起与东亚合作》，《外交评论》2005 年第 6 期，第 23 页。

小国家安排一系列程序规范，并说服该地区大国接受且适应这些规范。[①] 虽然东盟+模式被广泛提及是在21世纪才开始的，但是东盟+模式可以追溯到20世纪70年代的东盟与对话国的外长会议。

东盟与对话国外长会议，由东盟成员国外长与其对话伙伴国外长出席，一年一度紧跟着东盟外长会议之后召开，因此又称为“东盟外长后续会议”（Asean Post-Ministerial Conference，PMC）[②]，主要讨论政治、经济、东盟与对话伙伴国的合作等问题。它源起于1977年召开的第二次东盟首脑会议关于加强与欧共体、日本、美国、澳大利亚、新西兰、加拿大对话联系的决定。[③] 外长扩大会议为日后东盟在地区秩序建设中占据主导地位奠定了最初的基础。阿查亚教授也指出：“在这样的一种论坛中，东盟成员可以对所讨论的议程有一种支配性的影响，东盟因此在发展任何未来的地区安全机制中都会占有一个中心地位。”[④]

冷战结束后，随着美苏势力的撤退，东南亚地区出现的安全真空为信心满满的东盟安排地区安全秩序提供了契机。1991年，东盟的智囊机构“东盟—战略与国际研究所”（ASEAN—ISIS）向东盟首脑会议提交了一份题为《创新的时代》（*A Time for Initiative*）的报告，建议应该由东盟担当起亚太地区安全合作的倡导者和组织者的任务。该报告明确提出：利用一年一度的东盟与对话国会议的空隙，召开涉及整个亚太地区的安全对话会议。[⑤] 1993年7月在新加坡举行的第26届东盟外长会议特别安排了东盟6个成员国与7个对话伙伴国（日本、韩国、美国、加拿大、澳大利亚、新西兰、巴布亚新几内亚）、3

---

① David Martin and Michael L. R. Smith，“Making Process，Not Progress：ASEAN and the Evolving East Asian Regional Order”，*International Security*，Vol. 32，No. 1，Summer 2007，p. 154. 转引自唐小松《三强共治：东亚区域一体化的必然选择》，《现代国际关系》2008年第2期，第10页。

② 也有翻译成“东盟外长扩大会议”。

③ “Joint Communiqué the Second ASEAN Heads of Government Meeting”，Kuala Lumpur，4-5 August 1977（http：//www. aseansec. org/5095. htm）.

④ ［美］阿米塔·阿查亚：《建构地区安全共同体》，王正毅、冯怀信译，上海人民出版社2004年版，第247页。

⑤ 喻常森：《东盟在亚太多边安全合作进程中的角色分析》，《外交评论》2007年第4期，第62页。

个观察员国（越南、老挝、欧共体）和2个来宾国（中国、俄罗斯）共18方外长参加的“非正式晚宴”。会上代表们同意于1994年在曼谷召开首届东盟地区论坛，就整个亚太地区政治安全问题展开非正式磋商，从此东盟地区论坛与东盟外长扩大会议一起，紧随着东盟外长会议之后召开，与东盟外长会议并称为“东盟三会”。①

从东盟外长扩大会议到东盟地区论坛，东盟在组织地区政治安全对话机制的过程中，巧妙地把握住了会议组织形式上的主导地位。东盟承担会议的召集和组织工作，PMC和ARF都是背靠东盟外长会议举行的，在东盟外长会议之后相继召开。东盟的轮值主席国从事本年度PMC和ARF的召集和接待工作，由东盟秘书处负责日常资料和文件的储藏和发放；东盟还是会议议程的制定者。无论是外长扩大会议还是东盟地区论坛所讨论的议题都是东盟设定的，以东盟的关切为重心。在第四章中，笔者探讨过东盟在面临身份确认危机时，曾经坚决抵制美国承担东盟地区论坛主席国和修改东盟外长扩大会议议程的意图，这是因为这种会议组织模式是东盟地区合作主导国社会身份所规定的重要行为规范，是东盟社会身份确认的评估依据。

1997年东盟与中日韩领导人会议机制建立后，东盟+模式正式上升到领导人会议层次。陆建人研究员将这种东盟+会议机制称为“东盟+结构”，指出：“这种结构是以东盟为东道主，邀请中、日、韩三国作为客人与会，会议地点限于东盟成员国内，主办者为东盟成员，时间安排在东盟每年举行的领导人会议期间。”② 秦亚青教授将这种会议组织模式称为“规范的规范”，并且指出这些规范的本质就是规定了东盟的主导国社会身份：“自从中、日、韩三国加入东亚区域化，一种新的规范也随之产生，这就是东盟的领导角色。这是一种规范的规范，使东盟国家具有设定议程和提供规范的主导身份。中、日、韩三国作为地区多边进程的一部分，需要接受上述规范并接受由东盟提

① 《东盟地区论坛会议及东盟与对话国外长会议》，《瞭望》1996年第32期，第43页。

② 陆建人：《东亚峰会圆桌博弈》（http：//yataisuo. cass. cn/xueshuwz/showcontent. asp？id=809）。

出的新的标准和规范。”①

东盟+3合作进程在21世纪初以符合东盟主导身份的合作原则和组织规范的方式快速推进，使得东盟自信大增，东盟国家领导人认为“东盟是推动亚洲形成像欧盟一样的统一贸易联盟的关键力量”②，或者“东盟+3之所以可能完全是因为有东盟的存在”③。不过，2004年东盟一致同意召开的东亚峰会，却给东盟的地区主导国社会身份带来了自东盟+3合作进程启动以来最严峻的一次考验。④

本章小结

本章内容是探讨东盟构建东亚地区身份的情感动力机制的第一步。笔者首先介绍了东亚合作这一互动的总体情境，分析了“东亚共同体”所代表的地区身份的含义，解释了关系导向身份概念在理解东亚共同体符号兴起与弱化现象时的适应性。在进入东亚合作互动之前，东盟在东亚地区这一特定场所中进行的历史互动，产生了附着不同效价与强度的情感体验的互动身份。这些不同的情感体验决定了各种身份在未来互动情境中的凸显等级。

成立之初，作为一个夹缝中求生存的弱国集团，东盟笼罩在为政治、安全和经济命运忧虑、不满的情感状态中；冷战结束后，柬埔寨问题的顺利解决使得东盟作为一个独立、平等的国际事务参与者首次得到真正的重视，而随着东盟首倡并组织的东盟地区论坛和亚欧会议的召开，东盟对地区秩序的主导作用得到广泛认可，这给东盟各国带来了积极、自信的情感体验。这两种情感体验具有不同的效价，但是具有相似的强度。强烈的消极体验使得东盟国家在未来的互动中避免

---

① 秦亚青、魏玲：《结构、进程与权力的社会化——中国与东亚地区合作》，《世界经济与政治》2007年第3期，第13页。

② Naranart Phuanganok, “Asean to push for Asian group”, *The Nation* (Thailand), September 20, 2000.

③ Ali Alatas, “Asean well and alive”, *New Straits Times* (Malaysia), October 10, 2000.

④ 魏玲：《国内进程、不对称互动与体系变化——中国、东盟与东亚合作》，《当代亚太》2010年第6期，第60页。

重拾弱国身份，而强烈的积极情感体验使得东盟国家在未来互动中坚定地追求地区秩序主导者的身份。在进入东亚合作互动之前，东盟就已经预设了作为东亚合作主导者的互动身份，与之相应的是东盟为东亚合作所设定的行为规范，以及对其他国家参与互动的行为预期。

第六章

情感与“东亚共同体”的兴起

20 世纪 90 年代上半期，东盟在国际上的影响力日益显著，在亚太地区安全秩序建构中扮演着主导者的角色。东盟各国沉浸在自信的积极情绪中，对未来在国际互动中的预期身份形成了较高的期望。不过，就在东盟准备庆祝 30 周年之际，一场突如其来的金融危机对东盟作为地区秩序主导者的身份造成了严重的挑战。之后，东盟一直处于为寻求身份确认而努力的境地之中。这时，区域内大国对东盟地区秩序主导身份的支持对于东盟恢复自信显得尤其重要。在金融危机的驱动下，1997 年启动的东盟与中、日、韩领导人非正式会议机制（10+3）建立，这个平台的建立不仅仅是为解决金融危机、加强经济合作，对于东盟来说，10+3 机制为东盟在更大的东亚区域内寻求身份确认提供了平台。进入 21 世纪之后，在中国的带动下，中、日、韩三个地区大国争相向东盟示好，纷纷加入东盟主导的地区政治经济秩序，从政治、经济、文化各方面与东盟发展全方位的合作关系，东盟作为地区秩序主导者的身份得到支持和加强，东盟对东亚合作充满了热情，对自己在东亚合作中的主导身份具有很大的自信，对与地区大国的政治经济关系认知也趋向积极。在东亚合作的互动进程中，东盟地区秩序主导身份获得确认使得东盟产生了积极情感体验，积极的情感体验使得东盟倾向于增加在东亚地区的合作互动，并对东亚一体化进程及其自身的作用做出积极有利的认知评估，这也就解释了东盟积极建构其地区身份，接受并推动“东亚共同体”身份符号兴起的现象。

第一节　东盟身份危机与10+3机制的建立

1997年东盟成立30周年。30年来，东盟已由5个贫穷、落后的中小国家组成的联盟，发展成为与亚太地区各大国平起平坐、在亚太事务中发挥积极作用的一支重要力量。正当东盟充满自信、意气风发，准备在国际舞台上大显身手时，一场严重的金融危机席卷了整个东南亚，东盟国家无一幸免。

一　亚洲金融危机与东盟地区主导者身份危机

在金融危机的打击下，东盟各国的货币币值大幅下跌，其中重灾国印尼、泰国、马来西亚以及菲律宾的币值在一年多时间中下跌了三至七成，投资者信心崩溃；大量资本从东盟国家流出，导致股市暴跌；东盟的出口急剧下降，国内市场也严重萎缩，经济增长率大幅下滑。危机还触发了严重的社会动乱，一些东盟国家国内政局出现动荡，在印尼执掌政权三十多年的苏哈托被迫下台，这个在东盟发展史上扮演着重要角色的领袖人物退出了历史舞台。①

这次金融危机不仅使东盟各国的经济发展严重倒退、政局稳定遭到破坏，东盟在应对危机的过程中暴露出来的问题也大大影响了东盟的国际声誉，对东盟冷战后形成的地区秩序主导者身份形成严重挑战。危机将东盟成员国之间的分歧暴露出来，马来西亚与新加坡的双边关系一度出现紧张局面，东盟的整体凝聚力遭到削弱；在应对金融危机的过程中，东盟各国未能采取统一行动或互助措施来共同对付危机，而是各扫门前雪、依赖国际援助；对于印尼的社会动乱束手无策等等。② 这些问题使国际社会对东盟内部的团结和凝聚力产生怀疑，连东盟内部怀疑之声也不绝于耳。许多严肃媒体和学术出版物对东盟的评估都以诸如“东盟：力所不能及?”、“东盟的失败”和“东盟地

① 陆建人、周小兵：《亚洲金融危机对东盟的影响》，《世界经济》1999年第9期，第37—40页。

② 陆建人：《东盟的发展道路》，《当代亚太》1999年第8期，第27页。

区角色局限性的暴露”为标题。[①]

金融危机后东盟所经历的身份危机使得东盟国家体验到强烈的悲观失望（gloom-and-doom）情绪。[②] 而且这种身份危机并没有随着金融危机的弱化、东盟国家经济的复苏而消除。1999 年柬埔寨加入东盟，东盟正式成为包括东南亚所有国家的“一个东南亚”，但是东盟内部领导权的缺失、各成员国发展层次的巨大差距对东盟协商一致的能力带来了挑战。对东盟扩大后前景的担忧也使得东盟对自身东亚秩序主导者的国际地位做出了“一直在削弱”的悲观判断。[③] 新加坡外长贾古玛指出，尽管东盟国家已经显示经济复苏的迹象，但是国际社会对于东盟的看法还是消极的，东盟在新的全球经济中有被边缘化的危险。贾古玛不无忧虑地注意到，尽管地区复兴已经证明了东盟的信心，但是一些评论家和分析家仍然认为东盟“是一辆虚弱的马车”，“正在被疏远”或者是“东盟正在走下坡路”。[④] 在国际上，东盟面临着一系列批评之声，人们认为东盟不能很好地处理人权问题和跨国问题，比如印度尼西亚的森林大火造成邻国严重的空气污染等等。

为了恢复东盟的国际声誉、维护东盟地区秩序主导国的社会身份，东盟国家在各种场合寻求对其社会身份的确认，抵制挑战其作为地区秩序主导者的行为。第一个对于东盟地区主导者身份提出挑战的是美国。在 1998 年东盟系列会议召开前夕，美国试图推动东盟一年一度的外交部长扩大会议（Post Ministerial Meeting）采取新的形式，探讨跨国问题，以避免和东盟地区论坛重复。泰国《民族报》记录了当时东盟官员的总体反应，“东盟官员说华盛顿希望推动建立新的论坛，深入探讨跨国问题。这些问题在美国国内政治议程上也是很重要的。就像东盟地区论坛一样，外交部长扩大会议也是东盟驱动的进程，因此，任何试图转移东盟关注的议题而添加非东盟议题的努力都

① Irene Ng, “Whither Asean?”, *The Straits Times* (Singapore), December 5, 1998.

② Ibid..

③ Anis Kamil, Patvinder Singh, “Don: Lack of leadership a factor in diminished standing of Asean”, *New Straits Times* (Malaysia), June 2, 1999.

④ Harish Mehta, “Asean risks being sidelined in global economy”, *Business Times* (Singapore), July 25, 2000.

会被看作是敌对的行为"[①]。与此同时，美国还试图"攫取东盟地区论坛的主导权"，建议论坛的主席国能在东盟国家和非东盟国家之间轮换，因为目前非东盟国家的人数已经超过了东盟国家，"希望平等地分享主席国的特权和责任"[②]，东盟对于美国的这个建议进行了坚定的抵制，捍卫东盟在东盟地区论坛中的主导地位。1998 年底在河内通过的"河内行动计划"，明确表示东盟将会"保持在东盟地区论坛中的主席国地位；东盟各国将会采取积极进取的措施加强东盟作为东盟地区论坛主导推动力量的作用"。[③]

二　身份确认战略与 10+3 机制的建立

除了坚决抵制来自外部对其主导者身份的挑战之外，东盟还大力推进自身一体化建设来维护内部团结、增强自治能力。与此同时，东盟还寻求东亚地区大国的帮助，提高自身经济恢复与发展的能力；东亚大国对东盟主导地位的认可与支持为东盟寻求身份确认、恢复自信提供了不可多得的机遇，这也是东盟推进东亚地区合作意愿不断高涨，进而对东亚共同体概念兴趣增强的重要原因之一。

从金融危机爆发到世纪末，为了实现经济复兴、重塑信心，一方面，东盟加快内部自贸区建设的进程，1997 年 12 月东盟第二届非正式领导人会议通过了《2020 年展望》，将东盟的远景发展目标定位为到 2020 年建成稳定、繁荣、资金、人员和商品等能畅通无阻且富有竞争力的东盟经济区；[④] 1998 年的领导人会议又推出了《河内行动计划》，制定了具体政策以实现《2020 年展望》，加快东盟内部的经济一体化进程，制定措施改善地区的投资环境，加速实施东盟自贸区以

---

① Kavi Chongkittavorn, "Regional perspective: ASEAN likely to resist US proposal", *The Nation* (Thailand), July 8, 1998.

② Lee Kim Chew, "Asean stays at the helm of security forum", *The Straits Times*, December 17, 1998.

③ "Hanoi Plan of Action", Ha Noi, December 15, 1998, ASEAN Secretariat (http://www. aseansec. org/687. htm).

④ "ASEAN Vision 2020", Kuala Lumpur, December 15, 1997, ASEAN Secretariat (http://www. aseansec. org/1814. htm).

及建立东盟投资区域。[①] 另一方面，东盟加强扩大与地区大国的合作，在多边框架下寻求支持，证明东盟的能力并恢复信心。比如，1997 年 11 月在温哥华召开的 APEC 会议上，东盟国家成功地推动会议发表了一个关于亚洲金融危机的特别声明，成为除了欧洲以外的西方国家承认该危机具有全球性的首个公开声明；1997 年底马来西亚东盟峰会上实现了东盟+3 领导人非正式会晤，三国与东盟发表了一系列加强关系建立信心的声明；1998 年 4 月举行的第二次亚欧会议上，双方发表了关于亚洲金融危机的“独立声明”——《伦敦声明》，欧盟成为最后承认亚洲金融危机具有全球性的主要发达国家。

东盟采取主动行为，在多边机制中努力寻求摆脱金融危机的方法，不仅是为了应对金融危机，从某种意义上来说，也是维护东盟地区主导者身份的努力，也因此，时任东盟秘书长塞维林若（Rodolfo Severino Jr.）再三强调：“金融危机并没有让东盟变得无关紧要，而是证明了东盟更加必要。”[②] 而在所有这些多边努力中，与东北亚三个大国的合作被视为是东盟成功发挥地区主导作用的最好例证。在为东盟的地区主导作用辩护的时候，时任泰国外长素林就认为：“东盟虽有缺点，但是东盟所取得的成就证明了东盟地区秩序制造者的作用，而与中日韩扩大合作，建设东亚 13 国集团是东盟所取得的最为引人注目的成就。”[③]

亚洲金融危机中东亚国家之间所表现出来的合作和互助精神，为东亚一体化在金融危机后的加速发展奠定了情感上的基础。在亚洲金融危机中，中、日、韩三国对于东盟向国际社会发出的呼吁做出了积极的反应。中国承诺人民币不贬值，并且使得贸易规则和条例更加透明以帮助扩大与东盟的贸易量；日本则削减了其官方发展援助的利率，减轻了东盟国家使用硬通货的压力，日本还同意向东盟国家人民提供人力资源开发和技术培训；尽管自身面临着同样的问题，韩国对

---

① “Hanoi Plan of Action”, Ha Noi, December 15, 1998.

② Yang Razali Kassim, “ASEAN is more relevant than ever”, *Business Times* (Singapore), August 1, 1998, Weekend Edition.

③ Deborah Loh, “Asean's family with its beauty spots and warts”, *New Straits Times* (Malaysia), June 14, 2003.

于东盟将要采取的行为表示支持并愿意共同解决问题。1997 年 12 月，东盟召集第一次东盟+3 领导人非正式会议，真正意义上的东亚区域合作拉开了序幕。东盟媒体评论认为：这次东盟与中日韩领导人非正式会议被认为是中国与东盟首次不是坐下来谈安全问题，而是中国向东盟邻国伸出友谊睦邻之手。①也正是在这次会议上体现出“比以往任何时候，这次会议显示出东南亚和东北亚国家具有共同的问题，并且将会共同努力，一起迈入 21 世纪”②。

东盟与中日韩领导人非正式会议启动之后，东亚 13 国在短短几年时间内就对推进东亚合作取得了一定的共识。1999 年 11 月，东盟与中日韩领导人第三次非正式会议在菲律宾首都马尼拉举行，会议发表了《东亚合作联合声明》，确定了东亚合作的重点，决心“在各个领域、不同层次上做出努力”③；2000 年 11 月，第四次东盟+3 领导人会议对东亚合作的重点提出了具体的实施建议，批准了《清迈倡议》，建立了应对金融危机的货币合作机制，并且将领导人非正式会议制度化为一年一度的领导人会议机制。东盟对与中日韩合作显示的巨大热情在东盟媒体界引起了关注，泰国《民族报》做出了这样的记录：在东盟峰会上，“不是进一步推进自身的合作，东盟国家选择扩大与三个东北亚国家的关系”……“东盟的部长们几乎不讨论建立东盟自贸区的下一步行动，而是大量地讨论如何加强与中、日、韩的关系问题”④。

东盟与中日韩的合作建立在危机驱动共同命运的情感基础之上，是东盟消除身份危机带来的消极情感，追求经济复兴、身份确认的重要行为结果。进入 21 世纪，随着中日韩继续加强与东盟的合作力度，对东盟建构地区经济合作制度、政治和安全秩序的努力给予大力支持，东盟的身份确认感快速增强，对于东亚合作的热情和信心也大大

① Anis Kamil, “Asean ideas to rid out economic woes”, *New Straits Times* (Malaysia), December 18, 1997.

② Ibid..

③ 《东亚合作联合声明》，1999 年 11 月 28 日于菲律宾马尼拉，外交部网站（http://www.fmprc.gov.cn/chn/pds/gjhdq/gjhdqzz/lhg_13/zywj/）。

④ Jeerawat Na Thalang, “Asean courts region's economic powers”, *The Nation* (Thailand), November 27, 1999.

增强，直接促成了“东亚共同体”这一地区身份符号的兴起。

第二节　东盟身份确认与“东亚共同体”符号的兴起

世纪之交，东盟自身经济一体化的进展仍然相对缓慢，受制于成员国国内的各种因素，东盟自由贸易区始终未能得到充分实施。[①]2001年东盟内部出口只占东盟出口总额的20%，与1970年处于同一个水平。[②]在东盟内部一体化推进乏力的背景下，受到中国的带动，中日韩三国在以东盟为中心的地区政治经济制度框架下，竞相与东盟推进全面合作。在合作氛围热烈、东盟自信大增的情况下，东亚共同体建设很快成为区域合作中的关键话题。

2004年10+3万象峰会上，东盟与中日韩13国将“建设东亚共同体”确立为东亚合作的长远目标，决定于次年召开东亚峰会——这被认为是东亚共同体建设的重要制度渠道。韩国《先锋报》对此做出评论：在万象峰会上，“他们启动了旨在建立东亚版欧盟的历史进程。仅仅在几年之前，东亚共同体的概念还是不可想象的”[③]。

一　中日韩融入东盟主导的区域经济政治合作框架

在经济合作中，中、日、韩三国纷纷启动与东盟建立自贸区的谈判进程。在中国总理的倡议下，2001年11月中国与东盟就建立自贸区达成共识。2002年11月，在第6次中国—东盟领导人会议上，双方签署了《中国与东盟全面经济合作框架协议》，确定了2010年建成中国—东盟自由贸易区的目标；日本长期以来，“对东盟的经济外交是在全球多边自由贸易体制框架下展开的，双方间的经贸关系缺乏自

① 韦红、邢来顺：《国内政治与东盟一体化进程》，《当代亚太》2010年第2期，第43—57页。

② Walden Bello, “Is ASEAN Irrelevant?”, *Business World*, December 14, 2004.

③ Editorial, “Toward an East Asian Community”, *The Korea Herald*, December 2, 2004.

由贸易协定的强力支撑”[①]，但是在中国提出建立“中国—东盟自贸区”的倡议后，日本颇感震动，遂改变了排斥区域经济协议的方针。自2002年末开始，日本在东南亚地区开始有计划有步骤地推进经济伙伴关系协定（Economic Partnership Agreement，EPA），不仅与东盟各成员国谈判双边EPA，也积极推进与东盟整体的EPA；作为一个后来者，韩国也在2005年与东盟签署了《全面经济合作框架协议》，协议规定韩国东盟自贸区将于2008年到2010年建成。这样，在三个双边自贸区框架下，东盟作为东亚自贸区网络枢纽的核心地位得到充分保障。

在政治领域，也是在中国的带动下，东北亚三大国接受东盟规范、融入东盟主导的地区政治秩序的决心也进一步增强。长期以来，《东南亚友好合作条约》是东盟关于地区政治秩序的主要规范性条约，是东盟主导地区政治与安全秩序的象征。2003年，中国正式加入了《东南亚友好合作条约》，成为第一个加入该条约的东盟对话伙伴国；2004年7月和12月，日本、韩国在中国之后也相继加入了《东南亚友好合作条约》。这样，东北亚三大国都正式承认东盟规范对东亚地区国家行为的指导和约束性作用，是东盟地区政治秩序主导者身份得到确认的最重要标志。不过，中日韩与东盟的政治安全合作还不仅仅止于对东盟规范的自愿接受，三国还竞相与东盟推进全方位的战略伙伴关系。2003年，中国与东盟签署了《面向和平与繁荣的战略伙伴关系联合宣言》以及《南海各方行为宣言》，是中国自愿约束自身行为，融入东盟主导的地区政治和安全秩序的重要举措。同年11月日本与东盟在东盟—日本纪念峰会上签署了旨在促进政治、经济和安全合作的《东京宣言》和《行动计划》，这两个文件成为新千年全面推进日本与东盟关系的指导性文件。韩国也不甘落后，2004年与东盟签署了《全面合作伙伴关系联合宣言》，将双方的关系提升到新的高度。可以看出，在进入21世纪的前四个年头里，东盟与中日韩三大国的政治、经济关系经历了重大进展，其发生的速度之快、

① 李俊久：《协定一体化情境下的日本对东盟新经济外交》，《现代国际关系》2009年第5期，第19页。

相关国家的热情之高确实让人有眼花缭乱之感，而这些进展都是无条件以东盟为核心、完全遵循东盟主导下地区秩序建构的理想模式而开展的，这无怪乎会在东亚地区尤其是在东盟国家内部产生强烈的东亚认同感。当时东盟秘书长的特别助理在其题为“走向东亚共同体：旅程已经开始”的文章中，骄傲地宣称“我们东亚人民正在经历着我们这个广大区域中发生的具有历史意义的发展……最重要的是，地区合作让我们激动地认识到，我们东亚人民具有很强的能力一起努力，为我们所有人创造一个更好的未来，也为我们的子孙创造一个更好的世界”①。

二　东亚共同体概念的提出与初步设想

东盟自身一体化建设经历了漫长的历程，2003 年的东盟峰会上才提出“东盟共同体”建设的蓝图，而从 1997 年东盟与中日韩合作机制确立开始，到东亚共同体概念提出以及 2004 年正式被东盟+3 领导人会议确认为东亚合作的长远目标只用了短短 7 年的时间。

在亚洲金融危机的驱动下，东亚合作进程被寄予了厚望，对东亚经济一体化前景的讨论也日益深入。在韩国总统金大中的倡议下，东盟与中日韩领导人同意于 1998 年 12 月和 2000 年 11 月分别组建由东亚知名学者组成的东亚展望小组（EAVG）和由政府官员组成的东亚研究小组（EASG），对东亚合作的前景进行研究并向领导人会议提出报告。2001 年，EAVG 向 10+3 领导人会议提交了题为《走向东亚共同体：一个和平、繁荣和进步的地区》的研究报告，正式提出了建立一个“东亚共同体”的地区一体化设想，并从经济、金融、政治安全、环境、社会文化以及制度 6 个方面提出了具体的合作建议，其中，最为引人关注的是将“一年一度的东盟+3 领导人会议转化为东亚峰会”的制度建设措施。② 在对该报告进行评估的基础上，EASG

① Termsak Chalermpalanupap, “Towards an East Asia Community: The Journey Has Begun”, ASEAN Secretariat (http://www.aseansec.org/13202.htm).

② “Towards an East Asian Community: Region of Peace, Prosperity and Progress”, East Asia Vision Group Report, 2001 (http://www.mofa.go.jp/region/asia-paci/report2001.pdf).

也于2002年向领导人会议提交了报告，提出了推进东亚共同建设的26项具体措施，包括17个短期措施和9个中长期措施。9个中长期措施包括建立东亚自贸区、东亚投资区以及推动东盟+3峰会向东亚峰会转化等。EASG的报告专门对东亚峰会的意义进行了评估。①

报告指出，更深入的地区一体化既是不可避免的，也是必要的，但是这个一体化是个渐进的过程。报告特别表达了东盟国家对于东亚峰会的担心，"如果向东亚峰会转化得太快，东盟有可能被边缘化。"同时，报告还指出了建立东亚峰会的另一个必要条件，就是培育更强的地区意识，"在努力推进更大范围的东亚合作过程中，还必须要采取措施在所有成员国中培育更强的主人翁精神"②。因此，关于东亚峰会的问题，该报告总结道："为确保（东亚峰会）具有最大范围内的可接受性，有必要在东盟国家、中国、日本和韩国之间逐渐增强相似的舒适度。为向前推进，东盟和中日韩必须探索解决东亚峰会相关的实际和具体问题的途径。"③

从EASG的评估报告中不难看出，东亚共同体是东亚合作的长期目标，是渐进的过程，东亚峰会的推进必须要在地区意识更强、各方舒适度允许的情况下才能召开。因为，按照最初的设计，东亚峰会是东亚13个国家以平等的身份参与，在将来取代东盟+3而成为东亚共同体建设的主要制度形式。正因为如此，东亚峰会的召开应该是东亚共同体建设取得重大进展的重要标志。从EASG的报告中我们可以看到关于东亚峰会的分歧还是很多，在真正建立东亚峰会机制之前应该还有许多工作要做。不过，正如我们后来所见到的，仅仅是在两年以后，东盟+3领导人在老挝万象就做出了于次年召开东亚峰会的决议。这种重大进展虽然激起更多人的热情与期待，但也是一个值得深思和需要解释的现象，尤其是考虑到东亚峰会召开前后东亚合作情感热度发生了急剧变化的情况。

① "Final Report of East Asia Study Group", Phnom Penh, Cambodia, November 2002 (http://www.mofa.go.jp/region/asia-paci/asean/pmv0211/report.pdf).

② Ibid., p. 5.

③ Ibid..

第三节 积极情感、外向性合作倾向与积极认知

从上述回顾可以看出，随着东亚合作的快速推进，东亚共同体作为一个概念成为讨论的对象，但是在现实中，东亚共同体只是作为一个长远目标得到一致认可。可是，作为东亚共同体象征性进展的东亚峰会却早早登上了历史的舞台。这一现象反映了东盟国家增加和扩大东亚地区合作互动进程的行为倾向，也反映出东盟国家在这一时期对东亚合作持有积极有利的认知评估。而这些行为倾向与积极认知都与在互动进程中由于身份确认所带来的积极情感体验密切相关。积极的情感体验、趋近的行为取向以及积极的认知评估，三者相互作用，共同建构了东盟国家的地区身份。正是因为东盟国家的地区身份认同增强，“东亚共同体”这一身份符号才能得以提出并得到东盟国家的支持与推动。本节重点讨论东亚合作互动中东盟的积极情感体验，以及对积极情感体验的追求与东盟国家行为倾向和认知评估的相互作用。

一 积极情感与东盟国家的行为倾向

在10+3合作进程中，中日韩三国对东盟地区主导国身份的竞争性支持行为使得东盟国家体验到不断增强的自信情感。2005年东亚峰会召开前夕，时任东盟秘书长王景荣在谈到东盟的政治成就时指出：“政治上，东盟在东亚合作中扮演着越来越重要的作用，东盟的信心不断增强。东盟在即将到来的东亚峰会中所占据的主导地位显示了东盟的信誉和不断增加的影响力。”① 出于对东亚合作热情和信心的增强，东盟国家表现出加速推动东亚合作的行为倾向。

（一）积极情感与加速推动东亚合作

随着东盟的扩大，东盟成员国内部经济差距扩大，协商一致的内部协调难度加大，东盟自身的一体化建设面临着重重阻力，东盟自贸

① Ong Keng Yong, “Asean Secretary-General's Message”, *New Straits Times* (Malaysia), August 8, 2005.

区虽然已经宣布于2002—2003年基本建成①，但是由于各种原因，不少成员国对于某些重要产品的减税期限提出保留或延期。② 东盟对自贸区的减税目标也定得相当宽泛，即最终税率在0—5%之间，其最高税率甚至高于发达国家在乌拉圭回合上的承诺。③ 相比之下，东盟各国与中日韩的合作却卓有成效。从自贸区建设、金融合作，到东亚共同体长远目标的提出以及新的机制建立，都是在短短4年内实现的。对于这种现象，《日本时报》进行了这样的描述：东盟“对自身经济一体化的推进力度减弱，而对与中、日、韩的自贸区建设更为积极。在2003年的巴厘峰会上，东盟通过了《第二巴厘宣言》，宣言虽然提出了到2020年建立东盟经济、社会和安全共同体的目标，但是对于在2020年前建立统一市场却语焉不详。同时，充分实施东盟自贸区的长远目标也似乎从东盟各国领导人的视野中消失。与之形成对比的是，东盟国家在巴厘峰会却大肆讨论与中国、日本和印度建立自贸区，而这些自贸区建成的时间都要早于东盟设定的内部自贸区的建成时间”④。

同样，对于设立东亚共同体的长远目标以及支持召开东亚峰会等问题上，东盟也表现了与其情感体验相一致的行为取向。正如EASG报告中所揭示的，东盟国家其实对于东亚峰会的召开存有很多疑虑，但是在2004年万象峰会召开之际，大多数东盟国家都同意于2005年提前召开东亚峰会，而之前对于召开东亚峰会所存有的疑虑和分歧似乎暂时被掩盖起来了。对于东盟国家来说，东亚峰会召开的意义可能不在于其对地区一体化所具有的实际意义，更多的是在于其对于东盟主导的地区一体化进程所具有的象征性意义。时任东盟秘书长王景荣在接受《雅加达邮报》的采访时就指出，由于东盟10国和中日韩领

① “ASEAN Annual Report 2002—2003”, ASEAN Secretariat (http://www.aseansec.org/ar03.htm).

② 韦红、邢来顺：《国内政治与东盟一体化进程》，《当代亚太》2010年第2期，第49—50页。

③ John Ravenhill, “East Asian Regionalism: Much Ado about Nothing?”, *Review of International Studies*, Vol. 35, 2009, pp. 225-226.

④ Harvey Stockwin, “ASEAN further devalued itself at summit”, *The Japan Times*, October 20, 2003.

导人均会出席，东亚峰会将具有政治上的象征意义：“在合适的时候，我们应该要在东盟框架中举办一个10+3的高层会议，这将会是一个重大的、象征性的政治事件。”① 实际上，东亚峰会象征性意义的背后是东盟国家提升身份确认、追求积极情感的需求，而东盟国家在10+3合作进程中所体验到的积极情感对于暂时掩盖东盟国家关于东亚峰会的分歧和疑虑发挥了重要作用。泰国《民族报》准确地指出，“十年来，东亚领导人为他们的全方位合作而欢呼，这种愉快的情感是如此之强，以至于没有一个国家想要探讨可能出现的问题，而成为打破好心情的第一人。”②

（二）积极情感与马来西亚对东亚峰会的大力推动

在东亚共同体快速兴起的过程中，马来西亚的大力推动，尤其是前总理马哈蒂尔在其中发挥了重要作用。马哈蒂尔之所以大力推动东亚共同体，很大一部分原因是他将东亚共同体看作是其1990年提出的东亚经济集团倡议的胜利，是对马哈蒂尔个人以及马来西亚作用和成就的认可。1990年12月，在国际多边贸易组织GATT乌拉圭回合谈判陷入僵局之后，马哈蒂尔倡议成立“东亚经济集团”，由东盟和中日韩三国组成。他认为成立这样的地区经济集团既能够促进本地区的繁荣，又能团结起来打破北美和欧洲控制国际经济领域主导权的局面，提高东亚地区在国际上的发言权。不过，由于美国的激烈反对，日本和韩国追随美国而反应冷淡，而且其他东盟国家也没有太大的兴趣，该倡议没有付诸实施。在马哈蒂尔看来，东盟+3和“东亚共同体”与东亚经济集团一脉相传，是对其早期惨遭流产的倡议的回归。

2003年在首次召开的东亚大会（East Asia Congress）开幕式上，马哈蒂尔发表了题为“建设东亚共同体：前进的道路”的主题演讲。在演讲中，马哈蒂尔说：“我们的生活和整个未来都决定于日内瓦、华盛顿和纽约所做的决定。我们自己的声音很少被听到，更不容易被注意。我们没有什么分量，也没有什么影响。”因此，“为了增强声

---

① “Indonesia questions value of East Asian summit plan”, The Jakarta Post web site, Jakarta, in English, June 29, 2004, *BBC Summary of World Broadcasts*, June 29, 2004.

② “Regional perspective: Mixed views on East Asia's future path”, *The Nation* (Tailand), May 10, 2004.

音、聚集力量和增进影响”，马哈蒂尔呼吁“东亚国家的领导人不要再藏在东盟+3框架的后面，要承认有必要建立一个东亚经济集团”[①]。马哈蒂尔在这篇演讲中提出了“东亚共同体”建设的原则：互利、互敬、平等、一致和民主，要缔造“东亚共有、共治和共享的”治理。[②] 马哈蒂尔的继任者也保持了推动东亚共同体建设政策的一贯性。2004年12月5—6日，在马来西亚吉隆坡召开的第二届东亚论坛上，马来西亚总理巴达维在开幕式发言中就提出了建设东亚共同体的7点路线图，内容包括东亚峰会、东亚一体化宪章、东亚自由贸易区、东亚货币和金融合作条约、东亚友好合作区、东亚交通和通信网络，以及有关人权和责任的东亚宣言。[③] 在东亚共同体推进期间，马来西亚不止一次提出建立“东盟+3”秘书处以加快东亚一体化进程的协调工作，同时积极支持尽早召开东亚峰会。马来西亚大力推动东亚共同体进程背后的情感动机是极其明显的，当东亚领导人通过了东亚展望小组的报告中提出的建立东亚共同体的倡议时，马哈蒂尔就曾向媒体公开宣称，“离开文莱时心满意足”[④]。

二　积极情感与东盟的认知评估

东盟国家身份确认所带来的积极情感体验决定了东盟国家维护、加快东亚合作进程的行为倾向。尽管如此，如前所述，东盟国家也深深意识到相对于中日韩三大国来说，其物质实力还是相当的弱小。因此，对于自身在东亚合作进程中的主导者身份十分敏感，对于召开东亚峰会也十分谨慎。东盟国家内部，比如印尼一直对召开东亚峰会有所保留。不过，10+3进程启动后，尤其是进入21世纪以来，东盟国家在外向性的身份确认过程中不断体验到积极情感，自信大增，这对

---

① Chok Suat Ling, Kamarul Yunus, “Dr M: EAEG is a reality”, *New Straits Times* (Malaysia), August 5, 2003.

② Datuk Seri Dr. Mahathir Mohamad, “Building the East Asia Community: The Way Forward”, *New Straits Times* (Malaysia), August 5, 2003.

③ 季玲：《东亚合作新局面——第八次10+3领导人会议后东亚合作形势评析》，《外交学院学报》2005年第2期，第51页。

④ Ashraf Abdullah, “Leaders concur formation of East Asian community inevitable”, *New Straits Times* (Malaysia), November 8, 2001.

于东盟评估自身在东亚合作中的能力和作用、对与区域大国关系的感知和评估都发生了影响，促使东盟更加关注收益评估中的积极面，这也是东盟国家能说服内部怀疑派，最终就召开东亚峰会达成一致意见的原因。

（一）东盟对自身能力的积极评估

从地缘政治上来看，东盟处于美国、中国、印度、日本等大国的包围之中，因此，东盟对于自身在东亚地区的物质实力地位有着清醒的认识，为了维持在东亚地区秩序建构中的主导身份，东盟的传统安全目标就是防止区域外大国对本地区中的任何一个国家或者整个地区获得太大的影响力，也就是“反主导”的安全政策。① 在经济合作领域，东盟的一贯政策也是引入多种大国力量，避免将“所有的鸡蛋放入一个篮子里”。但是将大国力量引入区域内要承担的风险也是东盟必须面对的。在东盟 10+3 机制中，东盟一方面要尽量借助东北亚大国的经济实力促进经济发展，另一方面又要平衡中国、日本等大国的影响，维持东盟对进程的主导作用，这对东盟自身的驾驭能力是一个挑战。

不过，东盟在与东北亚三国的互动中日益增强的自信，使得东盟对于自身所具有的优势具有积极的认知。阿查亚教授就指出，在与这些大国打交道的时候，“东盟的资本不仅仅是——甚至不主要是其物质资产，比如市场和资源，而是观念性资产。东盟的团结与信誉是最关键的资本”②。马来西亚主要媒体评论也认为在东亚合作机制中，“东盟具有团结优势，能够与东北亚三国建立制度联系”。③ 东盟不仅认为凭借自身的团结以及规范优势可以与东北亚三国开展合作，还对自身在东盟+3 合作机制中规范制定者和秩序提供者的身份地位显得比较自信。2000 年，泰国副总理素帕猜・帕尼差帕（Supachai Panitchapadi）在一个地区经济合作研讨会上指出，“东盟是推动亚洲

---

① Amitav Acharya, “Will Asia's Past Be Its Future?”, *International Security*, Vol. 28, No. 3, Winter, 2003/2004, p. 155.

② Amitav Acharya, “Strengthening ASEAN as a security community”, *The Jakarta Post*, June 14, 2003.

③ “Asean still indispensable”, *New Straits Times*, January 7, 2001.

形成像欧盟一样的统一贸易联盟的关键力量"[①]。当东盟内部有声音指出，东盟自身经济一体化进展缓慢，而且发展潜力不大，认为东盟+3合作对于东盟国家来说更重要，甚至提出"10+3是东盟国家新的生命线"的说法时，东盟相关国家的领导人对于这种声音深不以为然，认为"东盟+3"之所以可能完全是因为有东盟的存在。[②]

东盟国家对于自身优势和在10+3合作中主导身份的积极认知，与中日韩无条件接受东盟在东亚地区所建立的政治和经济秩序、争相发展与东盟的政治经济关系而引发的积极情感感受密切相关。这种积极认知促使东盟同意并接受东亚共同体为长远目标，也部分地解释了一些东盟国家能暂时放下东亚峰会威胁其主导地位的疑虑的原因。

（二）东盟对地区大国影响和作用的积极认知

诚如政治家和学者所言，"现实政治确实决定着亚太地区的政治动态"[③]。在东南亚国家眼中，东亚地区最大的现实政治就是中国力量的崛起。在东亚合作过程中，东南亚国家对中国崛起的威胁感知一直被视为主要障碍之一。[④] 虽然，现实主义的战略考虑必定要在东亚共同体建设中发挥作用的，但是，对中国的现实主义感知并不等于"中国威胁论"。这里需要做出的区分是将中国视为对东南亚国家的"威胁"，还是视为对东南亚国家的"挑战"。正如阿查亚所说，如果将中国的崛起视为"威胁"，那么东南亚国家就会采取依赖区域外大国来遏制中国的政策，这就会客观上造成东盟对于区域外大国的过度依赖；如果只是将中国视为一个"挑战"，对中国的崛起和未来存有疑虑，东盟会对中国采取接触政策，通过规范和制度框架来管理中国与东盟的互动。[⑤] 所以，现实政治的思考也会有消极的结论和相对积

---

① Naranart Phuanganok, "Asean to push for Asian group", *The Nation* (Thailand), September 20, 2000.

② Ali Alatas, "Asean well and alive", *New Straits Times* (Malaysia), October 10, 2000.

③ Park Sang-Seek, "Reshaping East Asia: East Asian Summits", *The Korea Herald*, December 19, 2005.

④ "China's More of Economic Threat than Security", *Malaysia General News*, December 4, 2006.

⑤ Amitav Acharya, "Will Asia's Past Be Its Future?", *International Security*, Vol. 28, No. 3, 2003/2004, pp. 152-158.

极的判断，问题的关键仍然在于互动以及互动中的情感体验。东盟在与中国互动过程中所激发的自豪、自信等积极情感对东盟关于中国崛起影响的评估发挥了重要作用。

20 世纪 90 年代，随着中国经济力量的增强以及中国军事现代化导致的军费开支的增长，在美日等国家的煽动下，“中国威胁论”甚嚣尘上。东南亚国家作为中国的近邻，其中一些国家与中国还有领土、海洋权益的争议，因此对于中国崛起和中国军事现代化更加焦虑。恰在这期间，1995 年中国与菲律宾关于美济礁（Mischief Reef）的争端被蓄意扭曲扩大，1995 年和 1996 年台海危机的爆发，一时间“中国威胁论”在东南亚国家相当有市场。当时的新加坡总统吴作栋就说过：“中国的军备力量已引起了亚洲的严重不安，对中国表露的政治及军事野心，亚洲各国应公开表明各自的顾虑甚至不安。”① 这种将中国视为严重安全威胁的认知在进入 21 世纪时已经发生了变化。

到了 21 世纪，从东南亚国家的主要媒体报道中，我们可以发现的一个现象是，随着中国参与东盟主导的地区政治经济秩序的日渐深入，东南亚国家对于中国崛起所产生的政治和经济威胁感知都在不断下降。中国威胁论被中国机会论所取代，并且南海问题也不像 10 年前那样是一个地区“炸药桶”。② 新加坡总理李显龙于 2005 年在谈到美国鼓吹中国威胁论而要对中国实施遏制时表示：“任何遏制中国的企图在该地区都不会有跟随者。”③ 2004 年底 BBC 国际民调显示，中国在东亚 6 个邻国中的认可度在从菲律宾的 70%到韩国的 49%之间，只有在日本的认可度远远落后，为 22%。④

这种转变是如何发生的呢？在 2007 年 1 月的达沃斯世界经济论坛的记者招待会上，马来西亚总理巴达维说：“中国是朋友，是东盟+3 大家庭中的一员。我们应该抛弃中国威胁论的说法，根本就没

---

① 转引自罗伊（D. Roy）《关于“中国威胁论”（上）》，杨海凤译、周士琳校译，《国外社会科学》1997 年第 11 期。

② S. Pushipanathan, “Building an ASEAN-China Strategic Partnership”, *Jakarta Post*, July 1, 2004.

③ Antoaneta Bezlova, “Strategy: China's Neighbors Unruffled by U. S. Criticism on Arms”, *IPS-Inter Press Service*, June 10, 2005.

④ Ibid..

有什么中国威胁之类的事情。是的，中国是对我们提出了挑战，不过我们已经证明了，今天的中国是朋友，是我们 10+3 进程的一部分。”① 巴达维的观点说明，虽然庞大的中国在快速发展的过程中不可避免会给东南亚国家带来一系列挑战，但是中国并不是某种威胁，同时，我们也可以看出，做出这种判断的依据主要是因为中国积极参与着东盟主导的 10+3 进程。

另外一个在东南亚地区引起对中国崛起产生焦虑的原因，是一部分人认为中国的经济快速发展对东南亚国家吸收外资和对外贸易形成了竞争。1997—1998 年的亚洲金融危机打击了大部分东南亚国家，而中国受影响较小。一些东南亚国家认为中国抢走了一些本该流向东南亚国家的外资，并且挤占了东南亚劳动密集型产品在美国和日本的市场。2002 年 11 月，时任新加坡副总理李显龙的评论是这种情绪的典型：“东南亚国家处于激烈的竞争压力之下，因为他们以前的经济活动，尤其是劳动密集型制造业转移到中国。这种大规模转移的一个迹象就是东南亚国家以前吸引的投资是东北亚国家的两倍，而现在情况正好相反。”②

不过，虽然个别国家可能仍然将中国经济的快速发展视为一种威胁，但是东南亚国家作为一个整体，将中国崛起看作是巨大的机遇而不是一个严峻的威胁。在经济关系上，中国和东盟可以成为“竞争中的伙伴”。该地区还广泛存在着一个看法，就是“中国将成为整个地区经济增长的新引擎”③。比如马来西亚国际贸易与工业部部长达图·斯里·拉菲达·阿齐兹（Datuk Seri Rafidah Aziz）对记者说：“中国是一个竞争者，但在很多领域也是一个伙伴，这是我们的看法。”④除了官员、媒体开始更多关注中国经济发展的未来机遇以外，学者也对中国经济发展挤占东盟国家经济发展空间的观点进行了学术

① “Malaysia PM calls China ‘friend’, urges ending talk of ‘China threat’”, *BBC Monitoring Asia Pacific-Political Supplied by BBC Worldwide Monitoring*, January 27, 2007.

② Reported in Chinaonline (http: //www. chinaonline. com).

③ Anak Agung Banyu Perwita, “Rising China and the implications for Southeast Asia”, *The Jakarta Post*, February 5, 2008.

④ “Malaysia Do Not Regard China as Economic Threat”, *Bernama the Malaysian National News Agency*, March 10, 2005.

性批驳，指出东盟经济体已经开始大规模参与中国快速工业化而产生的新的贸易三角。东盟受益于中国扮演全球市场装备工厂的角色，向中国的零部件出口大大增加。① 总之，尽管中国在东南亚国家眼里仍然是一个最重要的竞争者，但是东盟已经开始更多地关注与中国建立紧密贸易关系（如中国—东盟自由贸易区）所带来的潜在经济收益。②

由于对区内大国，尤其是中国的认知从威胁转变为挑战，从竞争对手转变为发展机遇，同时，东盟在与东北亚三国互动中又获得了足够的自信，相信通过规范和制度合作能化挑战和竞争为机遇，这就为东盟大力推动与东北亚三国的合作，接受“东亚共同体”所标示的集体身份符号提供了可能，而对东亚峰会召开的预期象征意义和情感体验的追求为东亚峰会的提前召开提供了动力，加上马来西亚的大力推动，这就不难解释在大多数东盟国家实际上并未做好准备的情况下，东亚峰会在一片期望声中匆匆登场的现象了。总之，虽然东亚合作是危机驱动的合作机制，东盟推动东亚共同体建设主要出于战略考虑和利益衡量，但是在这些现实政治和经济利益的背后，是东盟对自身身份确认以及与之相联系的积极情感体验的追求。这不仅解释了东盟为什么会建立、维持和推动东亚合作，也解释了为什么东亚共同体能在这么短的时间内获得认可，作为东亚共同体建设象征性制度的东亚峰会也得以提前召开等一系列现象。

本章小结

本章运用身份建构的情感动力框架为“东亚共同体”符号兴起的现象提供了解释。从关系导向身份建构的情感动力的视角来看，“东

① Ravenhill, John, “Is China an Economic Threat to Southeast Asia?”, *Asian Survey*, Vol. 46, No. 5, September/October 2006, pp. 653-674; Vatikiotis, Michael R. J., “Catching the Dragon's Tail: China and Southeast Asia in the 21st Century”, *Contemporary Southeast Asia*, Vol. 25, No. 1, April 2003, pp. 65-78.

② Alice D. Ba, “China and ASEAN: Renavigating Relations for a 21st-century Asia”, *Asian Survey*, Vol. 43, No. 4, July/August 2003, p. 628.

亚共同体”身份符号的兴起，是东盟地区认同增强的行为结果，而东盟地区认同的增强包含着互动中获得的积极情感体验、增加互动的行为倾向以及积极的认知评估等多方面的含义。用情感动力框架的语言来描述这一建构进程，可以如下：东盟国家为追求身份确认带来的积极情感，采取了扩大与东亚国家合作的互动措施，而中日韩等东亚大国对东盟地区主导者身份的竞相确认，进一步激发了东盟的自信与自豪等积极情感。这些积极情感促使东盟国家更加支持东亚合作，并对东亚合作进程、东亚大国以及东盟自身的优势与地位做出积极的评估。正因为如此，尽管对于东亚共同体的模式、内容以及可能对东盟的影响都未能达成共识，东盟仍然倾向于接受和赞同东亚共同体作为东亚合作的长远目标，从而使得“东亚共同体”符号得以兴起并且被迅速接受。

不过，这种积极情感建立在东北亚三国对东盟地区主导国社会身份的竞争性确认的基础上，东北亚三国与东盟并未形成比较稳定的相互确认情境，东盟这种自信来源相对不稳定，东盟对东北亚三国对其主导国社会身份的挑战所具有的疑虑和担心只是暂时被掩盖了。所以，一旦东亚合作中的互动情境发生变化，东盟在东亚合作互动中所经历的情感感受效价很容易就发生变化，东亚共同体建设前景出现突然转向也就不难理解了。

第七章

情感与“东亚共同体”的弱化

2004年当东盟+3万象首脑峰会确定于次年召开东亚峰会时，东亚各国关于东亚共同体建设的期待与热情被推向了一个高潮，东亚国家热情拥抱“东亚人”的概念。可是越是临近这个被寄予厚望的东亚峰会，相关国家的分歧越是清晰地显露出来。等到第一届东亚峰会尘埃落定，人们发现所召开的东亚峰会完全与想象中的不一样，日本媒体甚至认为东亚峰会“仅仅是东盟所安排的一次后退”①。人们不禁反思在这短短的几个月的时间内到底发生了什么。《韩国先驱报》评论文章认为“自从2004年东盟+3会议之后，一定是发生了什么事情”，才导致东亚峰会“突然发生了一个U形转变”。② 在经历了这种失望与迷惑之后，东亚合作开始步入一个“十字路口”③。随着时间的推移，东亚合作转向的迹象更加明显，10+3与10+6路径之争浮出水面，合作凝聚力日益弱化，“东亚共同体”与“东亚人”的集体身份的符号也逐渐退出地区合作进程的话语体系。

在对东亚共同体建设热情减退的同时，东亚合作开始向务实的功能主义合作回归。对于东盟来说，虽然与其他东亚国家一样仍将建设东

---

① “Malaysia East Asia Summit bypassed in East Asian community plan”, *BBC Monitoring Asia Pacific-Political Supplied by BBC Worldwide Monitoring*, December 8, 2005.

② “Reshaping East Asia: East Asian summits”, *The Korea Herald*, December 19, 2005.

③ 参见Jusuf Wanandi, and Tadashi Yamamoto, eds., *East Asia at a Crossroads*, Tokyo: Japan Center for International Exchange, 2008；外交学院东亚研究中心：《“东亚合作：进展、前景与对策”研讨会简报》，2007年10月27日，东亚思想库网络网站（http://www.neat.org.cn/chinese/hzdt/contentshow.php?content_id=68）；韩锋：《东亚合作与中国对东盟政策》，《当代亚太》2009年第1期，第39页。

亚共同体视为东亚合作的远景目标，但是，在目前而且将在很长一段时间内，东盟与东亚合作中地区大国的身份关系定位从“东亚人”回归到竞争的“合作伙伴”。本章从身份建构的情感动力框架来理解和解释这个现象。

第一节 大国的挑战与东盟身份确认危机

东亚各国关注东亚一体化的研究者开始更多地探讨东亚一体化道路坎坷的深层原因，并将原因归咎于中日竞争、东盟主导能力不足以及地区国家缺乏信任和政治意愿等物质结构和观念性因素。[①] 正如前文所指出的，这些基于认知判断的现实政治和观念性因素确实影响着东亚地区合作进程，但是却并不是影响东亚地区合作进程的充分因素。我们从东亚共同体概念的提出到东亚峰会的提前召开现象中，发现的不仅仅是认知性因素的作用。换句话说，仅仅有认知性因素是不会导致东亚峰会在一片赞颂的热情之中提前登上历史舞台，更不会导致短短几个月内东亚峰会建设的180度大转向。就像东亚峰会的提前召开受到情感因素的驱动一样，东亚峰会召开前后东盟所经历的身份确认危机所带来的疑虑、不自信等消极情感也是东盟“立场后退”的重要驱动因素。

在本节中，笔者将考察东亚大国是如何挑战了东盟在地区合作框架中的主导地位的，以及东盟为确保其主导者身份所做的努力是怎样导致东亚峰会出现转向的。

一 地区大国对主导权的竞争

万象峰会落下帷幕之际，可能是东亚地区合作热情最为高涨之时。正当东盟各国面对东亚峰会这个提前诞生的合作机制即将召开而心怀疑虑之时，出于对后东盟+模式下地区合作主导权旁落的担心，

① 参见 Jusuf Wanandi and Tadashi Yamamoto, eds., *East Asia at a Crossroads*, Tokyo: Japan Center for International Exchange, 2008。

地区大国纷纷表示出加大投入的倾向。一些东亚峰会相关国家对东盟领导能力的公开质疑，更是加剧了东盟国家的疑虑和担心，其结果就是东盟决心扭转局势，维护在东亚峰会中的主导身份。

受东亚展望小组设计的影响，当10+3万象领导人会议决定召开东亚峰会时，人们对于东亚峰会的预期是东亚13国以平等身份参与会议，无主客之分，东盟国家也不再以一个整体出现，会议由东亚各国轮流主办，地点不局限于东盟之内，中日韩等地区大国将在东亚峰会中发挥更重要的作用。东亚峰会也将会取代东盟+3会议成为建设东亚共同体的主要合作制度。超越东盟+模式的预期从客观上激发了中日韩三国加大投入，力争在该机制中发挥更大作用的愿望，也为此提供了可能。正是因为有了这个愿望和可能，中日韩三国都竞相表达了希望对东亚峰会发挥更大作用的意图，而这种意图的表达恰恰挑战了东盟作为地区合作主导者身份的行为规范，加重了东盟国家本就存在的疑虑和担心。

在讨论东亚峰会组织形式的时候，东北亚三国希望能通过主办峰会而在合作进程中发挥更大的影响力。作为东亚展望小组倡议的发起国，韩国大力支持东盟+模式向13国平等参与的东亚峰会转变。韩国舆论也认为“刚开始，有很大的希望东盟可能会更加宽容一些，允许非东盟的国家承担更重要的角色，并且逐步将东亚峰会转变为以共同体建设为目的地区论坛”①。实际上，早在2003年韩国就表达过加强东北亚国家在东亚峰会中作用的意愿。2003年韩国总统卢武铉在泰国《民族报》的专访中说，东盟+3需要逐渐发展成东亚峰会，最终走向东亚共同体。卢武铉在专访中还强调东北亚三国应该每隔三到四年主持一次10+3峰会，作为向东亚峰会的过渡措施。② 2004年7月东盟系列部长级会议刚刚确定于2005年10月召开东亚峰会，《日本时报》评论文章就提出在这些旨在最终建立东亚共同体的系列会议上，“日

① Kavi Chongkittavorn, “The future of ASEAN and East Asia”, *The Korea Herald*, December 6, 2005.

② “Regional Ties: Roh Urges East Asian Community”, *The Nation* (Thailand), October 21, 2003.

本外交应该要在其中采取主动”①。日本政府也公开宣传日本是东亚的“思想领袖”，高调谋求东亚合作中的领导地位。日本外相麻生太郎在2005年12月7日发表了题为《我眼中的亚洲战略——日本是亚洲的“思想领袖”》的长篇演讲，强调说：“日本是亚洲的思想领袖……日本可以用经验领导亚洲。从19世纪中期开始，不管是在政治、经济还是社会的近代化方面，日本都是最具备资格的国家。另外在建立民主及市场经济方面，日本也比其他亚洲国家经验丰富。”②

这种对后东盟+模式下东亚合作进程主导权和影响力的竞争，导致中日韩三国都相继表达了要主办第一届峰会的意图。中日韩的举动被印尼外长哈桑·维拉尤达（Hassan Wirayuda）指责为“失去了耐心”③。因此，一直对召开东亚峰会犹豫不决的印尼呼吁：“我们必须问自己，东盟成员国的凝聚力是否足以允许我们与三个地区大国开启一个新的一体化进程而不会丧失东盟自身的身份?”④ 新加坡《海峡时报》注意到，仅仅在万象会议通过召开东亚峰会决议的三个月之后，印尼就再次显示出立场后退的迹象：“在三个月前令人惊讶地同意举办东亚峰会之后，雅加达现在又对召开东亚峰会具有很大程度的保留。”⑤ 印尼以及其他东盟国家对东亚峰会的态度转变，采取了一系列措施重新将东亚峰会的主导权牢牢抓在手中，不能不说与东北亚三国对其主导地位的挑战有很大关系。

二　东盟维护主导国社会身份与东亚峰会的转向

正如EASG报告所指出的，东亚峰会按照这种形式予以召开的前提条件尚未成熟。而当东亚峰会的召开就摆在眼前，已经成为不可回避的现实的时候，东盟国家都体验到程度不同的威胁感，担心作为

① Keizo Zabeshima, “Summits of East Asian Unity”, *The Japan Times*, July 12, 2004.

② “Asian Strategy as I See it: Japan as the ‘Thought leader’ of Asia”, Speech by Minister for Foreign Affairs Taro Aso at the Foreign Correspondents’ Club of Japan, December 7, 2005 (http: //www. mofa. go. jp/announce/fm/aso/speech0512. html).

③ “Asean has to be in the driving seat”, *Jakarta Post*, November 26, 2004.

④ Ibid..

⑤ Syed Nadzri, “Long Shadow hanging over East Asia design”, *New Straits Times* (Malaysia), March 3, 2005.

10个国家而不是一个集团在面对中日韩三大国时会丧失主导身份。对此，有的东盟国家（比如老挝）一开始曾经提出过共同主席制的建议，即每届东亚峰会都设立两位主席，其中一位必须始终是东盟国家。① 不过，由于其他东盟国家对于东盟主导地位更加敏感，而印尼更是从一开始就对东亚共同体的概念深表怀疑，最后，东盟国家达成协议东亚峰会还是采取传统的会议形式——东盟+模式。

东盟力图在东亚峰会上保持其主导身份还表现为东盟设立了东亚峰会参与成员的标准。2005年2月和4月，先后召开的东盟高级事务级会议和东盟外长会议就10+3以外国家参加东亚峰会的标准达成一致，提出了三项标准：①加入《东南亚友好条约》；②与东盟国家建立对话伙伴关系；③与东盟国家具有官方而密切的实质性关系。通过这三项标准，东盟守住了东亚峰会的门槛。随后，东盟国家将自己的一致意见转达中日韩三国，并希望三国接受东盟意见。2005年5月，10+3外长会议就澳大利亚、新西兰和印度参加东亚峰会达成原则性协议。

关于东亚峰会的定位和宗旨，东盟也力排异议，坚持了自己的主张。日本认为在扩大了的东亚峰会框架下，会比中国更具有发挥影响力的优势，能对未来东亚共同体建设进程发挥主导作用，所以日本极力主张以东亚峰会为主要机制推进东亚共同体建设，极力推动在东亚峰会领导人宣言中写入“东亚共同体建设”（community building in East Asia）字样。而大多数东盟国家对于在东亚峰会框架下推动东亚共同体建设信心不足，担心其主导地位难以得到保障，因此希望仍然在东盟+3框架下建设东亚共同体。在中国的支持下，东盟打消了日本争夺合作主导权的意图。在会议即将召开之际，东亚峰会参与国的高级官员才就东亚峰会宣言的措辞达成协议。最终，东亚峰会领导人宣言只是提及东亚峰会“可以在本地区共同体建设中发挥战略性作用”②。而与同期召开的10+3领导人会议宣言则重申决心以“实现东

---

① Hisatsugu Nagao, “East Asian Community Closer to Reality”, *The Nikkei Weekly* (Japan), July 12, 2004.

② “Kuala Lumpur Declaration on the East Asia Summit”, Kuala Lumpur, December 14, 2005, ASEAN Secretariat (http: //www. aseansec. org/23298. htm).

亚共同体作为长期目标"[1]。与此同时，日本还在东亚峰会上提出以民主、自由和人权作为建立东亚共同体的共同价值观。小泉首相在吉隆坡召开的第一届东亚峰会上就试图说服东道国马来西亚，把这些内容写入共同宣言，日本的意见再度遭到抵制未能如愿。日本媒体对于东亚峰会的结果表示了失望，日本共同社甚至做出了"东亚峰会被东盟安排成为一种后退，仅此而已"的评论。[2]

按照东盟意愿所确立的东亚峰会的入场标准、组织形式、制度定位以及议程设置等组织规范都被明确写入首次东亚峰会的领导人宣言中。[3] 所有这些组织规范都是为了确保东亚峰会依然遵循东盟+的模式，确保东盟在东亚峰会进程中的主导国身份，其代价就是韩国媒体所说的东亚共同体建设的"U 形转向"、日本媒体所形容的一场"后退"。在这场维护主导身份的博弈中，东盟各国体验到严峻的危机感，尤其是为了平衡区域内大国的力量，更多的区域外大国力量被引进，这更加剧了东盟对于自身主导地区合作秩序能力的怀疑和焦虑。而东亚峰会后，日本为了平衡 10+3 进程中中国的影响力，大力推动并试图主导东亚峰会框架下的合作，使得东盟体验到日益强烈的身份确认危机感，对在更大范围内主导地区合作进程的信心更加不足。

第二节　东亚合作功能化与"东亚共同体"的弱化

出于对东盟将东亚峰会定性为与域外大国对话论坛的不满以及对中国在 10+3 进程中影响力增加的担心，日本加强了对东亚地区合作秩序主导权的争夺，这不仅导致东亚合作进程出现分化，出现 10+3 和东亚峰会两种路径之争的局面，也进一步挑战了东盟国家作为地区合作进程主导者的身份，东盟推动东亚合作的动力大大减弱，东亚一

---

① "Kuala Lumpur Declaration on ASEAN Plus Three Summit", Kuala Lumpur, 12 December 2005, ASEAN Secretariat (http://www.aseansec.org/18036.htm).

② "Malaysia East Asia Summit bypassed in East Asian community plan", *BBC Monitoring Asia Pacific-Political Supplied by BBC Worldwide Monitoring*, December 8, 2005.

③ "Kuala Lumpur Declaration on the East Asia Summit", Kuala Lumpur, December 14, 2005.

体化建设走向了一个艰难的“十字路口”，共同体建设的远景规划失去势头，“东亚共同体”作为一个符号在东亚地区日益弱化，东亚区域合作向务实的功能主义合作回归。

一　东亚合作的路径之争与合作功能化

东南亚地区一直是日本经济发展的后院，日本在此具有重要的战略利益。日本对于中国崛起一直保持着现实主义警惕，习惯于用现实主义思维来审视中国与东盟关系的发展，很容易就将中国的举动与争夺地区“主导权”联系起来。早在2001年中国与东盟就建立自贸区达成协议之后，日本媒体问的第一个问题就是：“中国这样做是不是为了在东南亚排斥日本？”[①] 实际上，日本在东南亚的影响力要远远超过中国，从20世纪80年代日元升值开始，日本就开始大规模向东南亚发展中国家长期投资，东南亚吸引外资的主体是日本，中国不能也无法排斥日本；更主要的是，中国选择与东盟开展自贸区是世界经济区域化潮流所驱动，符合“先易后难”这个可行性原则。但是，在现实政治思维影响下，日本将中国东盟自贸区看成是对日本力量的排斥。受到中国与东盟建立自贸区的震动，小泉首相随即于2002年1月对东盟进行了“历史性访问”，主动提出要与东盟确定“日本—东盟全面经济伙伴关系”。以往的各种FTA或EPA都是外国向日本提出、日本被动接受，而这次则是日本主动提出、由首相亲自推动，充分反映出日本对于中国领先一步的不安与焦急心态。[②]

长期以来，日本学界也习惯于从中日竞争的角度来看待东亚地区的一体化进程，而对于东盟在东亚一体化中的主导地位则不以为然。日本学者西口清胜认为在东亚区域合作中，“中国抢得先机，落后的日本意图反扑，由于两国的对立，所以东盟才能起到独特的主导作用”；渡边利夫则根本不认为未来的东亚经济合作，东盟将起到主导作用，认为“东亚共同体背后隐秘的主角是中国，推动东亚共同体最

① 张蕴岭：《东亚合作需要创新》，《国际经济评论》2010年第1期，第33页。

② 陆建人：《日本的区域合作政策》，《当代亚太》2006年第1期，第19页。

大的背后因素是中国的地区主义”[1]。在这些思维定式的影响下，日本将推动东亚峰会作为东亚共同体建设主渠道的初衷受挫，而中国支持的 10+3 的胜利看作是中国在主导权争夺中对日本的胜利。

正因为如此，首届东亚峰会后，日本对东亚峰会加大了投入，以推动东亚峰会成为与 10+3 机制相抗衡的合作机制。日本大力推动东亚峰会框架下的实质性合作，试图扭转东亚峰会作为战略对话平台的定位，将东亚峰会打造成东亚共同体建设的务实合作机制。为此，日本加大了投入，斥资 1 亿美元，成立了东盟与东亚经济研究所，组建了由 16 个国家代表参加的董事会，以研究在东亚峰会框架下开展实质性合作的途径。[2] 在日本的推动和澳大利亚、印度和新西兰的配合下，东亚峰会目前已经形成外长及经贸、能源、环境等领域部级磋商机制，合作突破了战略对话的框架而在实质性合作领域取得一定的进展。[3] 东亚峰会框架下最具竞争性的合作领域是日本大力推动的 10+6 范围的东亚全面经济伙伴协定（Comprehensive Economic Partnership in East Asia，CEPEA），也称东亚 EPA 战略。

2006 年 4 月，时任日本经济产业大臣的二阶俊博提出了 CEPEA 战略，计划从 2008 年开始，用 10 年时间，建立包括日本、东盟十国、中国、韩国、澳大利亚、新西兰和印度共 16 个国家的东亚 EPA，即“扩大版东亚共同体”。在 2006 年 8 月的日本东亚经济部长会议上正式提出以东亚 EPA 作为日本的重要国家战略。EPA 是高于 FTA 的一体化形式，不仅涉及 FTA 的基本要素，即取消关税和其他贸易限制，还涵盖投资规则、服务贸易规则、人员自由流动以及资本市场共同规则等方面的内容。在这些领域内，日本具有较大的优势，日本可以利用自身的优势以及政府开发援助和投资优势在 EPA 缔结过程中获得在这些领域的规则制定权，从而在未来东亚自由贸易活动中稳稳

① 西口清胜：《东亚共同体的构筑与日本的战略》，《南洋资料译丛》2006 年第 3 期，第 1—26 页。

② 张蕴岭：《东亚区域合作的新趋势》，《当代亚太》2009 年第 4 期，第 7 页。

③ 秦亚青主编：《东亚合作：2009》，经济科学出版社 2010 年版。

占据主导地位。[①] 正因为如此，二阶俊博将EPA战略称为“日本争夺地区主导权的核心战略”[②]。2007年的东亚峰会同意启动日本倡议的CEPEA可行性研究。2009年在10+3自贸区可行性研究第二期研究报告提交之际，由日本主导的CEPEA可行性研究专家小组也向东亚峰会提交了第二期研究报告。目前，东亚峰会经济部长已经指派专家组讨论CEPEA两期报告中所提出的建议，并宣布“CEPEA与EAFTA两个研究可以并行考察”[③]。东亚一体化进程中的10+3与10+6路径之争充分显现。

共同体建设的路径之争虽然没有阻止东亚多边主义合作进程继续破浪前行，但是这种竞争态势不仅客观上为东亚一体化建设制造了更多的困难，其所表现的离心力也引发东亚各国的消极情感体验和对东亚一体化前景的不确定预期。“在某种程度上，东亚共同体建设处于十字路口，有可能进一步推进和深化，也有可能屈从于这个快速变化着的地区所特有的诸多分歧和不断出现的竞争。”[④]

东亚合作处于十字路口的徘徊使得东亚各国建设综合性共同体的激情冷却下来，东亚共同体建设突然转向所感受到的挫折和失望使得东亚各国对于东亚合作前景的预期变得不那么乐观，东亚合作被重新定位到功能化合作上。东亚地区主义的“这种受挫折的状态应该要向国家和政策精英们传递这样一种需要，要更加重视追求具体的功能性目标”[⑤]。亲历东亚合作进程的第二轨道参与者也将可遇见的未来东亚合作的目标定位为功能性合作。印尼战略与国际问题研究所的瓦南迪先生认为，对于当前的东亚合作来说，“最好的推进方式就是通过

---

① 刘翔峰：《日本EPA战略及“10+6”推进计划》，《当代亚太》2007年第5期，第47—48页。

② 陆建人：《从东盟一体化进程看东亚一体化方向》，《当代亚太》2008年第1期，第25页。

③ “Chairman's Statement of the 4th East Asia Summit”, Cha-am Hua Hin, Thailand, 25 October 2009, ASEAN Secretariat (http://www.aseansec.org/23609.htm).

④ “Jusuf Wanandi and Tadashi Yamamoto, eds.”, *East Asia at a Crossroads*, Tokyo: Japan Center for International Exchange, 2008, p. 7.

⑤ Deepak Nair, “Regionalism in the Asia Pacific/East Asia: A Frustrated Regionalism?”, *Contemporary Southeast Asia*, Vol. 31, No. 1, 2008, p. 136.

一种战略功能主义合作鼓励发展一种合作的习惯，逐渐扩大关键领域的合作”。① 有的学者甚至建议摒弃“共同体”这个词，认为用更为中性化的词语“架构”来描述东亚目前的区域主义更为合适。② 这种避而不谈东亚共同体建设、向功能性合作回归的态度不能不让人回想起 EAVG 提出走向东亚共同体口号时东亚各国官员、学者的热情。

二　情感调节下的现实政治认知

东亚共同体建设的转向以及随后出现的这种竞争性和离心力揭示出东亚合作进程中理想与现实之间的落差，也因此东亚地区主义被称为是“挫败了的地区主义”③。这种挫败的地区主义产生的原因被归结为现实政治的考虑——对中国崛起的担心和日本对领导权的争夺——击碎了经济合作成功所带来的激情，“对 APT 合作进程成功的兴奋之情忽略了 APT 作为一个经济地区主义机制的局限性，并引发认为 APT 能够发展成一个更加整体性的东亚机构比如东亚峰会的不现实的期望。最终，转变 APT 机制的愿望落空了，因为经济和金融地区主义自身并不能够缓解扎根于亚洲现实主义安全观的焦虑和安全困境”。④ 东亚合作转向学者常常归结为是中日竞争主导权的现实政治所导致的。⑤

的确，在东亚峰会以及其他东亚共同体建设相关问题上，中日之间存在着一些竞争。但是，中日之间竞争并不是导致东亚合作进展缓慢或受阻的充分原因。这是因为，在东亚合作进程一起步时日本就有意识地与中国在东南亚进行“争夺人心的战争”。比如，在中国与东盟就建立自贸区达成协议时，日本感受到自己在东南亚地区的利益会

---

① Jusuf Wanandi and Tadashi Yamamoto, eds., *East Asia at a Crossroads*, Tokyo: Japan Center for International Exchange, 2008, p. 16.

② Bilahari Kausikan, “Constructing East Asia”, *Opening address*, *5th Annual NEAT Conference*, *Singapore*, August 21, 2007.

③ Deepak Nair, “Regionalism in the Asia Pacific/East Asia: A Frustrated Regionalism?”, *Contemporary Southeast Asia*, Vol. 31, No. 1, 2008, pp. 110-142.

④ Ibid., p. 112.

⑤ 参见王玉主《中日之争与东亚合作——以“10+3”、“10+6”为主的分析》，《创新》2010 年第 3 期，第 8 页。

受到排挤，就加紧了与中国的争夺，与东盟就签订全面经济伙伴关系开始谈判。但是，这个时期的中日竞争是在东盟主导的框架之下进行的，中日之间的竞争形成了对东盟地区秩序主导国社会身份竞相确认的局面，所以，中日竞争的结果是加速了地区一体化进程，催生了东亚共同体符号的兴起，在一些东盟国家的大力支持和推动下，东盟内部的疑虑和担心被克服，从而导致东亚峰会的提前召开。而东亚峰会召开前后的中日竞争却产生了相反的效果，其原因在于，中日竞争的方式对于东盟社会身份确认的意义不同。2005 年之前，中日竞争都是以承认东盟的主导国身份为前提的。而在东亚峰会问题上，日本赤裸裸地显示出要争当主导国的意愿，东盟的主导地位受到威胁、主导能力也受到削弱，对东亚多重机制的驾驭能力失去了足够的信心，所以重新转向内部一体化建设，加速推进东盟共同体建设。所以，中日竞争即使是导致东亚共同体建设转向的重要原因，也不是充分原因，中日竞争对于地区合作是促进还是阻碍还是要取决于中日竞争是否以挑战东盟地区主导国社会身份的方式进行的，东盟维护与追求其身份确认而采取的有意识行为是不可忽略的。

东亚合作进程转向在某种程度上是东盟为了维护地区主导国社会身份而在各合作机制之间维持一种张力的结果。虽然东盟再三强调中日竞争对东亚一体化进程不利。但是，一旦中日真的接近，东盟却也表示担忧。东盟在东亚地区需求的是“大国之间不再相互敌视，因为这将影响地区的稳定和经济繁荣；但是也不希望看到大国协调，这将束缚东盟的手脚”①。比如 2008 年底中日韩在日本福冈实现了第一次东盟+框架外的领导人会议，东盟国家在表示欢迎的同时，感受到了更为深刻的身份危机感。泰国《民族报》则以“伪装的福音”为题对此进行了评论，指出中日和解后，“中日之间与东盟发展合作关系的激烈竞争也将消失，如果有必要，东盟不得不将东盟+3 界定为建设东亚共同体的唯一渠道”②。这充分说明了东盟有意图地在中日以及 10+3 和 10+6 之间保持一种张力的战略，因为不论是在 10+3 框架

① Daljit Singh, “ASEAN as a geopolitical player”, *The Straits Times* (Singapore), August 22, 2007.

② “Blessing in disguise”, *The Nation* (Thailand), November 17, 2008.

下还是在10+6框架下建设大区域自贸区，东盟都将不再能像在多个10+1自贸区架构中那样享有的主导地位，而必须要“放下架子，平等谈判，融入更大的市场开放架构”，而“现在看来东盟还没有信心”①。从这个意义上说，尽管中日竞争从客观上来看是东亚合作竞争性路径出现的原因，但是这种竞争性的局面之所以能出现，与东盟确保其主导身份的大国平衡战略密切相关。所以，虽然从表面上看起来，中日之间的竞争是东亚合作面临的主要困难，但是实际上，东盟自身也是一个影响因素，甚至是“主要的因素”②。

总之，现实政治因素不能充分解释东亚地区主义发展中出现的起落现象，正如阿查亚教授所指出的，“亚洲地区秩序并不简单的是一种无休止的、按权力政治逻辑运行的产物”③，除了阿查亚教授指出的规范和集体认同因素发挥作用以外，追求身份确认的情感动力在某种程度上影响着现实政治因素产生什么样的作用以及哪种现实因素具有更大的影响力。总之，依赖理性认知施动性的现实政治因素对东亚合作进程的作用，要受到东盟身份确认及其产生的情感体验所调节。这符合本书所提出的情感与认知相互作用，共同构成关系导向身份建构的动力与内容的核心思想。

第三节 消极情感、内向性合作倾向与消极认知

身份确认所产生的情感体验对现实政治的调节作用体现在情感的两个功能上，即情感决定着东盟是趋是避的行为倾向以及东盟对互动进程做出积极还是消极的评估。2005年东亚峰会召开前后，东盟面临的来自区域内外大国的身份确认挑战促使东盟国家对东亚共同体愿景的热情逐渐冷却，而对东盟自身能力不足、对地区国家主导合作进

① 张蕴岭：《东亚合作需要创新》，《国际经济评论》2010年第1期，第36页。

② 同上书，第35—36页。

③ ［美］阿米塔·阿查亚：《建构安全共同体》，王正毅、冯怀信译，上海人民出版社2004年版，中文版前言，第29页。

程的失望和担忧取代了之前的自信和热情。这种情感上的巨大变化决定了东盟在东亚峰会前后行为倾向上的巨大转变，也是东盟对自身以及东盟所面临的地区和国际环境做评估和判断的情感背景。

一　消极情感与东盟内向性合作倾向

东亚峰会召开前后，地区大国对于后东盟+模式合作进程主导权的争夺，使得东盟国家深切感受到边缘化的危机，随着更多的大国加入东亚合作进程，东盟在外向性身份确认过程中感受日益增大的压力，遂转而寻求加强内部合作，从而表现出对东亚合作推动力减弱，集中精力打造东盟共同体的内向性行为倾向。

（一）对东亚合作进程的疏离

东亚峰会后，从整体上看，东盟表现出对东亚合作推动乏力，参与热情不高等趋势，这种情况被形象地描述为东盟坐在驾驶员的位子上却“不踩油门”①。通过对自 2001 年到 2007 年历届东盟领导人会议、东盟+3 领导人会议所发表的宣言、主席声明以及新闻声明等材料进行比较和分析，我们可以发现这种行为倾向的具体表现形式：2005 年后，东盟在东亚合作中几乎不再提出关于东亚一体化或东亚共同体建设的远景设计，甚至很少提出推动和加强东亚一体化的具体措施；相反，在所有东盟+3 领导人以及东亚峰会会议上，东盟都不忘强调东亚合作进程对东盟一体化建设的支持作用。与此同时，对于地区大国提出关于地区一体化的倡议都态度冷淡，甚至持反对意见。

1. 对东亚合作的前景缺乏探讨的热情

2005 年之前，在东盟+3 领导人会议上，关于东亚一体化前景的探讨是引人注目的话题，东亚一体化前景设计要较东盟自身一体化的设计更加完备和超前。在 2001 年文莱东盟+3 领导人会议上，EAVG 提交的报告建议以建立东亚共同体为东亚合作的最终目标，并提出了诸如建立东亚自贸区、东亚金融合作机制、召开东亚峰会等具体建议。而此时，东盟国家刚刚达成一致，同意有必要起草一个“东盟一

① 张蕴岭：《东亚区域合作的新趋势》，《当代亚太》2009 年第 4 期，第 8 页。

体化路线图”，以对东盟一体化道路上的里程碑做出设计和规划。[①] 2002年的金边峰会上，EASG提交的最终研究报告，提出了推进东亚共同体建设的17项短期措施和9项中长期措施；同时，即使EASG在报告中对召开东亚峰会提出了不少保留意见，各国领导人还是表示同意韩国提出的将东盟+3领导人会议转化为东亚峰会并最终建立东亚自由贸易区的愿景。东盟国家领导人，马来西亚总理巴达维还在一篇著名的讲话中就东亚共同体的未来勾画了清晰的六点路线图。[②] 关于东盟自身的一体化建设，虽然金边峰会上东盟提出了《金边议程：走向东盟共同体》的系列倡议，但是只涉及一些具体、分散的倡议，如与大湄公河次区域项目协作、单一旅游目的地以及反恐、自然资源管理等等。最值得一提的可能就是“领导人考虑了将东盟经济共同体作为东盟一体化路线图和2020展望最终目标的建议”[③]。可见，在2003年之前，在地区合作架构中，不论是东北亚国家还是东盟，总体上看，对东亚合作的热情都相当大。东盟推进和加强东亚合作的行为倾向是比较明显的，这种行为倾向在2004年万象峰会上表现得尤为明显，东亚共同体（East Asia Community）建设被正式确立为东亚一体化的长远目标，东盟还主动提出召开东亚峰会的倡议。[④]

但是这种热情在东亚峰会召开之后明显弱化，研究自2005年之后的东盟+系列峰会材料后发现，东盟国家不仅没有对东亚共同体有进一步的设想和推动，相反，在原先立场的基础上还有所后退，一个最明显的表现就是东盟试图弱化“东亚共同体”这个地区身份的特别象征意义。首先，就是在东盟+3领导人宣言中用小写的共同体（East

---

① “Press Statement by the Chairman of the 7th ASEAN Summit and the 5th ASEAN+3 Summit”, Brunei Darussalam, November 5, 2001, ASEAN Secretariat (http://www.aseansec.org/5467.htm).

② 季玲：《东亚合作新局面——第八次10+3领导人会议后东亚合作形势评析》，《外交学院学报》2005年第2期，第52页。

③ “Press Statement by the Chairman of the 8th ASEAN Summit, the 6th ASEAN+3 Summit and the ASEAN-China Summit”, Phnom Penh, Cambodia, November 4, 2002, ASEAN Secretariat (http://www.aseansec.org/13188.htm).

④ “Chairman's Statement of the 8th ASEAN+3 Summit”, Vientiane, November 29, 2004, ASEAN Secretariat (http://www.aseansec.org/16847.htm).

Asian community）取代了在万象峰会上的大写共同体（East Asian Community）①，这样就模糊了东亚共同体是特指实体的特性。其次，东盟虽然继续突出东盟+3 在东亚共同体建设中的作用，但是也不止一次强调东盟+3 与地区其他合作架构相互补充，“是发展中的地区架构必不可少的一部分，与东亚峰会和其他地区论坛相互补充”②。而与此同时，虽然东盟打消了日本将东亚峰会定性为东亚共同体建设主渠道的企图，但是对于东亚峰会性质的界定一直相当模糊。③ 比如“东亚峰会是正在兴起的地区架构中的重要成分，与其他现有地区机制相互补充”④，或者是东亚峰会“将帮助建立一个东亚共同体”⑤ 等等表述，都在客观上导致人们对于东亚共同体的成员、路径产生较大的不确定感。2005 年之前相对清晰的东亚共同体图景已经变得模糊不清，前途未卜。

除了不再有动力推进东亚一体化建设、有意模糊东亚共同体前景的倾向外，东盟国家对于区域大国提出的种种关于地区一体化的倡议都缺乏热情，甚至是直接表示反对。2008 年 6 月，澳大利亚总理陆克文在亚洲协会澳亚中心发表演讲时提出了“亚太共同体”倡议，建议在 2020 年以前建立亚太共同体。⑥ 但是东盟国家对此倡议表达了疑问，甚至是批评。印尼副总统尤素夫·卡拉（Jusuf Kalla）表示没有必要建立一个新的地区论坛；马来西亚总理巴达维也明确表示不赞同

---

① 参见“Kuala Lumpur Declaration on the ASEAN Plus Three Summit”, Kuala Lumpur, December 12, 2005, ASEAN Secretariat（http://www.aseansec.org/18036.htm）；“Chairman's Statement of the 8th ASEAN+3 Summit”, Vientiane, November 29, 2004。

② “Chairman's Statement of the Tenth ASEAN Plus Three Summit”, Cebu, Philippines, January 14, 2007, ASEAN Secretariat（http://www.aseansec.org/19315.htm）.

③ Nair, Deepak, “Regionalism in the Asia Pacific/East Asia: A Frustrated Regionalism?”, *Contemporary Southeast Asia*, Vol. 31, No. 1, 2008, p. 128.

④ “Chairman's Statement of the Second East Asia Summit”, Cebu, Philippines, January 15, 2007, ASEAN Secretariat（http://www.aseansec.org/19302.htm）.

⑤ “Chairman's Statement of the 3rd East Asia Summit”, Singapore, November 21, 2007, ASEAN Secretariat（http://www.aseansec.org/23323.htm）.

⑥ 魏玲：《规范·制度·共同体——东亚合作的架构与方向》，《外交评论》2010 年第 2 期，第 75 页。

该倡议，倡导进一步促进东盟自身论坛的发展。[①] 东盟国家对于该倡议消极抵制的原因，新加坡《海峡时报》的一篇评论文章做出了最好的解释："一些竞争性的观念和框架正在兴起。比如，有些人建议将朝鲜核危机的六方会谈转变成一个东亚安全合作的永久框架，美国、中国、日本发挥主导作用，而东盟则完全不参与；另一个建议则是澳大利亚总理陆克文所提出的亚太共同体倡议，该倡议将地区大国联系起来，与 ARF 和东亚峰会不同的是，东盟不能在其中发挥主导作用了。……这些提议都指向了一点，即反复出现的对东盟相关性的质疑。"[②] 为了维持东盟在地区合作中的主导身份，东盟反对以地区一体化为目标的整合性地区架构，主张"巩固和发展正在有效运行的制度"[③]，实际上就是东盟维持在现有机制中的主导地位，担心在更大范围内的地区合作中失去主导地位的表现。

2. 强调东亚合作服务于东盟一体化建设

东盟国家对建设东亚共同体日益丧失热情，疏离于东亚合作互动进程的另一个表现就是再三强调东亚合作要服务于东盟一体化建设进程，将东亚合作的优先目标设定为促进东盟共同体的实现，却对后东盟共同体时代的东亚合作反应冷淡。东盟秘书处 10+3 和对外关系处的主任布斯巴纳丹（S. Pushpanathan）指出，在拟定东亚峰会的下一步发展目标时，东盟国家应该牢牢记住：东亚峰会是东盟作为一个集团与其他成员之间的对话，巩固与加强东盟共同体将成为东亚峰会的一个关键因素。一个基本点就是：东亚峰会框架下所采取的任何合作都不应该冲淡东盟的一体化与共同体建设，而必须能补充和加强东盟自身的一体化建设。[④] 因此，2005 年东亚峰会首次将这个原则考虑写入了领导人的宣言中，"再次承认有必要支持东盟建立东盟共同体的努力，一个强大的东盟共同体将会成为我们共同和平与繁荣的坚实基

① Angus Grigg, "Blow to Rudd's Asia plan", *The Australian Financial Review*, July 23, 2008.

② Simon Tay, "It's time for Asean to deliver", *The Straits Times* (Singapore), July 16, 2008.

③ 魏玲：《规范·制度·共同体——东亚合作的架构与方向》，《外交评论》2010 年第 2 期，第 75 页。

④ S. Pushpanathan, "Keeping the momentum going", *The Straits Times* (Singapore), December 29, 2005.

础……东亚峰会推进地区共同体的努力要与实现东盟共同体的目标保持一致并要能使其得以加强”①。实际上，不仅仅是在东亚峰会这个更大范围内的合作机制中，东盟一体化的优先性和首要性得到强调，在东盟+3 机制中，东盟也将东亚共同体建设的努力转移到支持东盟共同体建设的方向上。

在 2005 年吉隆坡会议之前，10+3 领导人会议宣言中几乎没有提到 10+3 机制与东盟共同体之间的关系，最常见的表达是东盟“加强了与中日韩的伙伴关系，这与我们通过互利贸易投资加强东盟竞争力的战略一致”②。而在 2005 年吉隆坡东盟+3 领导人宣言中就明确宣布“承认东盟一体化和东盟共同体建设对于地区共同体建设的重要意义”，并且指出“我们将继续支持东盟一体化，尤其是要缩小发展差距，以实现东盟共同体，这同时也有助于建立东亚共同体这个长期目标”③。这是首次在 10+3 合作宣言中表达出东盟共同体建设相对于东亚共同体建设的优先性；到了 2007 年，东盟更加明确了东盟共同体建设在东亚一体化进程中的优先性和首要性地位，10+3 宿务领导人会议主席声明指出：“将东盟共同体建设置于中心地位，优先考虑万象行动计划的成功实施，缩小发展差距，推动东盟一体化。……我们认识到将东盟共同体置于东亚共同体长期目标的中心，东盟+3 进程可以为维持地区和全球和平、安全、进步和繁荣做出积极贡献。”虽然这些文件明确规定东盟+3 要支持东盟一体化，东盟是东亚区域合作的主导力量，但是对于东盟这个驾驶员如何推动东亚一体化进程却只字未提。④ 正如这些宣言所显示的，与 2005 年前相比较而言，东盟

① “Kuala Lumpur Declaration on the East Asia Summit”, Kula Lumpur, December 14, 2005, ASEAN Secretariat (http: //www. aseansec. org/23298. htm).

② “Press Statement by the Chairman of the 8th ASEAN Summit, the 6th ASEAN+3 Summit and the ASEAN-China Summit”, *Phnom Penh*, *Cambodia*, November 4, 2002; “Press Statement by the Chairperson of the 9th ASEAN Summit and the 7th ASEAN+3 Summit”, Bali, Indonesia, October 7, 2003, ASEAN Secretariat (http: //www. aseansec. org/15259. htm).

③ “Kuala Lumpur Declaration on ASEAN Plus Three Summit”, Kuala Lumpur, 12 December 2005, ASEAN Secretariat (http: //www. aseansec. org/18036. htm).

④ “Chairperson's Statement of the 12th ASEAN Summit”, H. E. the President Gloria Macapagal-Arroyo, Cebu, Philippines, 13 January 2007, ASEAN Secretariat (http: //www. aseansec. org/19280. htm).

不是力促东亚共同体建设这个长远目标，而是力图消解东亚共同建设的热情，疏离于东亚合作互动的行为倾向是相当明显的。

（二）加强内部一体化建设

与疏离于东亚合作互动进程相应的另一个行为倾向是东盟将全副精力投入到东盟内部的共同体建设。东盟在东亚合作进程中遭遇到的社会身份确认危机促使东盟审视自身所存在的一些问题，其中最重要也是对东盟的国际声誉影响最大的有两个问题：一是经济一体化进程缓慢、实效不大；另一个问题就是东盟缺乏一个超国家的具有约束力的权力机构，“不干涉原则”在处理内部成员间关系上出现的困境，这也导致西方国家经常对东盟在缅甸问题上的立场进行指责，影响东盟的国际声誉。① 针对这些问题，东盟决心加大力度，加速东盟一体化建设。为此，在东亚峰会召开前夕的东盟峰会上，两个具有重要意义的措施得以提出。

一是东盟共同体建设提速。在2003年巴厘峰会上，东盟国家领导人签署了《巴厘协定Ⅱ》，提出了到2020年建成东盟共同体的目标，并初步确定了东盟共同体的三大支柱，“东盟安全共同体”、“东盟经济共同体”和“东盟社会文化共同体”。东盟经济共同体（AEC）是东盟经济一体化的最终目标，AEC的特征是“单一市场”和“生产基地”，货物、投资、服务和劳动力都能够自由流动以及资本的更自由流动。② 在2004年万象东盟领导人会议通过了《万象行动纲领》和《东盟关于一体化优先领域的框架协议》，制订了加速东盟贸易自由化和一体化的发展计划，同时还通过了《东盟安全共同体行动纲领》和《东盟社会文化共同体行动纲领》两个文件。不过东盟共同体三大支柱最重要的AEC所设定的目标是很模糊的③、具体路线图和实施措施等都不明确。

① “Towards an assertive Asia”, *The Statesman* (India), December 4, 2005.

② “Press Statement by the Chairperson of the 9th ASEAN Summit and the 7th ASEAN+3 Summit”, Bali, Indonesia, October 7, 2003, ASEAN Secretariat (http://www.aseansec.org/15259.htm).

③ Denis Hew, “The Charter's the thing to get Asean going”, *New Straits Times* (Malaysia), February 4, 2006.

2005年吉隆坡东盟峰会上，东盟国家显示了加速一体化进程、极力推动东盟共同体建设的愿望和决心。领导人探讨了将东盟经济共同体实现期限从2020年提前至2015年的可能性；2007年东盟宿务峰会通过了加速建立东盟共同体的决定，签署了《关于于2015年建立东盟共同体的宿务宣言》，正式宣布原定于2020年实现的东盟共同体提前至2015年；到2007年底，新加坡东盟峰会签署了《东盟经济共同体蓝图宣言》，作为东盟2015年向单一市场和生产基地转化的路线图。同时，为了克服长期以来困扰东盟经济一体化的实施难题，加速东盟经济共同体的建设，东盟领导人决定将2008年定为“促进东盟经济共同体意识年”，并采用“积分卡制度”（scorecard mechanism）来监督东盟经济共同体计划的实施。① 从这一系列举措中，东盟推动内部一体化建设的决心可见一斑。

二是加强东盟的制度化建设。最小制度化、协商一致等合作原则是东盟方式的重要特征，是东盟在冷战时期维持合作进程、成功处理成员国之间关系的重要经验，不过，这种“松散、缺乏中央决策机制”组织特点也被认为是东盟一体化发展缓慢的主要障碍。② 为了提高东盟的效率和权威，巩固东盟在东亚区域合作中的地位和作用，就在东亚峰会召开的当年，东盟领导人在2005年吉隆坡会议上签署了《关于建立东盟宪章的吉隆坡宣言》，决定制定东盟有史以来第一个具有宪法意义的文献，以体现东盟合作的基本原则、目标、宗旨和结构，提升东盟的法律地位以满足东盟共同体建设期间以及建成后的需要，这是东盟成立40年来制度化建设上意义最为重大的举措。东盟领导人同意成立一个名人小组（EPG）开展研究，就东盟宪章的性质和方向提供建议。2007年宿务东盟峰会上，东盟国家领导人签署了《关于东盟宪章蓝图的宿务宣言》，批准以名人小组关于东盟宪章的报告为基础起草东盟宪章，指示高层工作组在2007年新加坡第13届东盟峰会前结束《东盟宪章》的起草工作；是年底，东盟国家领导人

---

① “Chairman's Statement of the 13th ASEAN Summit”, Singapore, November 20, 2007, ASEAN Secretariat (http://www.aseansec.org).

② 张锡镇：《东盟的历史转折：走向共同体》，《国际政治研究》2007年第2期，第131页。

在新加坡峰会上正式签署了《东盟宪章》。

通过这些文献回顾和分析，我们可以注意到2005年后东盟加速内部一体化进程的决心和速度。东盟在2005年后加快内部一体化进程的现象绝不是偶然的，而正说明了东盟在东亚合作互动中身份确认遭遇到危机，体验到忧虑、挫折等消极情感，为寻求积极的情感体验，重新确认地区主导者身份，东盟转向内部一体化建设，这是东盟寻求身份确认的内向性策略。正如东盟秘书处前秘书长塞维林诺评论《东盟宪章》的意义时所指出的那样，“一个宪章会赋予东盟法律人格地位，这样东盟就可以更自信地代表整个地区”①。

二　消极情感与消极认知偏向

东盟在东亚合作进程中主导社会身份确认遭遇挑战所引发的不自信、疑虑等消极情感不仅与东盟疏离东亚合作进程、加速内部一体化的行为倾向密切相关，也指引着东盟在对自身能力、东盟在东亚合作进程中的地位以及对东盟所面临的区域内外环境进行评估的时候，更倾向于关注消极方面，这更加剧了东盟内向性身份确认的行为倾向。

（一）对东盟自身发展前景的评估

在东亚峰会召开前后，东盟国家在维持其地区合作主导身份时所经历的压力促使东盟重新审视其自身发展，对东盟作为一个地区组织一体化所取得进展以及未来发展的潜力进行评估。随着东盟在东亚合作中感受到来自区域内外大国的巨大压力，东盟相关人士在对自身一体化进展和前景进行回顾的时候，更倾向于关注其消极的一面，批评多于赞誉，这与2005年之前东盟对所取得的成就表现出的自信和自豪形成较大的反差。

东盟秘书处前秘书长塞维林诺在新加坡《海峡时报》撰文对东盟一体化进展和前景做出的评估比较能反映这种消极情绪。塞维林诺首先对东盟一体化成就做出了回顾与评价。

① Rodolfo C. Severino, “Why Asean should Have a Charter; Document will Give grouping a Legal Personality, Allowing It to Act more Decisively”, *The Straits Times* (Singapore), December 5, 2005.

东盟经济一体化的步伐是不平衡的，甚至可以说是极度缓慢的。贸易和投资者仍然对东盟经济一体化程度抱有疑虑。这部分是因为大多数实施措施还没有决定，也部分是因为一些东盟国家政府的实施机构经常对于已经达成的一体化措施打打擦边球或者是根本就不予实施。地区合作一直受到相互竞争的国家利益所阻滞，有的情况下是由于相互猜忌，对地区行为的有效性表示出显而易见的不信任等等。①

紧接着，塞维林诺罕见地表达了对东盟一体化建设能力的疑虑和悲观看法：“东盟国家当前在非传统安全、功能领域以及彻底实现经济一体化上的能力是令人怀疑的。对于我来说，这是由于东盟领导人、其他政策制定者以及广大民众地区身份感不足引起的。很少有政治领导者真正相信更深入的一体化和更紧密的合作是关键的国家和政治利益。”②

而就在《东盟宪章》即将诞生之际，新加坡《联合早报》于2007年1月19日发表的题为《灵魂空虚的东南亚融合进程》的文章，指出东盟缺少具有凝聚力的核心，对东盟未来的发展颇感悲观，“在每一个发展阶段，欧盟都有关键的灵魂人物和领路人，尤其是法、德有远见和韬略的政治家”；东盟合作发展缓慢“最根本的一点，还在于至今为止没有一位能够引领方向的灵魂人物，更没有一个具有强烈使命感、能够发挥轴心作用的大国政府。东盟之所以没有凝聚力，甚至有时候看似乌合之众，主要原因大概就在于此”③。

这种对自身发展能力的消极评估受到对区域大国崛起威胁感知的加强，东盟对自身生存与发展的忧虑感更加显著。2005年前后，东盟从地缘政治思维出发，日益感受到中国与印度的崛起对于东亚地区格局产生的影响，印度自实行“向东看”政策以来，对东亚地区合作的深度卷入，也极大地改变了东亚地区的合作格局。当然，东盟国家首先感受到的是中印崛起带给东盟国家经济上的压力。与东盟自身发

---

① Rodolfo C. Severino, “Asean in need of stronger cohesion”, *The Straits Times* (Singapore), December 9, 2006.

② Ibid..

③ 杜平：《灵魂空虚的东南亚融合进程》，2007年1月19日，联合早报网（http://www.zaobao.com/special/forum/pages5/forum_zp070119c.html）。

展前景的消极评估相似，东盟国家更趋向于强调中印崛起给东盟国家经济发展和地区合作主导地位带来的负面影响。

新加坡总理李显龙在 2005 年东盟系列峰会前夕指出有三个推动力量促使东盟加强自身。第一个推动力量就是来自中国与印度的竞争压力。① 东盟国家的媒体评论也再三强调："如果东盟国家不能共同行动一体化，将毫无疑问会输给中印两个正在兴起的市场。"② 作为 2005 年第 11 次东盟峰会的主席，巴达维清楚地指出中印两国崛起在经济发展与政治秩序建立两方面给东盟带来的压力。巴达维认为中印崛起将会给东盟带来的最大挑战是投资与商业上的艰难竞争，因此，"东盟不得不统一成为一个拥有 5300 万人口的巨大市场"。在中印崛起和积极参与东亚地区秩序建构的背景下，东盟仍然是至关重要的，但是为确保东盟的生存必须具有更强的共同体精神："必须要有一种归属感，东盟国家间必须要具有合作共识，这样东盟才可以继续存在，不会变成一个制造误解的组织。"③

虽然对中印崛起的威胁感知被利用来作为推动东盟一体化的刺激因素④，一些东盟学者也指出了中国与东盟之间高度相互依赖关系，但是，即使是从相互依赖中，看到的挑战也是多于机遇。东盟学者认为，实际上中国充分认识到中国的发展离不开东亚，而东亚的繁荣也离不开中国。从长期来看，中国目标似乎有两种可能：要么是鼓励东盟成为东亚的一员，要么是驱动东亚成为东盟的一部分，即东盟的东亚化或者是东亚的东盟化。而对于东盟来说，争取东亚的东盟化更有意义，因为东盟会具有更大的机会推动中国接受东盟方式，"要不然，东盟在东亚合作进程中的核心地位永远不会成为现实"⑤。

---

① Nande Khin, "Time for Asean to strengthen itself: PM Lee; Action needed in face of competitive pressures", *The Business Times* (Singapore), December 13, 2005.

② Denis Hew, "The Charter's the thing to get Asean going", *New Straits Times* (Malaysia), February 4, 2006.

③ "The power of one", *New Straits Times* (Malaysia), December 12, 2005.

④ 杜平：《灵魂空虚的东南亚融合进程》，2007 年 1 月 19 日，联合早报网（http://www.zaobao.com/special/forum/pages5/forum_zp070119c.html）。

⑤ Makmur Keliat, "Asean, China negotiate new challenges", *The Jakarta Post*, November 2, 2006.

（二）对东盟在地区合作中主导能力的评估

与东盟对自身发展前景看法消极一致，东盟国家舆论也开始对东盟在地区合作中的主导作用表示悲观。首先，是将东盟在地区合作中主导地位的形成归结为“缺省”，而不是因为东盟自身的规范权力或外交能力。“东盟能够作为核心并不是因为该集团有多强大，而恰恰是因为东盟相对较弱，没有威胁性，所有人都可以接受。东盟的核心地位是一种‘缺省’位置。”前秘书长塞维林诺也指出，在东亚地区似乎没有其他力量能够取代东盟作为地区外交的“缺省”中心，东盟一直利用这个情势宣称在地区外交进程中担当“驾驶员”的角色。其次，对于在东盟主导下的东亚一体化发展的成效也看法消极。东盟学者注意到“东盟所主持的多个倡议，比如东盟地区论坛、东亚峰会等等，通常都被批评为进展缓慢或根本没有进展”[①]。塞维林诺也指出，如果东盟确确实实要驱动这些进程，而不是仅仅坐在驾驶员的位置上什么也不做，那他就必须要采取集体行动并且有能力这样做。[②] 最后，东盟一些学者认为这种“缺省”状态不会一直存在。马来西亚战略与国际问题研究所主席兼 CEO 杰哈尔 · 哈桑（Datuk Seri Jawhar Hassan）在 2007 年第四次东亚大会上就指出：“东盟国家目前没有足够的凝聚力和团结一致性。……东盟国家成为东亚峰会的驾驶员仅仅是因为缺省，这引起人们对其领导能力的不满和抱怨。……如果十年后日本和中国以及韩国能够和好那会发生什么呢？东盟将会失去它的缺省优势。”他甚至建议东盟国家做好准备接受主导权的分享。[③]

2007 年到 2008 年期间，中国与日本的关系趋于缓和，东盟一方面对此表示欢迎，认为中日和解有利于地区一体化进程的推进，也有利于中日两国对东盟政策的协调，从而有利于东盟自身发展，但同时也对中日和解后东盟在地区合作中的主导身份是否能维持颇有疑虑。

---

① Simon Tay, “It's time for Asean to deliver”, *The Straits Times* (Singapore), July 16, 2008.

② Rodolfo C. Severino, “Asean in need of stronger cohesion”, *The Straits Times* (Singapore), December 9, 2006.

③ Teresa Yong, “Unity key to leading ASEAN+3”, *New Straits Times* (Malaysia), December 5, 2007.

一些学者认为，随着中日缓和，“中日之间与东盟发展合作关系的激烈竞争也将消失……尽管东盟领导人可能不愿意承认，但是东盟确实不具有必要的智力能力去领导所有的地区架构，尽管东盟仍然处于这些架构的中心”①。尤其是当中日韩于2008年底在日本福冈实现了首次东盟+框架外的领导人会议后，东盟前秘书长就做出预言，东盟作为东亚地区乃至太平洋论坛召集者和中心的作用即使不会成为不必要，也将会被削弱；东盟在地区架构中的中心地位会遭到侵蚀；东盟+3甚至东盟自己都将在战略上变得无关紧要。②

根据这些消极的认知评估，自2004年以后，东盟在各种场合不断强调东盟在地区合作框架中的主导地位，这反而反映了东盟对于其主导地位的担忧和不自信。③ 通过分析历次东亚领导人会议相关文件发现，在2004年万象会议之前，东盟虽然是地区合作的绝对中心，但是在相关文件中并没有任何这方面的直接表述；④ 而在2004年万象10+3领导人会议上，首次出现了“中日韩重申支持东盟作为东亚合作的主要推动力量”的表述；2007年1月的东盟领导人宿务峰会上发表的主席声明的用词更是明白无误地传达了东盟维护地区合作主导身份的强烈愿望：“我们决心维护东盟的中心性，增强其作为一个有效主导力量的地位……”⑤ 只有在感受到强烈的身份确认危机的情况下，东盟才倾向于在各种领导人会议文件中反复强调东盟在地区合作架构中的核心作用，这实际上反映了东盟的不自信与疑虑。这种不自信、疑虑的情感感受所带来的对东亚合作互动进行的消极认知判断与东盟内向性身份确认行为倾向结合在一起，就表现为东盟对东亚地区身份认同的弱化，“东亚共同体”的身份符号逐渐退出合作进程也就不可避免。

---

① “Blessing in disguise”, *The Nation* (Thailand), November 17, 2008.

② Rodolfo C. Severino, “An initiative not at odds with Asean”, *The Straits Times* (Singapore), January 13, 2009.

③ 魏玲：《规范·制度·共同体——东亚合作的架构与方向》，《外交评论》2010年第2期，第78页。

④ “Chairman's Statement of the 8th ASEAN+3 Summit”, Vientiane, November 29, 2004.

⑤ “Chairperson's Statement of the 12th ASEAN Summit”, H. E. the President Gloria Macapagal-Arroyo, Cebu, Philippines, January 13, 2007, ASEAN Secretariat (http: //www. aseansec. org/19280. htm).

本章小结

本章运用关系导向身份建构的情感动力框架讨论了东亚合作自东亚峰会召开之后地区认同弱化的现象。指出了与东盟地区秩序主导者的身份所经历的挑战，以及与之相联系的消极情感，是如何改变了东盟在东亚合作进程中的趋避行为倾向和认知评估偏向。由身份确认危机带来的消极情感体验，与内向性身份确认的行为倾向以及消极的认知评估，共同构成了东盟相对于东亚地区的身份内涵，表现为东盟对东亚地区认同感的弱化，最终导致“东亚共同体”的身份符号被东盟所抛弃。

需要进一步说明的是，本章所提供的理解视角并不是对传统理性主义解释的反动。笔者承认，在东亚合作进程中，相关行为体，尤其是东盟的利益和战略考虑是影响东亚合作进程的重要因素。不过，这些因素并不足以充分揭示东亚合作进程中涉及地区认同起落现象的深层次原因。东亚地区的国际互动呈现出复杂、多元的特性。无论是现实政治的考虑，还是经济利益的算计，都不足以充分解释东亚合作进程中出现的地区认同现象。就是体系建构主义，由于其本体性假定的约束，也无法对处于变动中、不具有稳定结构特征的身份现象提供有效的解释。本书认为，为了充分理解东亚合作进程中，以“东亚共同体”的兴起与弱化为标志的地区认同现象，必须要考虑情感因素对包括现实政治与经济利益等认知要素的调节作用。即使是在上述理性认知要素保持不变的理想状态下，由身份互动所产生的情感体验，也具有解释行为倾向与认识评估，从而建构关系导向身份的效力。

结 语

当代国际关系知识体系中一个最大的特色就是西方话语霸权，主要体现为美国对国际关系知识谱系的主导。自改革开放以来，尤其是20世纪90年代后，中国开始大量翻译和引进西方国际关系理论与思想，到21世纪初，中国国际关系学术界也形成了与美国国际关系理论界相对应的现实主义、自由制度主义和建构主义三足鼎立的局面。[①]这些来自于西方的国际关系理论有一个共同的特性，就是深受结构主义与理性认知主义的影响。即使是对传统思维最具挑战性的建构主义，其主流分支——以温特为代表的体系建构主义仍然受缚于结构主义与认知主义传统，只是程度有所不同而已。实际上，这种结构主义与认知主义思想在西方社会科学中的兴起与存在具有历史性，是西方社会科学在特定的时空、特定的背景下发展出来的，在哲学、社会学、心理学等社会科学领域，结构主义与认知主义思想已经遭到批评并在一定程度上被超越。

然而，在国际关系理论界，对结构主义和认知主义思想的反思才刚刚开始。西方国际关系理论中，语言建构主义对结构主义的批判，情感与外交决策、情感与身份建构等理论对认知主义的超越虽然已经受到越来越多的注意，但仍然远离主流学者和外交实践者关注的重心。与此同时，中国国际关系理论界也开始对西方主流国际关系理论的结构主义和认知主义本体基础进行反思，并试图超越西方主流国际

① 秦亚青：《中国国际关系理论研究的进步与问题》，《世界经济与政治》2008年第11期，第18页。

关系理论所框定的研究议程，中国学者对语言建构主义的拓展①、对实践理性的探讨②、对情感问题的探索③等等都是突出的表现。而在中国学者的这些努力中，根植于中国哲学思考，因此也是对西方传统思维最具挑战力的一支就是关系本位的思想。本书将关系本位的思想运用于身份建构理论中，是对西方国际关系理论的思想禁锢进行超越的一次初步尝试。

通过这种尝试，本书所提出的基本概念和理论框架期望能更好地把握和理解国际关系中的多样性现实，尤其是能更好地把握和理解基于东方行为方式的国际关系互动经验，而东亚合作就是其中最具有代表性的互动进程。

一 国际关系现实的复杂性与多样性

结构主义与认知主义传统影响下的主流国际关系理论都试图追求系统的、确定的知识，追求体系层次的宏观理论，这样就不免对国际关系现实有过于简化的倾向，将国际关系现实中的复杂性与多样性置于理论建构的视野之外，这种理论简约之美的代价就是使得理论离国际关系的现实越来越远。④ 虽然体系建构主义试图恢复互动实践对于理解国际关系现实的重要意义，但是由于温特无法彻底跳出结构主义关于国际关系现实的本体性假定，所以也只能忽略掉国际关系中的大部分现实。而本书的本体性假定与理论尝试为理解和把握国际关系复杂的多样性现实提供了一个可行的视角。

首先，关系导向身份概念能更好地把握微观层次上不断变化着的身份建构现象。对于建构主义理论来说，身份建构——不仅仅表现为

① 孙吉胜：《语言、意义与国际政治：伊拉克战争解析》，上海人民出版社 2009 年版。

② 朱立群、聂文娟：《国际关系理论研究的“实践转向”》，《世界经济与政治》2010 年第 8 期，第 98—115 页。

③ 尹继武：《情绪、理性与国际政治世界》，《欧洲研究》2007 年第 6 期，第 75—93 页；《国际关系中的信任概念与联盟信任类型》，《国际论坛》2008 年第 3 期，第 55—61 页。

④ 王俊生：《沃尔兹结构现实主义在国内政治研究上的缺失原因分析》，《教学与研究》2007 年第 2 期，第 87 页。

规范传播政治——是理解国际关系社会性的关键环节。从国际关系现实来看，绝大多数身份建构都发生在微观互动层次。但是由于微观互动层次不具有稳定的、相对物化的结构，处于不断的变化之中，微观层次身份建构的意义常常遭到忽略。而微观层次的几乎所有互动都涉及身份政治，因为所有的行为体都是以某种身份参与互动，都带有与身份相符的预期，这些身份政治涉及身份激活、身份确认以及行为体之间身份关系的塑造与再造。尽管这些身份政治可能最终并不能形成像欧盟那样的集体身份标志，甚至完全背道而驰，但是其发生与发展的过程必定对行为体的互动行为以及互动的结果产生重要的影响。关系导向身份概念本身就包含着与他者关系的变动性，关系导向身份需要在互动实践中不断地确认与再确认，也在互动实践中不断经历着生产与再生产，也因而能较好地把握微观互动层次上发生的身份政治现象。

其次，情感动力理论的提出能更好地理解国际关系中的情感充予的现象，国际关系中的很多情感充予现象都是与身份紧密相连的。国际关系现实的复杂性与多样性不仅仅体现为微观互动层次上不断变动着的身份建构实践，其复杂性还表现为情感充予现象超出了理性逻辑所能理解与解释的范围。国际政治从来不缺乏情感因素的介入，进入21世纪后，随着后“9·11”时代的来临，恐怖主义和反恐斗争成为国际冲突的主要来源之一，灾害频发及人道主义援助成为重要的国际关系主题，战后和平重建与心理创伤等问题引起越来越多的关注，仇恨、羞辱以及同情等词汇成为国际关系事件的重要检索词。情感因素对国际政治发挥越来越重要的影响，以至于有学者认为“情感冲突”是当前国际政治的重要特征之一。① 主流国际关系理论，包括建构主义，都坚持行为体的认知施动性，缺乏分析这些情感充予现象的必要工具。而本书的理论框架则对主流建构主义的研究议程进行修正与扩充，恢复了行为体的情感施动性，为用建构主义方法研究国际政治中的情感充予现象提供了概念和理论框架。实际上，社会身份作为社会

---

① Dominique Moisi, “The Clash of Emotions”, *Foreign Affairs*, Vol. 86, January/February, 2007.

与行为体之间连接的桥梁本身是个情感充予的概念，正如本书所揭示的，也只有承认行为体的情感施动性，并将身份理论建立在情感动力的基础上，建构主义的身份理论才能真正解决其理论困境。

二 国际关系研究中的东方经验

随着国际关系中非西方国家的兴起，受到非西方文化熏陶的国际关系行为体也将自己的思维和行事逻辑带入国际关系的互动中，这就产生了一系列新现象，形成了不同于西方国际关系发展轨迹的历史经验。如果从西方主流国际关系理论的视角来研究这些新现象，就出现了众多的困惑。不论是伊斯兰文明对美国霸权主义行事方式的非主流挑战，还是东亚地区“小马拉大车”式的地区主义进程，都对西方国际关系主流理论的想象力和解释力提出了挑战。美国至今不愿意加入东亚峰会，其中一个重要的原因就是美国认为这个制度缺乏实效[①]，这反映了美国对于东亚地区主义的独特互动方式缺乏了解与信心。

东亚地区合作进程自 1997 年启动，到 21 世纪初令人瞩目地快速发展，一度引起西方学者和政策决策者的迷惑和质疑，那是因为根据西方理性的理论框架是无法解释这种合作热情得以产生并且在一段时间内迅速升温的现象。[②] 对于东亚地区的国家来说，身份确认具有外向优先性，在这里，关系本位对于社会互动具有显性的影响，比较社会心理学的实验研究也验证了这一点。东盟以及东亚合作历程曾被学者概念化为“关系性治理”[③]。而具体到东盟这个由东南亚小国所组成的集团来说，由于历史互动所形成的情感附着强度大，这种身份确认所具有的情感含义尤其强烈。用关系导向身份去概念化东亚地区“东亚共同体”或“东亚人”符号是最能反映其本质的，反过来，东

---

① Parameswaran Prashanth, “Will the United States join the East Asian Summit?”, East Asia Forum (http: //www. eastasiaforum. org/2010/06/18/will-the-united-states-join-the-east-asian-summit/).

② 朱立群、王帆主编：《东亚地区合作与中美关系》，世界知识出版社 2006 年版。

③ Paul Davidson, “The Role of Law in Governing Regionalism in Asia”, in Nicholas Thomas (ed.), *Governance and Regionalism in Asia*, New York: Routledge, 2009, pp. 224-249.

亚合作进程这一特殊案例也显示出国际政治的关系性本质以及身份建构的情感动力因素。

但是，这也并不是说本书完全是国际关系互动中的特例，不具有一般意义。正如林南教授所言，关系性、情感性在东西方文化中都是存在的，只是什么思维占主导问题，或者是被占主导地位的思维来解释从而被掩盖的。[①] 本书的重要性就在于揭示出这种被西方理性思维所掩盖的关系性本体的重要意义，它不取代理性逻辑，两者相互补充。从这个意义上说，东亚合作进程所代表的东方国际互动经验是国际关系身份理论得以完善与发展的宝贵经验财富。

汲取东方经验，理解与重视互动方式、互动进程的重要性，关注关系他者的身份需要和情感体验，也为政策制定者提供了一个新的政策参考点，这个参考点对于参与东亚合作进程的政府决策和实践者来说尤其重要。2004 年万象峰会召开之前，中国积极参与并推动与东盟的双边合作、东亚地区的多边合作，提出了诸多意义深远的倡议，这些倡议都是符合东盟的利益、遵守东盟规范、有利于巩固和促进东盟在地区合作进程中的主导国社会身份地位。其中最为引人注目的是中国第一个签署了《东南亚友好与合作条约》，带动了其他地区大国签署该条约的高潮，可以说正是中国这一举措才使得该条约成为地区合作行为基础，大大巩固和促进了东盟在地区合作中的主导国社会身份。中国的这些战略举措大大改善了中国的周边环境，也保证了中国在地区秩序建构过程中发挥必要的作用。与此相对应的是，受到 EAVG 小组报告的影响，中日韩三国都过早地期待后东盟+模式的来临，在东亚合作进程中表现出发挥更大作用的意愿，这最终导致东盟这一目前唯一能推动东亚合作的“驾驶员”不踩油门的局面。这可以说为东亚合作的未来发展提供了一个政策决策的重要经验教训，无论是中国还是日本、韩国，要想在地区的一体化进程中发挥更大的作用，实现各国的共同利益，一个必要的政策制定原则就是关注他者的身份、情感与利益实现。

---

① Nan Lin, “Guanxi: A conceptual Analysis”, in Alvin Y. So, Nan Lin, and Dudley Poston (eds.), *The Chinese Triangle of Mainland China, Taiwan, and Hong Kong: Comparative Institutional Analysis*, London: Greenwood Press, 2001, p. 163.

三 情感与身份研究的未来议程

笔者致力于尝试突破结构主义与认知主义思想对国际关系理论的束缚，试图提出更能把握和解释国际关系复杂性和多样性现实的概念和理论框架。要完美地实现这样的理论抱负非短期之功。在此，笔者自省本书研究的不足之处，也是为进一步推动国际关系中情感与身份研究发挥垫脚之功。

首先，是理论的说服力问题。正如关系本位的本体性假定所揭示的，国际社会是复杂的关系复合体，其复杂性、多样性与变动性决定了任何一个视角、一个理论框架都很难具有绝对可靠的解释力。因此，任何理论都要做好变量的排除与控制的工作，在合理地排除和控制好其他变量的基础上，才能展示出研究重点关注的变量的影响力。而本书变量控制的不充分，一定程度上影响了本书理论的说服力。

其次，是理论的完整性问题。具体到理论框架中，本书对情感与认知施动的相互作用挖掘仍显不够。虽然情感可以独立于认知存在并发挥作用，但是对于国际关系中的行为体来说，情感施动与认知施动是不可分离的。本书探讨了认知评估对情感激发的作用，但是主要从身份确认的角度。在国际关系中，政治权力、经济利益因素等通过行为体的理性认知施动发挥重要作用，这些因素除了要接受情感感受的调节外，也必然会对行为体的情感产生影响，激发行为体的情感体验。虽然由于笔者能力以及研究的篇幅所限，但是缺乏对政治现实与经济利益因素通过认知施动性影响行为体情感心理的探讨，无疑是本书框架的一大缺陷。

理论的说服力问题与理论的完整性问题也对案例研究的说服力产生了一定的影响。东亚地区以文化、经济发展和政治体制的多样性以及国家间关系的复杂性著称。旧的冷战遗产、新的跨国威胁、政治上的民族主义、经济上相互依存、区内大国权力转移、区外力量高度卷入等等问题都不可避免要对地区合作进程产生各种各样的作用。在这些认知性的“硬”要素作用的前提下，要论证情感这个“软”要素的作用难度很大。这自然对理论的说服力与完整性提出更高的要求。

这些理论建构与案例研究中的不足之处指出了本书中的难点，也指出了未来努力的方向。当然，随着理论思考与经验研究的发展与丰富，更多的问题可能会浮出水面，这也是促进本书议程不断修正与完善的动力所在。

参考文献

一　中文资料

(一) 著作（含译著）

[德] 阿克塞尔·霍耐特：《为承认而斗争》，上海世纪出版集团 2005 年版。

[美] 阿米塔·阿查亚：《建构安全共同体》，王正毅、冯怀信译，上海人民出版社 2004 年版。

[美] 安东尼奥·达马西奥：《笛卡尔的错误：情绪、推理和人脑》，毛彩凤译，教育科学出版社 2007 年版。

[英] 安特耶·维纳、托马斯·迪兹：《欧洲一体化理论》，朱立群等译，世界知识出版社 2009 年版。

[美] 本尼迪克特·安德森：《想象的共同体：民族主义的起源与散布》，吴叡人译，上海人民出版社 2005 年版。

[美] 彼得·卡赞斯坦主编：《国家安全的文化：世界政治中的规范与认同》，宋伟、刘铁娃译，北京大学出版社 2009 年版。

黄光国：《儒家关系主义：文化反思与典范重建》，北京大学出版社 2006 年版。

[美] 兰德尔·柯林斯：《互动仪式链》，林聚任、王鹏等译，商务印书馆 2009 年版。

[瑞典] 理查德·斯威德伯格：《经济社会学原理》，周长城等译，中国人民大学出版社 2005 年版。

[美] 鲁德拉·希尔、彼得·卡赞斯坦：《超越范式：世界政治研究中的分析折中主义》，秦亚青、季玲译，上海人民出版社 2013 年版。

［美］汉斯·摩根索：《国家间政治》，徐昕、郝望、李保平译，北京大学出版社 2005 年版。

［美］肯尼思·华尔兹：《国际政治理论》，信强译，上海人民出版社 2008 年版。

蒙培元：《情感与理性》，中国社会科学出版社 2002 年版。

孟昭兰：《人类情绪》，上海人民出版社 1989 年版。

孟昭兰主编：《情绪心理学》，北京大学出版社 2005 年版。

［美］乔纳森·特纳：《情感社会学》，孙俊才、文军译，上海人民出版社 2007 年版。

秦亚青：《权力·制度·文化》，北京大学出版社 2007 年版。

秦亚青主编：《文化与国际社会：建构主义国际关系理论研究》，世界知识出版社 2006 年版。

秦亚青主编：《东亚合作：2009》，经济科学出版社 2010 年版。

秦亚青：《关系与过程》，上海人民出版社 2012 年版。

［美］约翰·奈斯比特：《亚洲大趋势》，外文出版社 1996 年版。

［美］斯蒂芬·范埃弗拉：《政治学研究方法指南》，陈琪译，北京大学出版社 2006 年版。

王泽编译：《东盟》（东南亚国家经济贸易法律研究丛书），中国法制出版社 2006 年版。

［美］亚伯拉罕·马斯洛：《动机与人格》，许金声等译，中国人民大学出版社 2007 年版。

［美］亚历山大·温特：《国际政治的社会理论》，秦亚青译，上海人民出版社 2000 年版。

翟学伟：《人情、面子与权力的再生产》，北京大学出版社 2005 年版。

张志平：《情感的本质与意义：舍勒的情感现象学概论》，上海人民出版社 2006 年版。

朱立群、王帆主编：《东亚地区合作与中美关系》，世界知识出版社 2006 年版。

（二）期刊文章

陈文：《合作稳定　推进一体化——东盟积极应对新世纪》，《东南亚纵横》2002 年第 3、4 期。

付晶：《狭义情绪的神经—心理机制》，《心智与计算》2007 年第 2 期。

方长平：《从知识社群到东亚共同体》，《世界经济与政治》2008 年第 10 期。

郭景萍：《西方情感社会学理论的发展脉络》，《社会》2007 年第 5 期。

高尚涛：《国际关系本体论分析》，《世界经济与政治》2007 年第 6 期。

韩锋：《东亚合作与中国对东盟政策》，《当代亚太》2009 年第 1 期。

黄玲玲、许远理、王晓宇：《核心情绪：情绪产生之前的基础状态》，《兰州教育学院学报》2010 年第 4 期。

季玲：《东亚合作新局面——第八次 10+3 领导人会议后东亚合作形势评析》，《外交学院学报》2005 年第 2 期。

李明明：《国际关系集体认同形成的欧洲社会心理学视角》，《世界经济与政治》2009 年第 5 期。

李森森、龙长权、陈庆飞、李红：《群际接触理论——一种改善群际关系的理论》，《心理科学进展》2001 年第 5 期。

李文：《构建东亚认同：意义、问题与途径》，《当代亚太》2007 年第 6 期。

刘昌黎：《东亚共同体问题初探》，《国际问题研究》2007 年第 2 期。

刘少华：《东亚区域合作的路径选择》，《国际问题研究》2007 年第 5 期。

刘少华：《论东盟在东亚区域合作中的领导能力》，《当代亚太》2007 年第 9 期。

刘翔峰：《日本 EPA 战略及“10+6”推进计划》，《当代亚太》2007 年第 5 期。

刘兴华：《东亚共同体：构想与进程》，《东南亚研究》2006 年第 1 期。

柳恒超、许燕：《情绪研究的新趋向：从有意识情绪到无意识情绪》，《北京师范大学学报（社会科学版）》2008 年第 6 期。

陆建人、周小兵：《亚洲金融危机对东盟的影响》，《世界经济》1999 年第 9 期。

陆建人：《“大东盟”及其影响之我见》，《当代亚太》1999 年第 6 期。

陆建人：《东盟的发展道路》，《当代亚太》1999 年第 8 期。

陆建人：《日本的区域合作政策》，《当代亚太》2006 年第 1 期。

陆建人：《从东盟一体化进程看东亚一体化方向》，《当代亚太》2008 年第 1 期。

马丁·戴维斯：《中国对非洲的援助政策及评价》，曹大松译，《世界经济与政治》2008 年第 9 期。

马海良：《后结构主义》，《外国文学》2003 年第 6 期。

马庆霞、郭德俊：《情绪的神经心理学概述》，《心理科学》2004 年第 1 期。

乔建中：《情绪与动机：情绪心理学家的动机理论》，《南京师大学报（社会科学版）》1993 年第 3 期。

唐小松：《三强共治：东亚区域一体化的必然选择》，《现代国际关系》2008 年第 2 期。

秦亚青：《层次分析法与国际关系研究》，《欧洲》1998 年第 3 期。

秦亚青：《国际关系理论中国学派生成的可能和必然》，《世界经济与政治》2006 年第 3 期。

秦亚青：《建构主义：思想渊源、理论流派与学术理念》，《国际政治研究》2006 年第 3 期。

秦亚青、魏玲：《结构、进程与权力的社会化》，《世界经济与政治》2007 年第 3 期。

秦亚青：《中国国际关系理论研究的进步与问题》，《世界经济与政治》2008 年第 11 期。

秦亚青：《关系本体与过程建构：将中国理念植入国际关系理论》，《中国社会科学》2009 年第 3 期。

秦亚青：《国际体系的延续与变革》，《外交评论》2010 年第 1 期。

饶红：《近 20 年我国情绪心理学的发展》，《江苏教育学院学报（社会科学版）》2001 年第 2 期。

孙吉胜：《话语、身份与对外政策——语言与国际关系的后结构主义》，《国际政治研究》2008 年第 3 期。

隋雪、高淑青、王娟：《情绪影响认知实验研究的进展》，《辽宁师范大学学报（社会科学版）》2010 年第 2 期。

王俊生：《沃尔兹结构现实主义在国内政治研究上的缺失原因分析》，《教学与研究》2007 年第 2 期。

王莉欢：《冷战后中、日与东盟的关系》，《国际政治科学》2006 年第 3 期。

王林生：《雁行模式与东亚金融危机》，《世界经济》1999 年第 1 期。

王逸舟：《“东亚共同体”概念辨识》，《现代国际关系》2010 年庆典特刊。

王玉主：《亚洲区域合作的路径竞争及中国的战略选择》，《当代亚太》2010 年第 4 期。

王玉主：《中日之争与东亚合作——以“10+3”、“10+6”为主的分析》，《创新》2010 年第 3 期。

王子昌：《10+3≠3+10：不同理论视域中的东亚区域合作》，《东南亚研究》2007 年第 6 期。

王胜今、于潇：《从中日关系的深层矛盾看“东亚共同体”的未来——简论东亚合作中的矛盾与竞争》，《东北亚论坛》2005 年第 11 期。

韦红、邢来顺：《国内政治与东盟一体化进程》，《当代亚太》2010 年第 2 期。

魏玲：《规范・制度・共同体——东亚合作的架构与方向》，《外交评论》2010 年第 2 期。

魏玲：《国内进程、不对称互动与体系变化——中国、东盟与东亚合作》，《当代亚太》2010 年第 6 期。

魏玲：《东亚地区化：困惑与前程》，《外交评论》2010 年第

6 期。

吴建民：《中国的崛起与东亚合作》，《外交评论》2005 年第 6 期。

许远理、郭德俊：《情绪与认知关系研究发展概括》，《心理科学》2004 年第 1 期。

炎冰、严明：《心身二元与科学之科学》，《扬州大学学报（人文社会科学版）》2008 年第 5 期。

杨黔云：《析东盟在国际体系中解决柬埔寨危机的活动》，《历史教学》2009 年第 4 期。

尹继武：《认知心理学在国际关系研究中的应用：进步及其问题》，《外交评论》2006 年第 8 期。

尹继武：《结构、认知与国际政治心理学分析》，《世界经济与政治》2007 年第 10 期。

尹继武：《情绪、理性与国际政治世界》，《欧洲研究》2007 年第 6 期。

尹继武：《国际关系中的信任概念与联盟信任类型》，《国际论坛》2008 年第 10 卷第 3 期。

尹继武：《和谐世界秩序的可能：社会心理学的视角》，《世界经济与政治》2009 年第 5 期。

喻常森：《东盟在亚太多边安全合作进程中的角色分析》，《外交评论》2007 年第 4 期。

俞新天：《东亚认同感的胎动——从文化的视角》，《世界经济与政治》2004 年第 6 期。

原琳、袁晓娇、赵晓晨等：《情绪稳定性与情绪关注在情绪一致性效应产生中的作用》，《心理科学》2009 年第 4 期。

袁正清：《国际关系理论的行动者——结构之争》，《世界经济与政治》2003 年第 6 期。

张伯伟、温祁平：《东盟地位的历史变迁——区域经济一体化视角的考察》，《亚太经济》2010 年第 5 期。

张海霞：《情绪启动研究范式与心理机制》，《社会心理科学》2010 年第 5 期。

张莹瑞、佐斌：《社会认同理论及其发展》，《心理科学进展》2006年第1期。

张蕴岭：《东亚区域合作的新趋势》，《当代亚太》2009年第4期。

张蕴岭：《东亚合作需要创新》，《国际经济评论》2010年第1期。

张振江：《东盟在东亚合作进程中的地位与作用》，《东南亚研究》2004年第3期。

庄锦英：《影响情绪一致性效应的因素》，《心理科学》2006年第5期。

周方银：《共同体与东亚合作》，《世界经济与政治》2009年第1期。

周晓虹：《认同理论：社会学与心理学的分析路径》，《社会科学》2008年第4期。

朱锋：《“权力转移”理论：霸权性现实主义?》，《国际政治科学》2006年第3期。

朱立群、聂文娟：《国际关系理论研究的“实践转向”》，《世界经济与政治》2010年第8期。

（三）学位论文

魏玲：《第二轨道进程：规范结构与共同体建设》，博士学位论文，外交学院，2008年。

刘少华：《后冷战时期东盟在亚太区域合作中的地位与作用研究》，博士学位论文，复旦大学，2008年。

二　英文文献

（一）专著

Abdelal, Rawi, Herrera, Yoshiko M., Johnston, Alastair Iain, (eds.), *Measuring Identity: A Guide for Social Scientists*, Cambridge: Cambridge University Press, 2009.

Bauer, Martin, and George, Gaskell, (eds.), *Qualitative Researching with Text, Image and Sound*. Thousand Oaks, CA.: Sage Publication, 2000.

Craig, Edward (ed.), *Routledge Encyclopaedia of Philosophy*. Vol. 7

(Nihilism to Quantum mechanics), London and New York: Routledge, 1998.

Damasio, Antonio R., *The Feeling of What Happens: Body and Emotion in the Making of Consciousness*, New York: Harcourt Brace, 1999.

Fiske, Susan T., Daniel T. Gilbert and Gardner Lindzey (eds.), *Handbook of Social Psychology*, Fifth Edition, Vol. 1, New Jersey: John Wiley & Sons, Inc., Hoboken, 2010.

Higgins, E. T. & A. Kruglanski (eds.), *Social Psychology: Handbook of Basic Principle*, New York: Guilford, 1996.

Hogg, Michael, A. and Cooper, Joel, *The Sage Handbook of Social Psychology*, Sage Publications, 2003.

Johnston, Alastair Iain, *Social States*, Princeton University Press, 2007.

Lewis, M., J. M. Haviland-Jones and L. F. Barrett (eds.) *Handbook of Emotions* (3rd edition), New York: Erlbaum, 2009.

Kim, Uichol and John W. Berry (eds.), *Indigenous Psychologies: Research and Experience in Cultural Context*, California, US.: Sage Publications, Inc., 1993.

Neuendorf, Kimberly A., *The Content Analysis Guidebook*, Thousand Oaks, CA.: Sage Publications, 2002.

Reicher, Steve and Nick Hopkins, *Self and Nation: Categorization, Contestation and Mobilization*, London: Sage, 2001.

Ross, Andrew A. G., *Affective States: Rethinking Passion in Global Politics*, Ph. D. Dissertation, Johns Hopkins University, 2005.

So, Alvin Y., Nan Lin, and Dudley Poston (eds.), *The Chinese Triangle of Mainland China, Taiwan, and Hong Kong: Comparative Institutional Analysis*, London: Greenwood Press, 2001.

Stets, Jan E. and Jonathan H. Turner (eds.), *Handbook of the Sociology of Emotions*, Spriner, 2006.

Sueo, Sudo, *The Fukuda Doctrine and ASEAN: New Dimensions in Japanese Foreign Policy*, Singapore: Institute of Southeast Asian Studies,

1992.

Tajfel, H., *Human Groups and Social Categories: Studies in Social Psychology*, Cambridge, UK: Cambridge University Press, 1981.

Tarling, Nicholas, *Regionalism in Southeast Asia: to Foster the Political Will* , Abingdon, Oxon: Routledge, 2006.

Tarling, Nicholas, *Southeast Asia and the Great Powers*, Abingdon, Oxon: Routledge, 2010.

Thomas, Nicholas, *Governance and Regionalism in Asia*, New York: Routledge, 2009.

Tilman, Robert O., *Southeast Asia and the Enemy Beyond*, Boulder and London: Westview Press, 1987.

Turner, J. C., Hogg, M. A. et al., *Rediscovering the social group: A Self Categorization Theory*, Oxford, UK: Blackwell, 1987.

Turner, Jonathan H. (ed.), *Theory and Research on Human Emotions*, Oxford, UK: Elsevier Ltd., 2004.

Wanandi, Jusuf and Tadashi Yamamoto, (eds.), *East Asia at a Crossroads*, Tokyo: Japan Center for International Exchange, 2008.

（二）期刊文章

Amitav Acharya, "Will Asia's Past Be Its Future?", *International Security*, Vol. 28, No. 3, 2003/2004.

Acharya, Amitav, "How Ideas Spread: Whose Norms Matter? Norm Localization and Institutional Change in Asian Regionalism", *International Organization*, Vol. 58, 2004.

Ba, Alice D. "China and ASEAN: Renavigating Relations for a 21st-century Asia", *Asian Survey*, Vol. 43, No. 4, July/August 2003.

Balzacq, Thierry and Jervis, Robert, "Logics of mind and international system: a journey with Robert Jervis", *Review of International Studies*, Vol. 30, 2004.

Barnett, Michael N., "Culture, Strategy, and Foreign Policy Change: Israel's Road to Oslo", *European Journal of International Relations*, Vol. 5, No. 1, March 1999.

Nick Bisley, "East Asia's Changing Regional Architecture: Towards an East Asian Economic Community?", *Pacific Affairs*, Vol. 80, No. 4, Winter 2007.

Bleiker, Roland, and Emma Hutchison, "Fear No More: Emotions and World Politics", *Review of International Studies*, Vol. 34, 2008.

Bosse, Tiber, Catholijn M. Jonker and Jan Treur, "Formalisation of Damasio's Theory of Emotion, Feeling and Core Consciousness", *Consciousness and Cognition*, Vol. 17, 2008.

Brewer, Marilynn B., and W. Gardner. "Who Is This 'We'?: Levels of Collective Identity and Self-Representations", *Journal of Personality and Social Psychology*, Vol. 71, No. 1, 1996.

Brewer, Marilynn B., "The Many Faces of Social Identity: Implications for Political Psychology", *Political Psychology*, Vol. 22, No. 1, 2001.

Burke, Peter J., Jan E. Stets, "Trust and Commitment through Self-Verification", *Social Psychology Quarterly*, Vol. 62, No. 4, 1999.

Cannon, W. B., "The James-Lange Theory of Emotions: A Critical Examination and an Alternative Theory", *American Journal of Psychology*, Vol. 39, 1927.

Clore, G. L. and A. Ortony, "Appraisal Theories: How Cognition Shapes Affect into Emotion", in M. Lewis, J. M. Haviland-Jones and L. F. Barrett (eds.), *Handbook of Emotions* (3rd ed.), New York: Erlbaum, 2009.

Crawford, Neta C., "The Passion of World Politics: Propositions on Emotions and Emotional Relationships", *International Security*, Vol. 24, No. 4, Spring 2000.

Cremer, David De, Vugt, Mark Van, and Sharp, Jonathan, "Effect of Collective Self-Esteem on Ingroup Evaluation", *The Journal of Social Psychology*, 1999.

Davidson, Paul, "The role of law in governing regionalism in Asia", in Nicholas Thomas (ed.), *Governance and Regionalism in Asia*, New York: Routledge, 2009.

Deaux, Kay, "Social Identification", in E. T. Higgins & A. Kruglanski (eds.), *Social Psychology: Handbook of Basic Principles*, New York: Guilford, 1996.

Dessler, David, "What's at Stake in the Agent-Structure Debate?", *International Organization*, Vol. 43, No. 3, Summer 1989.

Fierke, K. M., "Where of We can Speak, There of We Must Not Be Silent: Trauma, Political Solipsism and War", *Review of International Studies*, 2004, 30 (4).

Finnemore, Martha, and Sikkink, Kathryn, "Taking Stock: The Constructivist Research Program in International Relations and Comparative Politics", *Annual Review of Political Science*, No. 4, 2001.

Forgas, Joseph P., "Feeling and doing: Affective Influences on Interpersonal Behavior", *Psychological Inquiry*, Vol. 13, No. 1, 2002.

Gendron, Maria, "Defining Emotion: A Brief History", *Emotion Review*, Vol. 2, No. 4, October 2010.

Gendron, Maria, and Lisa Feldman Barrett, "Reconstructing the Past: a Century of Ideas about Emotion in Psychology", *Emotion Review*, Vol. 1, No. 4, October 2009.

Heins, Volker, "Reasons of the Heart: Weber and Arendt on Emotion in Politics", *The European Legacy*, Vol. 12, No. 6, 2007.

Hemmer, Christopher and Katzenstein, Peter J., "Why is There No NATO in Asia? Collective Identity, Regionalism, and the Origins of Multilateralism", *International Organization*, Vol. 56, No. 3, 2002.

Ho, David Yau-fai, "Relational Orientation in Asian Social Psychology", in *Indigenous Psychologies: Research and Experience in Cultural Context*, Uichol Kim and John W. Berry, eds., California, US.: Sage Publications, Inc., 1993.

Hogg, Michael A., Deborah J. Terry and Katherine M. White, "A Tale of Two Theories: A Critical Comparison of Identity Theory with Social Identity Theory", *Social Psychology Quarterly*, Vol. 58, No. 4, December 1995.

Hopf, Ted, "Identity Relations and the Sino-Soviet Split", in Rawi Abdelal, Yoshiko M. Herrera, Alastair Iain Johnston, (eds.), *Measuring Identity: A Guide for Social Scientists*, Cambridge University Press, 2009.

Hutchison, Emma, "Trauma and the Politics of Emotions: Constituting Identity, Security and Community after the Bali Bombing", *International Relations*, Vol. 24, No. 1, 2010.

Izard, Carroll E., "Basic Emotions, Natural Kinds, Emotion Schemas, and a New Paradigm", *Perspectives on Psychological Science*, Vol. 2, No. 3, 2007.

Izard, Carroll E., "Emotion Theory and Research: Highlights, Unanswered Questions, and Emerging Issues", *Annual Review of Psychology*, Vol. 60, 2009.

Izard, Carroll E., "The Many Meanings/Aspects of Emotion: Definitions, Functions, Activation, and Regulation", *Emotion Review*, Vol. 2, No. 4, October 2010.

Johnson, Mark L., "Book Review of Feeling What Happens", *The Journal of Speculative Philosophy*, New Series, Vol. 15, No. 4, 2001.

Kanyangara, Patrick, and Rime, Bernard, etc., "Collective Rituals, Emotional Climate and Intergroup Perception: Participation in 'Gacaca', Tribunals and Assimilation of the Rwanda Genocide", *Journal of Social Issues*, Vol. 63, No. 2, 2007.

Katzenstein, P. J. and Robert O. Keohane, "Varieties of Anti-Americanism: A Framework for Analysis", in Peter J. Katzenstein and Robert O. Keohane (eds.), *Anti-Americanism in World Politics*, Ithaca, NY: Cornell University Press, 2007.

Keltner, Dacher and Jennifer S. Lerner, "Emotion", in Susan T. Fiske, Daniel T. Gilbert and Gardner Lindzey (eds.), *Handbook of Social Psychology*, Fifth Edition, Vol. 1, New Jersey: John Wiley & Sons, Inc., Hoboken, 2010.

Keohane, Robert, "Empathy and International Regimes", in Jane J. Mansbridge (ed.), *Beyond Self-Interest*, Chicago University of Chicago

Press, 1990.

Kleinginna, P. R. and A. M. Kleinginna, "A Categorized List of Emotion Definitions, with Suggestions for a Consensual Definition", *Motivation and Emotion*, Vol. 5 , No. 4, 1981.

Lazarus, R. S., "Thoughts on the Relations between Emotion and Cognition", *American Psychologist*, Vol. 37, No. 9, September 1982.

Lazarus, R. S., "On the Primacy of Cognition", *American Psychologist*, Vol. 39, No. 2 , February 1984.

Lebow, Richard Ned, Reason, "Emotion and Cooperation", *International Politics*, Vol. 42, Issue 3, 2005.

Lebow, Richard Ned, "Fear, Interest and Honour: Outlines of a Theory of International Relations", *International Affairs*, Vol. 82, No. 3, 2006.

LeDoux, Joseph E., "Emotion: Clues from the Brain", *Annual Review of Psychology*, Vol. 46, 1995.

Lin, Nan, "Guanxi: A conceptual Analysis", in Alvin Y. So, Nan Lin, and Dudley Poston (eds.), *The Chinese Triangle of Mainland China, Taiwan, and Hong Kong: Comparative Institutional Analysis*, London: Greenwood Press, 2001.

Long, Karen M., Spears, Russell, "Opposing Effects of Personal and Collective Self-esteem on Interpersonal and Intergroup Comparison", *European Journal of Social Psychology*, 1998, 28.

Marcus, G. E., "Emotions in Politics", *Annual Review of Political Science*, Vol. 3, 2000.

Markus, Hazel Rose and Shinobu Kitayama, "Culture and the Self: Implications for Cognition, Emotion, and Motivation", *Psychological Review*, Vol. 98, No. 2, 1991.

McDermott, Rose, "The Feeling of Rationality: The Meaning of Neuroscientific Advances for Political Science", *Perspectives on Politics*, Vol. 2, No. 4, December 2004.

Mercer, Jonathan, "Anarchy and Identity", *International Organization*, Vol. 49, No. 2, Spring 1995.

Mercer, Jonathan, "Rationality and Psychology in International Politics", *International Organization*, Vol. 59, Winter 2005.

Mercer, Jonathan, "Human Nature and the First Image: Emotion in International Politics", *Journal of International Relations and Development*, Vol. 9, 2006.

Mercer, Jonathan, "Emotional Beliefs", *International Organization*, Vol. 64, Issue 1, January, 2010.

Mercer, Jonathan, "Emotion and Strategy in the Korea War", *International Organization*, Vol. 67, Spring 2013.

Moisi, Dominique, "The Clash of Emotions", *Foreign Affairs*, Vol. 86, January/February 2007.

Nair, Deepak, "Regionalism in the Asia Pacific/East Asia: A Frustrated Regionalism?", *Contemporary Southeast Asia*, Vol. 31, No. 1, 2008.

Ohad David, Daniel Bar-Tal, "A Sociopsychological Conception of Collective Identiy: The Case of National Identity as an Example", *Personality and Social Psychology Review*, Vol. 13, No. 4, November 2009.

Pouliot, Vincent, "The Logic of Practicality: A Theory of Practice of Security Communities", *International Organization*, Vol. 62, Spring 2008.

Pupavac, Vanessa, "War on the Couch: the Emotionology of the New International Security Paradigm", *European Journal of Social Theory*, Vol. 7, No. 2, 2004.

Ravenhill, John, "Is China an Economic Threat to Southeast Asia?", *Asian Survey*, Vol. 46, No. 5, September/October 2006.

Ravenhill, John, "East Asian Regionalism: Much Ado about Nothing?", *Review of International Studies*, Vol. 35, 2009.

Riverra, Joseph de, Kurrien, Rahael, and Olsen Nina, "The Emotional Climate of Nations and Their Culture of Peace", *Journal of Social Issues*, Vol. 63, No. 2, 2007.

Riverra, Joseph de and Darío Páez, "Emotoinal Climate, Human Security, and Cultures of Peace", *Journal of Social Issues*, Vol. 63, No. 2, 2007.

Ross, Andrew A. G., "Coming in from the Cold: Constructivism and Emotions", *European Journal of International Relations*, Vol. 12, No. 2 , 2006.

Ross, Andrew A. G., "Emotional Legitimacy and Internatinal Norms", paper presented at the Annual Convention of the Internatinal Studies Association, San Francisco, March 26-29, 2008.

Ross, Andrew A. G., "Why They Don' t Hate Us: Emotion, Agency and the Politics of 'Anti-Americanism' ", *Millennium-Jounal of International Studies*, Vol. 39, No. 1, 2010.

Rousseau, David and Veen, A. Maurits Van Der, "The Emergence of a Shared Identity: An Agent-based Computer Simulation of Idea Diffusion", *Journal of Confict Resolution*, Vol. 49, No. 5, October 2005.

Russell, James A., "Core Affect and Psychological Construction of Emotion", *Psychological Review*, Vol. 110, No. 1, 2003.

Russell, James A. "Emotion, Core Affect, and Psychological Construction", Cognition and Emotion, Vol. 23, No. 7, 2009.

Sasley, Brent E., "Affective Attachment and Foreign Policy: Israel and the 1993 Oslo Accords", *European Journal of International Relations*, Vol. 16, No. 4, 2010.

Saurette, Paul, "You Dissin Me? Humiliation and Post 9/11 Global Politics", *Review of International Studies*, Vol. 32, 2006.

Scarantino, Andrea, "Core Affect and Natural Affective Kinds", *Philosophy of Science*, Vol. 76, 2009.

Serpe, Richard T., "Stability and Change in Self: A Structural Symbolic Interactionist Explanation", *Social Psychology Quarterly*, Vol. 50, No. 1, March 1987.

Schwarz, Norbert, and Gerald L. Clore, "Mood as Information: 20 Years Later", *Psychological Inquiry*, Vol. 14, No. 3&4, 2003.

Singer, J. David, "The Level-of-Analysis Problem in International Relations", *World Politics*, Vol. 14, No. 1, The International System: Theoretical Essays, October 1961.

Small, Deborah A., Lerner, Jennifer S. and Fischhoff, Baruch, "Emotion Priming and Attributions for Terrorism: Americans' Reactions in a National Field Experiment", *Political Psychology*, Vol. 27, No. 2, 2006.

Stets, Jan E., "Identity Theory and Emotions", in Jan E. Stets and Jonathan H. Turner (eds.), *Handbook of the Sociology of Emotions*, Spriner, 2006.

Stryker, Sheldon and Richard T. Serpe, "Commitment, Identity Salience, and Role Behavior", in *Personality, Roles, and Social Behavior*, edited by W. Ickes and E. S. Knowles, New York: Springer-Veerlag, 1982.

Stryker, Sheldon, "Integrating Emotion into Identity Theory", in Jonathan H. Turner (ed.), *Theory and Research on Human Emotions*, Oxford, UK: Elsevier Ltd., 2004.

Stubbs, Richard, "Asean Plus Three: Emerging East Asian Regionalism?", *Asian Survey*, Vol. 42, No. 3, 2002.

Tanaka, Hitoshi with Adam P. Life, "The Strategic Rationale for East Asia Community Building", in Jusuf Wanadi and Tadashi Ymamoto (Eds.), *East Asia at a Crossroad*, Tokyo: Japan Center for International Exchange, 2008.

Tajfel, Henry, "Social Psychology and of Intergroup Relations", *Annal Review of Psychology*, Vol. 33, 1982.

Vatikiotis, Michael R. J., "Catching the Dragon's Tail: China and Southeast Asia in the 21st Century", *Contemporary Southeast Asia*, Vol. 25, No. 1, April 2003.

Wendt, Alexander, "Collective Identity Formation and the International State", *The American Political Science Review*, Vol. 88, No. 2, 1994.

Wendt, Alexander, "Why a World State is Inevitable", *European Journal of International Relations*, Vol. 9, No. 4, 2003.

Widen, Sherri C. and James A. Russell, "Descriptive and Prescriptive Definitions of Emotion", *Emotion Review*, Vol. 2, No. 4, October 2010.

Wisecup, Allison, Dawn T. Robinson, and Lynn Smith-Lovin, "The Sociology of Emotions", in Clifton D. Bryant and Dennis L. Peck, (eds.),

21st Century Sociology: A Reference Handbook, Vol. 2, California: Sage Pubilcations, Inc., 2007.

Yuki, Masaki, "Intergroup Comparison versus Intragroup Relationships: A Cross-Cultural Examination of Social Identity Theory in North American and East-Asian Cultural Contexts", *Social Psychology Quarterly*, Vol. 66, No. 2, Special Issue: Social Identity: Sociological and Social Psychological Perspectives, June, 2003.

Zajonc, R. B., "Feeling and Thinking: Preferences Need No Inferences", *American Psychologist*, Vol. 35, No. 2, February 1980.

Zajonc, R. B., "On the Primacy of Affect", *American Psychologist*, Vol. 39, No. 2, February 1984.

Zehfuss, Maja, "Forget September 11", *Third World Quaterly*, Vol. 24, No. 3, 2003.

(三) 文件

"Joint Communiqué the Second ASEAN Heads of Government Meeting", Kuala Lumpur, 4-5 August 1977 (http://www.aseansec.org/5095.htm).

"Towards an East Asia Community: The Journey Has Begun", Termsak Chalermpalanupap, ASEAN Secretariat.

"ASEAN Vision 2020", Kuala Lumpur, December 15, 1997, ASEAN Secretariat (http://www.aseansec.org/1814.htm).

"Hanoi Plan of Action", Ha Noi, 15 December 1998, ASEAN Secretariat (http://www.aseansec.org/687.htm).

"Towards an East Asian Community: Region of Peace, Prosperity and Progress", East Asia Vision Group Report, 2001 (http://www.mofa.go.jp/region/asia-paci/report2001.pdf).

"Press Statement by the Chairman of the 7th ASEAN Summit and the 5th ASEAN+3 Summit", Brunei Darussalam, November 5, 2001, ASEAN Secretariat (http://www.aseansec.org/5467.htm).

"Press Statement by the Chairman of the 8th ASEAN Summit, the 6th ASEAN+3 Summit and the ASEAN-China Summit", Phnom Penh, Cambodia, November 4, 2002, ASEAN Secretariat (http://www.aseansec.org/13188.htm).

"Final Report of East Asia Study Group", Phnom Penh, Cambodia, November 4, 2002.

"Press Statement by the Chairperson of the 9th ASEAN Summit and the 7th ASEAN+3 Summit", Bali, Indonesia, October 7, 2003, ASEAN Secretariat (http://www.aseansec.org/15259.htm).

"Chairman's Statement of the 10th ASEAN Summit", Vientiane, November 29, 2004, ASEAN Secretariat (http://www.aseansec.org/16631.htm).

"Chairman's Statement of the 8th ASEAN+3 Summit," Vientiane, November 29, 2004, ASEAN Secretariat (http://www.aseansec.org/16847.htm).

"Chairman's Statement of the 11th ASEAN Summit: One Vision, One Identity, One Community", Kuala Lumpur, December 12, 2005 (http://www.aseansec.org/18039.htm).

"Kuala Lumpur Declaration on ASEAN Plus Three Summit", Kuala Lumpur, December 12, 2005, ASEAN Secretariat (http://www.aseansec.org/18036.htm).

"Kuala Lumpur Declaration on the East Asia Summit", *Kuala Lumpur*, December 14, 2005, ASEAN Secretariat (http://www.aseansec.org/23298.htm).

"Chairperson's Statement of the 12th ASEAN Summit", H. E. the President Gloria Macapagal - Arroyo, Cebu, Philippines, January 13, 2007, ASEAN Secretariat (http://www.aseansec.org/19280.htm).

"Chairman's Statement of the Tenth ASEAN Plus Three Summit", Cebu, Philippines, January 14, 2007, ASEAN Secretariat (http://www.aseansec.org/19315.htm).

"Chairman's Statement of the 3rd East Asia Summit", Singapore, November 21, 2007, ASEAN Secretariat (http://www.aseansec.org/23323.htm).

"Chairman's Statement of the 13th ASEAN Summit: One ASEAN at the Heart of Dynamic Asia", Singapore, November 20, 2007 (http: //www. aseansec. org/21093. htm).

"The ASEAN Charter", ASEAN Secretariat (http: //www. aseansec. org/publications/ASEAN-Charter. pdf).

"Chairman's Statement of the 4th East Asia Summit", Cha-am Hua Hin, Thailand, October 25, 2009, ASEAN Secretariat (http: //www. aseansec. org/23609. htm).

三 媒体资料

（来源于 LexisNexis Academic 数据库）

Ali Alatas, "ASEAN well and alive", *New Straits Times* (Malaysia), October 10, 2000.

Amitav Acharya, "Strengthening ASEAN as a security community", *The Jakarta Post*, June 14, 2003.

Anak Agung Banyu Perwita, "Rising China and the implications for Southeast Asia", *The Jakarta Post*, February 5, 2008.

Anis Kamil, "ASEAN ideas to rid out economic woes", *New Straits Times* (Malaysia), December 18, 1997.

Anis Kamil, Patvinder Singh, "Don: Lack of leadership a factor in diminished standing of Asean", *New Straits Times* (Malaysia), June 2, 1999.

Angus Grigg, "Blow to Rudd's Asia plan", *The Australian Financial Review*, July 23, 2008.

Antoaneta Bezlova, "Strategy: China's Neighbors Unruffled by U. S. Criticism on Arms", *IPS-Inter Press Service*, June 10, 2005.

"Asean has to be in the driving seat", *Jakarta Post*, November 26, 2004.

"Asean still indispensable", *New Straits Times*, January 7, 2001.

"AEAN indispensable to APEC's development", *Business Daily*, August 6, 1997.

"ASEAN pursues more high-profile role", *The Daily Yomiuri*, August 1, 1994.

Ashraf Abdullah, "Leaders concur formation of East Asian community inevitable", *New Straits Times* (Malaysia), November 8, 2001.

"China's More of Economic Threat than Security", *Malaysia General News*, December 4, 2006.

Chok Suat Ling, Kamarul Yunus, "Dr. M: EAEG is a reality", *New Straits Times* (Malaysia), August 5, 2003.

Daljit Singh, "ASEAN as a geopolitical player", *The Straits Times* (Singapore), August 22, 2007.

Datuk Seri Dr. Mahathir Mohamad, "Building the East Asia Community: The Way Forward", *New Straits Times* (Malaysia), August 5, 2003.

Deborah Loh, "ASEAN's family with its beauty spots and warts", *New Straits Times* (Malaysia), June 14, 2003.

"East Asian Community taking root", *The Nikkei Weekly* (Japan), July 18, 2006.

Editorial, "Toward an East Asian Community", *The Korea Herald*, December 2, 2004.

Harish Mehta, "ASEAN risks being sidelined in global eonomy", *Business Times* (Singapore), July 25, 2000.

Harvey Stockwin, "ASEAN further devalued itself at summit", *The Japan Times*, October 20, 2003.

Hisatsugu Nagao, "East Asian Community Closer to Reality", *The Nikkei Weekly* (Japan), July 12, 2004.

"Indonesia questions value of East Asian summit plan", The Jakarta Post web site, Jakarta, in English June 29, 2004, *BBC Summary of World Broadcasts*, June 29, 2004.

Irene Ng, "Whither Asean?", *The Straits Times* (Singapore), December 5, 1998.

Jeerawat Na Thalang, "ASEAN courts region's economic powers", *The Nation* (Thailand), November 27, 1999.

Jusuf Wanandi, "ASEAN's future at stake", *The Straits Times* (Singapore), August 9, 2000.

Kavi Chongkittavorn, "Regional perspective: ASEAN likely to resist US proposal", *The Nation* (Thailand), July 8, 1998.

Kavi Chongkittavorn, "The future of ASEAN and East Asia", *The Korea Herald*, December 6, 2005.

Keizo Zabeshima, "Summits of East Asian Unity", *The Japan Times*, July 12, 2004.

Kevin Sullivan, " ASEAN must push harder for Apec benefifs: Sopiee", *Business Times* (Singapore), September 14, 1994.

Lee Kim Chew, "ASEAN stays at the helm of security forum", *The Straits Times*, December 17, 1998.

Lee Kim Chew, "PM Tells ASEAN: Stay Cohesive to be counted", *The Straits Times*, July 24, 1993.

Lee Kim Chew, "ASEAN has entered new phase in development", *The straits Times* (Singapore), July 28, 1994.

Lee Poh Ping, "Communal spirit is group's glue", *The Straits Times* (Singapore), July 31, 1997.

"Malaysia Do Not Regard China as Economic Threat", *Bernama the Malaysian National News Agency*, March 10, 2005.

"Malaysia East Asia Summit bypassed in East Asian community plan", *BBC Monitoring Asia Pacific-Political Supplied by BBC Worldwide Monitoring*, December 8, 2005.

"Malaysia PM calls China 'friend', urges ending talk of 'China threat' ", *BBC Monitoring Asia Pacific-Political Supplied by BBC Worldwide Monitoring*, January 27, 2007.

Naranart Phuanganok, "Asean to push for Asian group", *The Nation* (Thailand), September 20, 2000.

Ong Keng Yong, "ASEAN Secretary-General-s Message", *New Straits Times* (Malaysia), August 8, 2005.

Park Sang-seek, "Reshaping East Asia: East Asian Summits", *The*

Korea Herald, December 19, 2005.

"Regional Ties: Roh Urges East Asian Community", *The Nation* (Thailand), October 21, 2003.

"Regional Perspective: Mixed Views on East Asia's Future Path", *The Nation* (Thailand), May 10, 2004.

"Reshaping East Asia: East Asian Summits", *The Korea Herald*, December 19, 2005.

Rodolfo C. Severino, "Why ASEAN Should Have a Charter; Document will Give Grouping a Legal Personality, Allowing It to Act More Decisively", *The Straits Times* (Singapore), December 5, 2005.

Rodolfo C. Severino, "ASEAN in need of stronger cohesion", *The Straits Times* (Singapore), December 9, 2006.

S. Pushipanathan, "Building an ASEAN - China Strategic Partnership", *The Jakarta Post*, July 1, 2004.

S. Pushpanathan, "Keeping the momentum going", *The Straits Times* (Singapore), December 29, 2005.

S. Jayakumar, "ASEAN comes of age as new challenges loom", *Business Times* (Singapore), June 1, 1994.

Simon Tay, "It's time for ASEAN to deliver", *The Straits Times* (Singapore), July 16, 2008.

Syed Nadzri, "Long Shadow hanging over East Asia design", *New Straits Times* (Malaysia), March 3, 2005.

Teresa Yong, "Unity key to leading ASEAN+3", *New Straits Times* (Malaysia), December 5, 2007.

Teofilo C. Daquila, "At 30, ASEAN looks ahead with optimism", *Business Times*, March 29, 1997, Weekend edition.

"Towards an assertive Asia", *The Statesman* (India), December 4, 2005.

Walden Bello, "Is ASEAN Irrelevant?", *Business World*, December 14, 2004.

Yang Razali Kassim, "When ASEAN becomes a player on the world stage", *Business Times* (Singapore), August 3, 1994.

Yang Razali Kassim, "Reconfigured Asean will make presence felt in Asia-Pacific", *Business Times* (Singapore), July 25, 1995.

Yang Razali Kassim, "ASEAN is more relevant than ever", *Business Times* (Singapore), August 1, 1998, Weekend Edition.

四　参考网站

东盟秘书处网站：www. Aseansec. org。

中国外交部网站：www. mfa. gov. cn。

东亚思想库网络网站：www. neat. org. cn。

日本外交部网站：http：//www. mofa. go. jp。

后　记

《国际关系中的情感与身份》一书是在我的博士论文的基础上修改完成的。学问来源于生活，对国际关系中的情感与身份的探索源于我博士求学期间的生活感悟。在攻读博士学位的四年中，我奔走于多重社会身份之间：我是一名在读的博士研究生、我是东亚研究中心的工作人员、我是一个垂髫小儿的母亲，我还是一名妻子、一个女儿……每一种身份都在我的付出、挫折与回报之中界定着“我”的存在、见证着我的成长。

博士毕业已经四年了，回首过去，来自师长、家人与朋友的教导、鼓励与支持一直伴随着我，使我有信心、有动力在浩瀚的学海中上下求索、实现自我。

在我求学生涯中指引我、教导我和鞭策我的是我的恩师秦亚青先生。先生是我懵懂半生中突然出现的一盏明灯，至今仍觉得能成为先生的学生实在是太过荣幸。先生因材施教的育人理念、循循善诱的教学方法为我打开了通向思考之门；先生渊博的学识与敏锐的思想引领着我在知识的海洋中追寻自我；先生兼收并蓄的学术涵养与精益求精的治学态度是照亮我求学之路的灯塔。感谢恩师多年耐心地教诲和鞭策。

我还要借此机会感谢外交学院的师长、领导在我学习与工作中给予我的关心、帮助与支持。衡孝军教授、郑启荣教授、朱立群教授与江瑞平教授细心阅读了我的开题报告，肯定了我的选题意义，并且提出了宝贵的意见，坚定了我探索国际关系中身份与情感问题的信心与决心。感谢我的硕士生导师王帆教授、周永生教授对我一如既往的关爱和指导；感谢国际关系研究所赵怀普教授、基础部张迅教授、英语系张晓立教授在各学科领域对我的培养和帮助，使我得以顺利完成博士培养计划。我要特别感谢我的直接领导、学姐魏玲教授，没有她的包容、支持与指导，我也不可能完成我的博士学业。

有幸去美国塔夫茨大学弗莱彻法律与外交学院访学一年，为我集中精力完成博士论文的写作提供了可能。弗莱彻法律与外交学院的Alan Wachman教授、Kelly Sim Gallager副教授在博士论文写作、资料收集与分析等方面对我进行了指导，让我受益匪浅。同时，我还要感谢北京外国语大学的尹继武副教授，他对我博士论文的开题报告提出了独到和精辟的意见。

我还要特别感谢亚洲研究所（原东亚研究中心）的同事们，每当我的“博士研究生”身份与亚洲研究所“工作人员”身份发生冲突的时候，总是能得到他们的理解和大力支持。必须要感谢的还有我的博士同学景晓强、刘伟华，我的师兄师姐、学弟学妹们，向他们学习、与他们交流成为我学术生涯中最快乐的也是最有意义的事情之一。

最后但同样重要的是家人给予我的无私的爱。我的先生陈士平，在我烦难于各种身份所带来的巨大压力之时，总是给予我力所能及的理解、支持与帮助，他总是第一个阅读我的不成形的文字并给出客观的批评与意见；感谢我的父母，父母对我无条件的信任和爱护是我一辈子取之不尽用之不竭的宝藏；感谢我的公公婆婆，不辞辛劳地帮我照看孩子、操持家务，为我工作和学习提供了坚实的后盾；还要感谢我儿子陈子达，他活泼可爱的一言一行都是我战胜困难、乐观向上的无穷动力。

书山有路勤为径，学海无涯苦作舟。“博士”的身份确认将持续一生，我将为此不懈努力。

季　玲

2015年3月8日